육조단경 읽기

한산 김윤수

1951년 경남 하동에서 태어나
부산에서 초·중·고등학교를 졸업하고
1975년 서울대학교 법과대학을 졸업하였다.
1976년 사법시험(제18회)에 합격하여
1981년부터 10년간 판사로,
1990년부터 10여 년간 변호사로,
2001년부터 10년간 다시 판사로 일하다가
2011년 퇴직하였다.
2003년에 「육조단경 읽기」 (2008년 개정판)
2005년에 「반야심경·금강경」 (2009년 개정판)
2006년에 「주석 성유식론」
2007년에 「불교는 무엇을 말하는가」
2008년에 「여래장경전모음」
2008년에 「설무구칭경·유마경」
2009년에 「묘법연화경」
2011년에 「대방광불화엄경」(전7권)
2012년에 「대승입능가경」
2012년에 「해밀심경」
2013년에 한문대역 「잡아함경」(전5권)
2013년에 「이렇게 말씀하셨다」를 냈다.

육조단경 읽기(개정판)

지은이 김윤수

2003년 10월 15일 초판   1쇄 펴냄
2003년 10월 28일 초판   2쇄 펴냄
2004년 6월 30일 초판   3쇄 펴냄
2008년 1월 1일 개정판 1쇄 펴냄
2013년 11월 10일 개정판 2쇄 펴냄

펴낸이 노혜영
펴낸곳 한산암
등록 2006. 7. 28 제319-2006-31호
주소 경기도 광주시 오포읍 문형산안길1번길 57-29
전화 0505-2288-555, 031-712-9429
이메일 hansanam@naver.com

ⓒ 김윤수, 2008
ISBN 978-89-958484-3-2 93220

이 책은 저작권법에 의해 보호를 받는 저작물이므로
무단 전재와 무단 복제를 금합니다.

정가 15,000원
잘못 만든 책은 바꿔드립니다.

총판 운주사 전화: 02-3672-7181~4

개정판

육조단경 읽기

참 불교를 알고 싶어하는 이들을 위한

김윤수 역주

한산암

개정판을 내면서

원래 이 책은 초판의 머리글에서 밝혔듯이, 불교를 전혀 알지 못하는 분을 위한 입문서로 썼던 것이다. 당시 이것을 텍스트로 선택한 것은 입문자의 관심을 끌만한 소재를 담고 있기 때문이었을 뿐, 결코 그 내용이 쉬워서는 아니었다. 관심을 이끌어낸 다음 『불교의 근본원리로 보는 반야심경·금강경 읽기』를 통하여 좀더 쉽게, 불교의 근본원리와 대승불교의 이치를 이해하는 길로 안내하고자 했던 것이다.

그렇지만 이 의도는 제대로 들어맞지 않았다는 느낌을 피하기 어렵게 되고 말았다. 관심을 가졌던 분들로부터 불교를 이해하게 되었다는 말보다는 어렵다는 말을 더 많이 들었기 때문이다. 숙고 끝에 불교의 정수를 담으면서도 이해하기 쉬운 본격적인 입문서를 써야겠다는 판단을 내리고, 『불교의 근본원리로 보는 반야심경·금강경 읽기』에서 전반부를 분리하여 개편하고 보완해서, 금년 초 『불교는 무엇을 말하는가』를 펴내게 되었다. 이 책자에 대한 반응은 내가 원래 가졌던 의도가 어느 정도 달성될 수 있으리라는 기대를 갖게 만들었다.

그러자 당초 입문용으로 펴낸 이 책은 본래의 모습 그대로로는 있을 자리가 없게 되고 말았다. 여러 모로 생각한 끝에 활용방법을 찾았으니, 그것은 입문서인 『불교는 무엇을 말하는가』를 통하여 입문한 입문자를 위하여, 대승불교와 선불교를 소개함으로써 우리의 불교를 이해하는 길잡이로 활용한다는 것이었다.

　그러다 보니 많은 수정이 필요하였다. 입문자를 위한 해설이어서 더 이상 존치할 필요가 없게 된 것이 적지 않은 반면, 입문자용이기 때문에 필요하지 않았거나 설명할 수 없었던 많은 내용을 보충하는 것이 필요하였다. 실제로 개정작업을 마친 결과 주석 내용 중 초판 그대로의 모습을 유지한 것은 극히 일부이고, 많은 부분이 대폭 변경됨으로써, 보기에 따라서는 전혀 새로운 책이라고 말할 수 있을 정도로 변모되었다.

　그래서 이 개정판은 종전과는 달리 불교에 대한 기초지식이 없이는 읽기가 어렵게 되었다. 적어도 필자가 펴낸 『불교는 무엇을 말하는가』라는 책자에 수록된 내용은 먼저 이해해야 읽을 수 있다. 그만큼 이 책은 위 책자와 내용상 관련되어 있다는 것을 밝혀둔다.

한 가지 더 언급해 둘 것은 선불교와, 선불교에 터잡고 있는 우리 나라의 불교는 여래장사상에 대한 이해 없이는 제대로 이해할 수 없다. 그 점은 대승불교와 선불교에 대한 이해로 안내하려고 하는 이 책의 내용 역시 마찬가지이다. 그래서 이번에 이해에 참고하도록 여래장사상의 경론을 모은 『여래장 경전 모음』을 동시에 번역 출간하였으니, 참고하기 바란다.

이번에 펴낸 이 책도 변함없이 신동엽 거사가 세심한 교정을 보아 주었다. 그리고 조판과 편집은 초판을 펴내었던 마고북스의 발행인과 직원들의 도움이 컸다. 이 자리를 빌어 깊이 감사드린다.

이 책자가 우리 나라의 불교를 이해하는데 조금이라도 도움이 되기를 바라는 마음 간절하다.

2007년 세모에
한산 김윤수

책 머리에 (초판)

　우리의 삶은 왜 고통스러운가.
　그 고통의 대부분은 우리의 욕망에서 비롯되고, 나머지는 우리가 이 세상에 존재함에서 비롯된다. 그리고 모든 욕망은 우리의 자아自我에 대한 사랑과 집착으로부터 생기고, 우리의 존재 역시 그로부터 비롯되었다.
　그러나 우리의 자아란 우리가 알고 있는 그런 것이 아니다. 결국 우리의 무지無智가 우리의 고통을 일으킨 근원이다. 우리가 본래 가진 지혜를 써서 실상實相을 직시한다면 고통에서 벗어날 수 있고, 이것은 누구에게나 가능한 일이다.

　나는 이것이 불교佛敎가 우리에게 가르치고자 하는 핵심이라고 생각한다. 불교는 우리에게 우리 삶의 구조, 삶의 원리를 분명하게 일러 주고 있다.
　그래서 나는 불교가 종교나 신앙으로만 접근할 수 있는 것은 아니라고 생각한다. 나 역시 불교, 즉 부처의 가르침을 깊이 믿고 따르려는 사람이자만, 내가 불교 신자라고 표현할 수 있을지는 의문이다. 왜냐 하면 나는 어떤 불교 단체에 신도로 등록되어 있지도 않고, 또 불교의 종교의식에 참여하지도 않고 있기 때문이다.

  종교가 있느냐 없느냐, 또 신봉하는 종교가 무엇이냐에 관계없이 불교는 우리 삶의 구조와 원리를 이해하고자 하는 모든 사람에게 널리 알려져야 할 가르침이라고 믿는다. 특히 끊임없이 생산과 소비를 부추기고 강요하는 오늘 이 현란한 욕망의 시장市場에서.

  그런 생각에서 나는 많은 사람에게 이 가르침을 이야기하고 싶었다. 누구보다도 가까이에 있는 나의 친지와 이웃들에게 알리고 싶었다. 또 근래 몇 년간 젊은이들과 함께 생활하는 기회에 사람살이의 구성에 고심하는 그들을 보면서, 어려운 이 시대를 살아야 할 젊은이들에게도 전하고 싶었다.

  그러나 이 광대한 가르침을 어떻게 하면 제대로 전할 수 있을까? 한두 권의 책을 권함으로써 전할 수 있다면 더없이 좋을텐데, 그런 책은 없을까?

  그렇게 생각할 때 가장 먼저 떠오르는 것은 불교개론서이지만, 이것은 법수法數를 동반하는 무수한 용어들의 미로迷路와 보통 사람의 이해를 초월하는 세계 속을 다니다 보면, 정작 불교가 무엇을 이야기하고자 하는지는 놓쳐 버리게 되기 십상일 터이다. 그래서 경전經典을 직접 접하는 것이 정도正道이겠지만, 이것은 또 너무나 방대해서 어디서부터 걸음을 옮겨야 할지 알기 어려울 것이다. 길이가 짧다는 이유로 흔히 《반야심경》이나 《금강경》을 집어 들어 보지만, 그 난해함을 생각하면 과연 그것이 옳은 접근법일지 선뜻 수긍하기 어려울 것이다. 또 그것을 통해 가르침의 요체를 이해하는 것이 과연 가능할까?

 그러는 과정에서 떠오른 것이 이 『육조단경六祖壇經』이었다. 육조 혜능은 말한다. 우리는 부처다. 배웠든 배우지 못했든, 지위가 높든 낮든, 재물이 많든 적든, 늙었든 젊었던. 우리가 그 성품을 자각하기만 하면 된다. 욕망이 그런 우리를 어떻게 속박할 수 있겠는가. 이것이 결국 선禪이고 대승大乘이며 바로 불교의 참 모습이 아닐까? 게다가 꽤 드라마틱한 스토리까지 담고 있으니 입문서로 안성맞춤일 수도 있겠다 싶었다.
 그래서 몇 사람에게 권해 보았지만, 용어의 이해와 기초지식이 없이는 역시 어려워하였다. 생각다 못해 배움도 얕고 재능도 없는 사람이 입문자를 위하여 용어의 풀이와 불교의 기초지식을 제공하는 주해서註解書를 써 볼 만용을 갖게 되었다. 많은 번역본이 나와 있지만 이런 관점과 시각에서 접근한 것은 없다는 점이 결국 이 만용을 실행에 옮기게까지 만들었다.

 요컨대 이 책은 보다 많은 사람이 불교에 접할 기회를 갖기를 바라는 비전문가가 쓴 입문서일 뿐, 전문가의 깊이 있는 연구서가 아니다. 물론 그렇다고 하여 오류가 용납될 수 있는 것은 아닐 것이다. 그 두려움이 이 글을 쓰는 동안 몇 번이나 망설이게 했음을 고백하면서, 혜안慧眼들의 기탄 없는 교정과 가르침을 바란다. 그를 통하여 소경이 소경을 이끌고 늪으로 들어가는 어리석음만은 면하기를 희망한다. 혹시 더 나아가 이 책이 불교의 참 모습을 알고자 하는 사람들을 위하여 다시 태어나는 기회를 갖게 된다면 더 이상 바람이 없겠다.

2003년 가을에
閑山 김 윤 수

차 례

【제1부 혜능과 육조단경】

    제1장 혜능의 전기 ··· 15
    제2장 『단경』의 판본과 구성 ··· 43

【제2부 돈황본 육조단경 주해】

    제1장 서분
      1. 서품 ··· 57

    제2장 법을 받은 이야기
      2. 스승을 찾아감 ··· 65
      3. 게송을 지으라 이르심 ··· 78
      4. 신수 ··· 87
      5. 게송을 올림 ··· 97
      6. 법을 받음 ··· 104

    제3장 설법
      7. 선정과 지혜 ··· 113
      8. 무념 ··· 133
      9. 좌선 ··· 153
      10. 삼신 ··· 165
      11. 네 가지 서원 ··· 182
      12. 참회 ··· 191
      13. 삼귀의 ··· 197

14. 성품의 공 ··· 204
15. 반야 ··· 213
16. 근기 ··· 226
17. 견성 ··· 236
18. 단박에 깨달음 ··· 240
19. 죄를 없앰 ··· 248

제4장 법 문답
20. 공덕 ··· 255
21. 서방극락세계 ··· 261
22. 수행 ··· 274
23. 교화를 행하심 ··· 282
24. 단박에 닦음 ··· 290
25. 붓다의 행 ··· 298
26. 법을 청함 ··· 309

제5장 전법과 유통
27. 상대되는 법 ··· 317
28. 참과 거짓 ··· 331
29. 게송을 전함 ··· 337
30. 법 전한 계통 ··· 346
31. 참 붓다 ··· 355
32. 멸도 ··· 364
33. 후기 ··· 368

찾아보기 ··· 372

【육조단경 읽기 · 제1부】

혜능과 육조단경

제1장 혜능의 전기

이 책의 텍스트인 『육조단경六祖壇經』의 주인공 혜능惠能[1]은 붓다의 심인心印[2]을, 인도의 28조사祖師와 중국의 다섯 조사[3]를 거쳐 전해 받아 중국 선종禪宗의 제6대 조사가 되었고, 이후 그의 가르침을 계승한 제자와 문손門孫들이 중국과 우리나라 및 일본에서 불교의 주류를 형성함으로써, 이 지역에서 선종의 시조로 추앙되고 있는 인물임은 알려진 바와 같다.

그럼에도 그의 전기나 행적을 기록한 자료는 그다지 많지 않다. 그마저도 그의 사후 그를 드러내어 드높이려는 움직임[4]을 거치는 과정에서, 신화나 전설 같은 부분이 구분 불가능할 정도로 결합되고, 그러면서 의도적인 조작이나 과장이 전혀 없었다고도 보기 어려워, 그것이 모두 사실이라고 인정받지 못하고 있는 형편이다. 그래서 근거가 확인되지 않는 자료와 전설을 그의 전기에서 제거한다면, 혜능에 관하여 우리가 알 수 있는 것은, 당 나라 초 중국의 남방

---

[1] 당 나라 초의 스님. 생몰연대가 명확치 않은데, 대체로 638년에 출생하여 713년에 사망한 것으로 본다(다만 이렇게 보면 기록과 맞지 않는 경우도 생긴다). '慧能'이라고 표기하기도 하는데, '惠'와 '慧'는 같은 뜻으로 혼용된다.
[2] 붓다께서 이루신 깨달음이 마음에서 마음으로 전하여졌음을 드러내어 표현한 용어. 고정되어 변하지 않는 것이라는 뜻에서 '인印'이라는 말을 붙였다.
[3] 이 전법의 계통에 대하여는 제2부의 제30절에서 다시 본다. 조사는 일종일파一宗一派의 개조開祖라는 의미이나, 수행의 경지가 높은 고승을 가리키는 뜻으로도 쓰인다.
[4] 이를 흔히 '현창운동顯彰運動'이라고 부른다. 제2장의 '『단경』의 성립'에 관한 설명 부분을 참조하라.

에서 활동한 유명한 스님이었다는 사실밖에 없다고 극단적으로 표현하는 사람도 있다.

  그러나 역사적 기록은, 거기에 사실과 다른 부분이 포함되어 있는 것이 발견되었다거나 또는 사실이라는 근거가 모두 확보되지 아니하였다고 하여, 이를 배척할 수는 없는 일이다. 혜능에 관한 기록도 마찬가지이다. 다만 그만큼 조심스런 시각으로 접근할 필요가 있을 것이다. 그리고 오래된 기록 속에 들어 있는 전설적 요소는, 그것이 갖는 상징적 의미를 읽는 것만으로도 그 가치가 인정되어야 할 것이다.

  그러한 여러 기록들을 그런대로 취사하고 종합한 기록 중 가장 정비된 모습을 갖춘 것이 남송南宋 경덕景德[5] 원년(1004년)에 간행된 『경덕전등록傳燈錄』[6] 제5권의 제33 조사[7] 혜능 대사 편인 것으로 생각된다. 후대의 기록들도 대체로 이 내용에서 크게 벗어나지 않는다. 그래서 여기에서는 이 기록을 아래에 옮기는 것으로 혜능의 전기를 정리함에 갈음하고, 다른 기록에 나오는 내용으로서 의미있는 것은 적절한 곳에서 설명을 덧붙이고자 한다.

---

5 남송 진종眞宗 황제의 연호.
6 동오東吳 의 스님인 승천도원承天道原이 석가모니 이래 깨달은 분들의 법맥法脈*을 체계화하여 그 전기와 설법 등을 30권으로 기록한 책. '전등'이라 함은 가르침[法]의 등불을 전한다는 의미이다.
  * 법맥 : 스님들의 사제師弟관계의 전승 계통을 말함.
7 인도의 제28대 조사 보리달마가 중국의 제1대 조사이므로, 혜능은 통산하여 33대가 된다. 이 전승의 계통에 대해서는 뒤에 자세한 설명이 나온다.

제33조 혜능 대사의 속성은 노盧씨다.8 그의 선조는 범양范陽9 사람이었는데, 아버지 행도行瑫가 무덕武德10 때에 남해南海11의 신주新州12로 귀양을 갔고, 그 곳에서 호적에 올랐다.

　3살 때에 아버지를 여의어 어머니가 수절하며 길렀는데, 자라면서 점점 가세가 궁색해져서 대사가 땔나무를 팔아 살아갔다. 하루는 나무를 지고 시내에 갔다가 어떤 손님이 《금강경金剛經》13 읽는

---

8 『단경』의 또 다른 판본* 중 덕이본과 종보본에는 『단경』 편집자라는 법해法海*의 약서略序라는 글이 붙어 있는데, 여기에는 혜능의 출생에 관하여 아래와 같이 좀더 상세한 기록이 있으나, 이는 대체로 후대에 부가된 것으로 본다.
　「… 어머니는 이씨였다. 대사께서는 정관貞觀* 12년 무술 2월 8일 자子시에 탄생하셨다. … 날이 밝자 이상한 두 스님이 와서 보고 대사의 부친에게 말하기를, "밤 사이에 난 아기의 이름을 지어 드리겠습니다. 윗자는 혜惠, 아랫자는 능能이라 하십시오."라고 하였다. 부친이 "어째서 혜능이라고 하라 합니까?"라고 하였더니 스님이 말하기를, "혜惠는 중생에게 법을 베풀어준다는 것이요, 능能은 능히 불사佛事를 지음을 말합니다."라고 말하더니 나가서 사라져버렸다.」
　* 다른 판본 : 제2장 중 '『단경』의 판본' 항목에서 다시 본다.
　* 법해 : 이 인물에 대하여는 제2부 첫머리의 제목에 대한 주해를 보라.
　* 정관 : 당 태종의 연호. 정관 12년은 638년이 된다.
9 하북성 정흥현定興縣에서 남쪽 40리에 있다고 함.
10 당 고조高祖의 연호로 616년~626년에 해당함.
11 광동성 광주시廣州市 서남쪽을 가리킨다고 함.
12 광동성 신흥현新興縣.
13 대승불교 초기에 성립된 대승불교의 대표적인 경전이다. 이 경전과 『육조단경』과의 밀접한 관계는 앞으로 곳곳에서 확인할 수 있다. 온 명칭은 구마라집鳩摩羅什* 번역은 《금강반야바라밀경》, 현장玄奘* 번역은 《능단能斷금강반야바라밀경》인데, 우리나라에서 널리 유통되고 있는 것은 구마라집이 번역하

소리를 듣고 그에게 진지하게 물었다.

"그게 무슨 법法14이며, 누구로부터 얻었습니까?"

손님이 대답했다.

"이것은 《금강경》이라고 하는 것인데, 황매15의 홍인弘忍 대사16에게서 얻었습니다."

대사는 급히 어머니에게 법을 구하기 위해 스승을 찾아가겠다고 말씀드리고 바로 소주韶州17로 향했는데, 가는 길에 유지략劉志略18

고 양梁의 소명태자*가 32품으로 분단한 것이다.

* 구마라집(343~413) : 인도 출신의 스님. 중국 후진後秦의 왕 요흥姚興의 초청으로 장안에 머물면서 13년간 불교의 경전 380여 권을 한역하였다는 대 역경가이다.

* 현장(602~664) : 당 나라 시대의 중국 스님. 629년부터 645년까지 인도로 여행하여 불교를 연구하고 귀국하여, 《대반야경》 등 1335권의 불교문헌을 번역하고, 여행기인 『대당서역기大唐西域記』 12권을 남겼음. 불교 역사에서 구마라집과 함께 2대 역경가로 꼽힌다.

* 소명태자 : 불교를 옹호한 불교황제로서, 보리달마와의 여러 인연으로 유명한 양 무제(제2부의 제20절을 참조)의 아들.

14 범어 'dharma'(빠알리어 'dhamma')의 역어로, ① 불교에서의 기본적인 의미는 인연의 화합에 의하여 일어나는 모든 현상(=연생법)을 가리키는 것이지만, 그 외에 여러 가지 다른 의미로도 사용된다. 대표적인 것으로는, ② 이치로서의 법칙[理法], ③ 진실 또는 궁극의 진리, ④ 가르침[敎法] 등을 들 수 있는데, 본문은 마지막의 용례로 사용된 것이다.

15 호북성 황매현黃梅縣.

16 중국 선종의 제5조(602~675). 당시 황매현 동빙무산(동빙묘산이라고도 하는데, 현재의 쌍봉산의 동쪽 산을 가리킨다고 함) 동산사東山寺에서 가르침을 펴고 있었다. 자세한 것은 제2부 제2.1절의 주해를 보라.

17 광동성 곡강현曲江縣.

18 이 유지략과 무진장 비구니 관련 내용은 뒤에서 보는 다른 판본의 『단경』(덕이본과 종보본. 이 둘을 '원대본'이라 함)에도 기록되어 있다. 유지략은 『만성

이라는 거사居士19를 만나 사귀게 되었다. 유지략의 고모로 무진장無盡藏이라는 비구니가 있었는데 항상《열반경》20을 읽고 있었다. 대사가 잠시 듣고 그 이치를 해석해 주니, 비구니는 드디어 책을 들고 와서 글을 물었다. 대사가 말했다.

통보萬姓通譜』라는 문헌에 이 지방의 유지였던 유지도劉志道의 아들이라는 기록이 나오는 외에, 전기나 행적은 알려져 있지 않다고 한다. 바로 뒤에 나오는 그의 고모라는 무진장 비구니도 마찬가지이다.

19 원래 집에 머무는 선비를 가리키는 말인데, 불교에서는 불교에 귀의한 재가신자를 가리키는 말로 널리 사용된다.《보살계경菩薩戒經》*에서「재물을 가진 선비이며, 집에 사는 선비이며, 법에 사는 선비이며, 산에 사는 선비를 통틀어 거사居士라고 부른다[有居財之士 居家之士 居法之士 居山之士 通名居士也].」라고 말하고 있다.

  * 보살계경 :《범망경梵網經》(2권)을 가리킴. 천태지의* 대사가 이 경전을 대승보살계를 수계하는 근거로 사용하고 주석하였기 때문에《보살계경》이라는 이름이 붙여졌다고 한다.

  * 천태지의天台智顗(538~597) : 천태종의 창립자인 수 나라 시대의 스님.

20 초기경전에 속하는《열반경》(《디가 니까야》제2권 제16 경전. 한역은《장아함경》제2권의 유행경遊行經임)과 대승경전인《열반경》두 종류가 있다. 전자는 세존世尊의 열반 과정을 사건 중심으로 기록한 경전이고, 후자는 세존께서 쿠시나가라에서 열반에 드시기 직전 행하셨다는 마지막 설법에 초점을 맞추어 기록한 것인데, 후자는 특히 일체의 중생에게는 모두 다 붓다가 될 성품, 즉 불성이 있다[一切衆生 悉有佛性]는 불성사상을 널리 전개하고 있는 것으로 유명하다. 이 불성사상이『단경』의 중요한 사상적 기초를 형성하고 있는 점에서 볼 때, 본문의《열반경》은 후자를 가리키는 취지일 것이다.

대승《열반경》의 번역본에는 세 가지가 있다. 첫째는 417년 동진東晉의 법현法顯이 6권으로 번역한《대반니원泥洹경》, 둘째는 421년 북양北凉의 담무참曇無讖이 13품으로 번역한 40권본《대반열반경大般涅槃經》, 셋째는 그 후 유송劉宋의 혜관慧觀 등이 25품으로 번역한 36권본《대반열반경》이다. 현재 유통되고 있는 것은 뒤의 둘로서, 보통 40권본을 '북본', 36권본을 '남본'이라고 부른다.

"글자는 모르니 뜻을 알고 싶다면 물으십시오."

"글자도 모르면서 어찌 뜻은 아십니까?"

"모든 붓다의 묘한 이치[妙理]는 문자와는 관계가 없습니다."

비구니가 깜짝 놀라 마을 사람들에게 말했다.

"혜능은 도道 있는 사람이니, 청해서 공양供養[21]해야 합니다."

그러자 마을 사람들이 앞 다투어 와서 절하고 공경하였다. 그 근처에 보림사寶林寺[22] 옛터가 있었는데 사람들이 집을 지어서 대사를 살게 하자고 의논하였다. 그랬더니 사방에서 사람들이 구름 같이 모여 잠깐 사이에 절이 수리되었다. 대사가 하루는 홀연히 '내가 큰 법을 구하러 나와서 어찌 중도에서 그치겠는가?'라고 생각하고, 이튿날 길을 떠났다. 창락昌樂현 서산에 이르렀을 때 토굴에서 지원智遠 선사[23]를 만났다.

대사가 법을 물으니, 지원 선사가 대답했다.

"그대의 자태를 보니 보통 사람과 다르다. 내가 들으니 서역에서 온 보리달마菩提達磨[24]가 황매에게 심인心印을 전했다 하니, 그대는

---

21 존경심을 갖고 봉사하고 섬긴다는 뜻. 불교에서는 불佛·법法·승僧 삼보三寶에 예배, 공경, 장식하거나 또는 음식, 향 등을 올리는 것 등을 널리 가리키는 뜻으로 사용된다.

22 소주의 조계산曹溪山(제2부 23.1절의 주해 참조)에 있던 절로서, 혜능이 여러 번에 걸쳐 오랫동안 머문 본거지이다. 유지략 등으로부터 시작되는 이 일단과 같은 내용이 원대본『단경』(덕이본의 제6 참청기연參請機緣, 종보본의 제7 기연)에도 실려 있으나, 여기에는 이 일단의 사연이 황매로부터 법을 얻은 후의 일로 기록되어 있는 점이 본문과는 다르다. 또 원대본에는 보림사가 수 나라 말기에 병화로 다 타버렸던 것을 본문과 같이 중창한 것으로 기록되어 있다.

23 역시 전기와 행적이 알려져 있지 않다.

거기에 가서 의심을 풀라."

대사는 곧 그 곳을 하직하고 떠나서 황매의 동선東禪25에 이르니, 이 때가 당의 함형咸亨 2년(670년)26이었다. 홍인 대사가 혜능을 보자 말은 없었지만 근기根機를 알아 보았다. 그 후 가사袈裟와 법을 전해 주고,27 회집懷集과 사회四會28 사이에 숨어 있게 하였다.

---

24 인도의 제28대 조사이자 중국 선종의 제1조로서, 중국 남북조 시대에 활동한 스님. 범어명은 'Bodhidharma'. 남인도국 향지국왕의 셋째 아들로 인도 제27조 반야다라의 법을 이었다고 함. 양梁나라 보통 원년(520년) 배를 타고 중국의 광주에 도착하여 궁중에서 양 무제를 만나 문답하였으나 기연機緣* 이 맞지 않아(이 내용이 제2부의 제20절에 나옴), 낙양의 숭산 소림사로 가 그 곳에서 9년간 면벽좌선하여 벽관壁觀바라문이라 불렸음. 제2조 혜가慧可*에게 법을 전하고, 약 50년간 활동하다가 다른 스님의 모함을 받아 독약을 마시고 죽은 것으로 알려져 있다. 『이입사행론二入四行論』이란 어록이 전해지고 있다.

* 기연 : 깨달음을 이루는 두 가지 계기로서의, 주관적인 근기[機]*와 객관적인 인연[緣] 두 가지를 합성한 말이다.

* 근기根機 : 원래는 사람의 바탕을 가리키는 말이지만, 불교에서는 가르침을 받아 들여 깨달음에 이를 수 있는 능력 내지 자질을 가리키는 말로 널리 사용한다. '根器'라고도 씀.

* 혜가 : 제2부 제29.1절의 주해를 보라.

25 동산사를 가리킴.

26 이 서기 연대는 모두 원문에는 없는 것이다.

27 보리달마가 불법을 깨닫고 정법에 대한 안목[正法眼目]을 갖추었음의 증명으로 혜가에게 가사 한 벌을 전수하였는데, 이것이 혜가 - 3조 승찬僧璨 - 4조 도신道信* - 5조 홍인을 거쳐 6조 혜능에게 순차 전수되었다는 것. 이 전의설傳衣說은 혜능의 제자인 신회神會*가 쓴 『보리달마남종정시비론』이라는 글에서 처음 주장된 것이라고 하는데, 세존께서 마하가섭摩訶迦葉*에게 분소의糞掃衣*를 벗어주신 것(《쌍윳따 니까야》 제2권, 제16-11경[Cīvara-sutta], 한역은 《잡아함경》 제41권의 제1144경<2-303중>)에 착안한 것으로 보인다.

* 승찬·도신 : 제2부 제29.1절의 주해를 보라.

* 신회 : 제2장의 각주 1을 보라.

의봉儀鳳 원년(676년)인 병자 정월 8일에 대사가 남해의 법성사法性寺29에 이르러 《열반경》을 강의하는 인종印宗 법사30를 만났다. 그 날 밤 대사가 바깥 복도에 있었는데 때마침 바람이 불어서 절문 깃대 위의 깃발이 나부끼자 두 스님이 보고, 하나는 깃발이 흔들린다[幡動]고 하고, 하나는 바람이 움직인다[風動] 하며 다투는데, 대사가 들으니 이치에 맞지 않으므로 말했다.

"점잖은 토론에 속인이 참견해도 되겠습니까만, 바람이나 깃발이 움직인 것이 아니라, 당신들의 마음이 움직인 것입니다."31

인종이 이 말을 몰래 듣고 오싹해지면서 기이하게 여겼다. 이튿날

---

* 마하가섭 : 빠알리어 이름은 마하 깟싸파Mahā-kassapa. 세존의 10대 제자 중 1인으로, 위에서 본 인연 등에 의해 선종의 제1조로 추앙된 인물임.

* 분소의 : 누더기를 이어 만든 옷. 당시의 수행자들은 이런 옷을 입었다고 함.

28 모두 지명으로, 회집은 광서성 회집현懷集縣, 사회는 광주시 서북쪽(광동성 법수현)을 가리킨다고 함.

29 제지사制旨寺, 보은광효사報恩廣孝寺, 광효사光孝寺, 중흥사中興寺, 용흥사龍興寺 등 여러 이름으로 불렸던 절. 양 나라 말기에는 뒤에 나오는 진제 삼장이 살았고, 원대에는 종보본의 편집자인 종보가 주지로 있었다고 함.

30 강소성 오현 출신의 당나라 스님(627~713). 5조 홍인으로부터 배웠고 나중에 법성사에서 열반경을 강의했으며, 6조 혜능 대사를 만나 현묘한 이치를 깨달았다고 한다. 저서로『심요집心要集』이 세상에 널리 유포되었다.

31 이 내용은 대표적인 선종 공안公案*의 하나로 되었다. 선종의 공안은 모두 1,700여 개가 있다고 알려지고 있는데, 고려 고종 때 진각眞覺 국사와 그 문인들이 편집한 『선문염송집禪門拈頌集』이 단일 문헌으로는 가장 많이 수록하고 있는 것인데, 모두 1,472개가 수록되어 있다. 본문의 내용은 그 곳에 제110칙 바람과 깃발[風幡]이라는 제목 아래 기록되어 있다.

* 공안 : 원래는 관청의 공문서를 가리키는 것이었지만, 선문에서는 조사의 말이나 동작 등을 기록하여, 수행하는 자로 하여금 집중의 대상 내지 수행의 단서로 삼게 하는 것을 말한다. 보통은 화두話頭라고 부른다.

대사를 방으로 불러들여 바람과 깃발의 이치를 물어, 대사가 이치를 자세히 말하니 인종이 얼른 일어나서 말했다.

"행자行者32는 분명히 보통 사람이 아니오. 스승이 어떤 분입니까?"

대사가 조금도 숨기지 않고 법을 얻은 내력을 자세히 말하였다. 인종이 제자의 예를 갖추어 선禪의 요체를 물었다. 이어 사부대중四部大衆33에게 고하기를, "나는 구족계具足戒34를 받은 범부에 불과한데, 이제 육신보살肉身菩薩35을 만났다"고 하고, 곧 옆 자리의 대사를 가리키며 "바로 이 분이다"라고 하였다. 인종은 전법傳法가사를 보여 달라고 청하고, 모두에게 절하고 공경하게 하였다.

---

32 불교의 수행자를 통칭하지만, 보통은 스님이 되기 전의 예비 수행자를 지칭하는 말이다.
33 출가 수행자인 비구·비구니와 재가 신자인 우바새(남)·우바이(여)의 4부를 통칭한 것.
34 출가한 비구·비구니가 지키는 계율. 비구의 경우 250계가 있고, 비구니의 경우에는 348계가 있다 함.
35 육신을 가진 보살이라는 의미로, 석가모니 붓다를 전생에 보살이라고 칭했다고 하는 것에 비견하여 고승을 존칭한 표현.
　　보살은 원래 범어 'bodhi-sattva'를 음역한 보리살타菩提薩埵*의 준말로, 의역하면 각유정覺有情*이라 함. 원래는 깨달음을 구해 수행하는 자의 의미이나, 대승에서는 여기에 이타적 의미를 부여하여, 위로는 보리를 구하고 아래로는 중생을 교화함[上求菩提 下化衆生]을 목표로 하는 대승의 수행자를 말함. 또 대승에서는 재가·출가를 막론하고 발심하여 불도를 수행하는 자를 의미함.
* 보리菩提 : 'bodhi'의 음역어로 의역해서는 각覺이라 함. 위 없고 바르며 두루한 완전한 깨달음[무상정변정각無上正徧正覺]으로 번역되는 범어 아뇩다라삼먁삼보리阿耨多羅三藐三菩提(제2부 제4.3절의 주해를 참조)의 줄임말로서, 본디말과 같은 뜻으로 쓰임.
* 유정 : 'sattva'의 의역어. 정신작용[情識]을 가진 것이라는 뜻으로, 산천·초목 등을 무정無情이라 표현하는 것의 상대적 표현.

정월 15일에 여러 대덕大德들을 모신 자리에서 대사의 머리를 깎았고, 2월 8일에 법성사에서 지광智光 율사로부터 구족계를 받았다. 그 계단戒壇36은 송宋의 구나발타라求那跋陀羅37 삼장三藏38이 설치한 것인데, 구나발타라는 예언하기를, '뒤에 육신보살이 이 단에서 계를 받으리라'라고 하였다. 또 양梁 말에 진제眞諦39 삼장은 단 옆에 보리수 두 그루를 심으면서 '120년 후에 큰 보살이 이 나무 밑에서 위 없는 법을 설하여 한량없는 무리를 제도하리라'라고 하였는데, 대사가 계를 갖춘 뒤 이 나무 밑에서 동산법문東山法門40을 여니, 완전히 옛 예언과 맞았다.

이듬해 2월 8일에 홀연히 대중에게 "나는 여기를 떠나 옛 거처로 돌아가고 싶다" 하여, 인종 법사와 승속僧俗 1천여 명이 대사를 전송하여 보림사로 돌아가게 하였다.

소주 자사刺史41 위거韋據42가 청하여 대범사大梵寺43에서 묘법妙

---

36 계를 받는 단으로, 보통 흙과 돌을 쌓아 만든다고 함.
37 유송劉宋 시대에 중국에 와서 많은 경전을 번역한 중인도 출신의 스님 (394~468).
38 경·율·론 삼장에 통달한 스님에 대한 존칭. 경經은 붓다의 가르침을 기록한 경전, 율律은 붓다께서 정하신 계율, 론論은 가르침의 뜻[教義]을 논술한 문헌을 뜻한다.
39 546년 양 나라에 와서 많은 경전을 번역한 서인도 출신의 스님(499~569). 《대승기신론》과 《섭대승론》의 역자로 유명하다. 그런데 앞에 나온 원대본 『단경』의 법해 약서에는 본문과 달리, 보리수를 심은 것은 502년 인도 출신의 지약智藥 삼장이었고, 육신보살의 출현시기는 170년 후로 예언한 것으로 기록되어 있다.
40 5조 홍인이 쌍봉산의 동산에 있는 동산사에서 법문法門*을 열었으므로 혜능이 그 계승자임을 가리킨 말이다.
 * 법문 : 진리 내지 가르침으로 들어가는 문이란 뜻이다.

法44을 펴게 하였고, 아울러 자신도 무상심지계無相心地戒45를 받았다. 문인이 대사의 법문을 기록해서 『단경壇經』이라는 이름으로 세상에 전하였다. 그리고 대사는 다시 조계曹溪로 돌아와서 큰 법비를 뿌리니, 언제나 배우는 사람이 1천 명 이하로 줄지 않았다.

중종中宗이 신룡神龍 원년(705년)에 조서를 내려46 '짐이 혜안慧安47과 신수神秀48 두 대사를 궁중으로 청해서 정무시간의 틈에 일승一乘49의 이치를 구하였는데, 두 대사는 늘 남방에 있는 혜능 선

---

41 지방의 민정과 군정을 관장한 관직의 이름.
42 『단경』에서 청법請法하고 문답을 하는 등 중요한 인물이지만, 돈황본 『신회어록』 등 몇몇 문헌에 그 이름이 나오는 외에는, 전기나 행적이 거의 알려져 있지 않다고 함.
43 보림사를 가리키는 것이라는 주장도 있고, 소주에 위치한 별개의 절이라는 주장도 있는 등, 아직까지도 어느 절을 가리키는지 확실치 않다고 한다.
　후대의 문헌인 『광동통지廣東通志』에, 「소주부 곡강현의 보은광효사報恩光孝寺는 강의 서쪽에 있다. 당 개원 2년 스님 종석이 창건하여 개원사라고 이름했고, 다시 대범사라고 바꾸어 불렀다. 자사인 위주韋宙가 육조혜능 대사에 청하여 『단경』을 설한 곳이다.」라고 기록되어 있지만, 그대로 믿기 어렵다고 한다.
44 묘한 법의 준말. 궁극의 깨달음에 이르는 길을 담은 법을 가리킴.
45 제2부 제목의 주해를 보라.
46 이하에 나오는 일단의 내용은 원대본[덕이본의 제8 당조징조唐朝徵詔 편, 종보본의 제9 선조宣詔 편]의 내용으로 되어 있다.
47 형주 지강 출신의 당 나라 스님(582~709)으로서, 노안, 대안이라고도 불렸다고 한다. 측천무후 시대에는 국사의 칭호를 받았다.
48 혜안과 함께 당시 중국 불교를 대표하던 스님(606?~706). 제2부 제3.2절의 주해를 보라.
51 하나의 최고의 가르침이라는 뜻. 소승의 이승 및 대승의 보살승을 포함한 삼승三乘을 상대해서, 그 삼승이 실제로는 하나의 불승佛乘에 돌아간다는 것을

사가 홍인 대사의 법을 비밀히 받았으니, 그에게 물으라고 사양하였소. 이제 궁내관 설간薛簡에게 조서를 보내어 대사를 청하니, 대사는 자비를 베풀어 속히 서울로 오시오.'라고 하였다. 대사는 병을 핑계로 사양의 뜻을 밝히고 숲 속에서 일생을 마치고 싶다고 하였다. 그러자 설간이 물었다.

"서울에 있는 선덕禪德50들은 모두, '도를 통하고자 하면 반드시 좌선坐禪을 하여 선정禪定을 익혀라. 선정을 익히지 않고 해탈解脫을 얻는다는 것은 있을 수 없다.'라고 말하는데, 스님께서 말씀하시는 법은 어떠하십니까?"

대사가 대답했다.

"도는 마음으로 깨닫는 것인데, 어찌 앉는 데 있겠습니까? 경전에서「만일 여래如來를 앉거나 눕는다고 보면 이것은 삿된 도[邪道]를 행하는 것이다.」51라고 하였으니, 무슨 까닭이겠습니까? 여래는 오는 것도 없고 가는 것도 없기 때문입니다.52 만일 생멸生滅이 없다

가리키는 취지이다. 그 의미는 뒤의 제2부 제25.1절에서도 설명되고 있다.
50 선종의 덕망 있는 스님을 가리킴.
51 《금강경》 4.24절(졸저『반야심경·금강경읽기』에서의 분단임. 소명태자 분단에 의하면 제29품 위의적정분威儀寂靜分임. 이하 소명태자 분단은 생략함)에,「어떤 사람이 여래가 오거나 가거나 앉거나 눕는다고 말한다면, 이 사람은 내가 말한 뜻을 알지 못하는 사람이다[若有人言 如來 若來若去若坐若臥 是人不解我所說義].」라고 하고, 4.22절의 유명한 사구게四句偈*에,「형색으로써 나를 보거나 음성으로써 나를 구한다면, 이 사람은 삿된 도를 행하는 사람이라 여래를 볼 수 없다[若以色見我 以音聲求我, 是人行邪道 不能見如來]」라고 한 것을 합쳐서 인용한 것이다.
  * 사구게 : 네 구절로 된 게송. 게송이라는 것은 같은 글자수로 묶은 시 또는 노래를 가리킨다.
52 불교의 핵심 개념 중 하나인 중도中道의 한 표현이다. 그 의미는 졸저『불교

면53 그것이 여래의 청정한 선정[禪]이요, 모든 법이 공적空寂54하면 그것이 여래의 청정한 앉음[坐]입니다. 구경에는 증득證得함이 없거늘, 어찌 하물며 앉음이겠습니까?"55

설간이 말했다.

"제자가 돌아가면 반드시 주상主上께서 물으실 것이니, 바라건대 화상和尙56께서는 자비로 심요心要57를 제시해 주소서."

대사가 말했다.

"도에는 밝고 어둠이 없습니다. 밝음과 어둠은 서로 대체된다

는 무엇을 말하는가』(이하 『불교는』이라고만 약칭함) pp.123-125를 참조.
　중도의 전형적 표현은 용수龍樹*가 그의 《중론》 제1 관인연품觀因緣品 첫머리에서, 「생겨나지도 않고 멸하지도 않으며, 항상하지도 않고 끊어지지도 않으며, 하나이지도 않고 다르지도 않으며, 오지도 않고 가지도 않는다[不生亦不滅 不常亦不斷 不一亦不異 不來亦不出]」라고 한 소위 '팔불게八不偈'이다. 이를 흔히 '팔불중도八不中道'라고 하는데, 본문의 「여래는 오는 것도 없고 가는 것도 없다[無所從來 亦無所去]」라고 한 것도 그 한 가지 표현으로, 앞으로 이 책에서 자주 보게 될 표현이다.

* 용수(150~250) : 제2부 제30절의 주해를 보라.
53 역시 중도의 한 표현이다.
54 공空하여 고요하다는 뜻으로, 역시 불교의 핵심 개념 중 하나인 공을 표현하는 용어인데, 공의 의미에 대하여는 졸저 『불교는』 p.127을 참조.
55 이 부분은 선종의 독특한 입장을 설명하는 것은 아니고, 불교의 근본 이치를 밝히는 것이라고 이해할 수 있다. 그 취지를 요약한다면, "깨달음은 지혜로써 깨달아 무명을 타파하는데 있는 것이지, 선정에 있는 것이 아니다. 중도와 공을 깨닫지 못한다면, 선정은 존재의의가 없다. 궁극적으로는 깨달음이라는 것도 얻을 만한 실체가 있는 것이 아니므로 집착할 것이 아닌데, 좌선 자체에 매여서야 되겠는가?"라는 것이다.
56 수행이 오래된 스님에 대한 존칭.
57 마음에 대한 근본적인 가르침이라는 의미.

뜻[代謝之義]입니다. 밝고 밝아 다함이 없는 것이라 해도 또한 다함이 있는 것입니다."58

설간이 말했다.

"밝음은 지혜을 비유하고 어둠은 번뇌를 비유하는데, 수도하는 사람이 지혜로써 번뇌를 비추어 깨뜨리지 않으면, 비롯함 없는 생사[無始生死]에서 어떻게 벗어나겠습니까?"

대사가 말했다.

"지혜로 번뇌를 비추어 깨뜨리는 것은 이승二乘59, 즉 염소나 사슴 수레[羊鹿車]60를 찾는 어린이의 근기입니다. 높은 지혜의 큰 근기는 모두 그렇지 않습니다."

설간이 말했다.

---

58 원대본에는, '또한 다함이 있는 것입니다'라고 한 다음에, '서로 의지하여 명칭을 세운 것입니다[相待立名]'라는 표현이 부가되어 있는데, 이해에 도움이 된다. 밝음과 어둠은 서로에게 의지하는 상대적인 개념이지만, 도는 그러한 상대적인 경지를 떠나 있는 것이라는 취지일 것이다.

59 성문승聲聞乘·연각승緣覺乘의 소승 2승을 말한다. 성문승은 붓다의 가르침을 직접 듣고 사성제의 이치를 깨달은 사람, 연각승은 붓다의 가르침에 의지하지 않고 스스로 관찰하여 연기의 이치를 깨달은 사람을 가리킨다.

60 《법화경法華經》* 제3 비유품譬喩品에서 삼승을 세 종류의 수레[三車], 즉 양, 사슴, 소가 끄는 수레[羊鹿牛車]에 비유한 것에 유래한 표현이다. 그 의미는 불타는 집과 같은 이 세상[三界火宅]에서 놀이에 빠져 타 죽을 줄 모르고 나오려는 생각을 하지 않는 자식들(=중생)을 구하기 위하여, 그 아버지(=붓다)께서 장난감으로 세 종류의 수레를 주겠다고 말하여 불타는 집을 빠져나오도록 유도하였다는 것인데, 그 수레들은 궁극의 목표가 될 수 없음을 뜻한다.

 * 법화경 : 대표적인 대승경전의 하나로서, 삼승이 궁극적으로는 일승임을 표방하는 것으로 유명하다. 온 명칭은 《묘법연화경妙法蓮華經》으로, 구마라집이 7권 28품으로 한역한 것이 널리 유통되고 있다.

"어떤 것이 대승의 견해입니까?"

대사가 말했다.

"밝음과 무명無明61은 그 성품이 둘이 아닙니다.62 둘이 아닌 성품이 곧 진실한 성품[實性]이니, 진실한 성품은 범부나 어리석은 자[凡愚]에게 있다고 해서 줄지도 않고, 현인이나 성인[賢聖]63에게

---

61 불교에서는 밝지 않다는 본래의 의미 대신, 모든 현상의 진실한 모습[=실상 實相]에 대한 무분별적 통찰[無分別智]이 없는 것을 가리키는 것임은, 앞에 나온 졸저 『불교는』 pp.133-134를 참조.

62 '둘이 아니다[不二]'라는 것은 불교의 근본 이치를 나타내는 표현 중의 하나이다. 모든 것이 연기하고 있는 법계에서는 그 어떤 현상도 다른 현상과 독립하여 존속하는 것은 아니므로, 자·타로 나누어 구분될 수 있는 것이 아니고, 따라서 자·타의 구분을 전제로 한 '둘'이라는 개념은 실상實相에 반하는 것이라는 의미이다.

그런데 연이은 설명과 종합해보면, 여기에서는 이와 같은 의미를 넘어 또 다른 의미를 가진 것으로 보인다. 그것은 그 자체의 성품이 청정하다는 소위 자성청정심으로서의 불성佛性이 '진실한 성품'이라는 전제에서, 이 성품은 변이하지 않고 상주常住하는 것이지만, 무명으로 표현되는 온갖 번뇌는 본래 체성體性이 없는 것이므로, 이 둘이 각각 체성을 가지면서 대립되는 것은 아니라는 것이다. 이는 전형적인 여래장*사상의 표현이다.

* 여래장 : 일체의 중생에게는 여래(=붓다)가 간직[藏]되어 있다는 뜻으로서, 불성사상과 다르지 않다. 다만 불성은 붓다를 이루기 전의 지위(이를 보통 인지因地 또는 인위因位라고 함)와 붓다를 이룬 후의 지위(이를 과지果地 또는 과위果位라고 함)를 포괄하는 개념(그래서 전자는 인因불성 내지 당과當果불성, 후자는 과果불성 내지 현과現果불성이라고도 부른다)인데 비해, 여래장은 인위에 한정된 개념이라고 말할 수 있다.

63 대승불교에서 수행자의 지위를, 십신十信, 십주十住, 십행十行, 십회향十回向, 십지十地, 붓다[佛]의 순서로 51위(다만 《화엄경華嚴經》*에서는 불지인 묘각妙覺 앞에 등각等覺을 하나 더 두어 52위로 나눈다)로 구분한 것에서 유래한 명칭이다. 견도에 들면 십지의 처음인 초지에 오르게 되므로, 십지는 성인에 해당한다. 그래서 십지를 '십성十聖'이라고 부르고, 그 전의 십주·십행·십회향의

있다고 해서 늘지도 않습니다. 번뇌에 있으면서도 어지럽지 않고, 선정에 있으면서도 고요하지 않습니다. 끊어지지도 않고 항상하지도 않으며, 오지도 않고 가지도 않으며, 중간이나 그 안팎에도 있지 않으며, 나지도 않고 멸하지도 않으면서[不生不滅]64 성품과 모습[性相]65이 여여如如66해서 항상 머물고[常住] 변천하지 않습니다[不遷]. 이것을 이름하여 도道라고 합니다."

설간이 말했다.

"대사께서도 불생불멸不生不滅67을 말씀하시는데, 어떤 점이 외도

지위를 '삼현三賢'이라고 해서, 양자를 합쳐 '삼현십성'이라고 하는데, 이를 줄인 말이 '현성賢聖'이다.

* 화엄경 : 온 명칭은 《대방광불大方廣佛화엄경》으로, 한역본에 세 종류가 있다. 첫째는 동진東晉 시대에 불타발타라佛陀跋陀羅(359~429)가 한역한 60권본이고, 둘째는 당 대인 699년 실차난타實叉難陀가 한역한 80권본이며, 셋째는 역시 당 대인 795년 반야 삼장이 번역한 40권본인데, 이는 전 2자 중의 입법계품에 해당하는 부분만을 상설한 것이다.

64 팔불중도의 인용과 변형임을 알 수 있다.
65 '성성'과 '상相'은 사물의 본성과 그 현상(내지 형상)을 대비하는 개념이다. 본성과 현상을 대비하는 표현에는 그 외에도 체體와 용用, 이理와 사事 등이 있는데, 불교의 근본원리와의 관계가 항상 문제될 수 있는 개념이다. 제2부 제7.2절의 주해 참조.
66 진여眞如를 표현하는 것인데, 진여에 대하여는 제2부 제2.1절의 주해 참조.
67 불교에서 불생불멸을 말할 때에는 크게 두 가지 의미가 있다. 첫째는 연기의 이치에 근거해서, 모든 법은 조건의 화합에 의지하여 생겨나고 소멸하는 것이라는 의미이다. 따라서 조건과 관계 없이 새로이 생겨나는 법이란 있을 수 없고[不生], 있던 법이 완전히 소멸한다는 것도 있을 수 없으며[不滅], 소멸한 법도 생겨날 조건이 갖추어지면 다시 생겨나고, 생겨난 법도 조건에 의지하여 변화하고 소멸한다는 것이다. 둘째는 본래부터 있었고 앞으로도 사라지지 않으므로, 생겨나지 않고 소멸하지 않는다는 것이니, 말하자면 조건과 관계 없이 항상 머문다는 것[상주常住]이다.

外道68와 다릅니까?"

대사가 말했다.

"외도가 말하는 불생불멸은, 멸滅로써 남[生]을 그치고 남으로써 멸함을 드러내는 것이므로, 멸함도 도리어 멸함이 아니고 남도 남이 없음[無生]을 말합니다.69 그러나 내가 말하는 불생불멸은 본래

따라서 전자는 불교의 근본원리를 가리키는 것이고, 후자는 원칙적으로 브라흐만[凡], 마혜수라[大自在天], 프라크르티[自性] 등 상주불변의 존재를 주장하는 비불교적(=소위 아래의 '외도') 견해이다. 다만 불교에서도 연기의 이치만은 여래께서 세상에 출현하시든 출현하시지 않든 법계에 상주하는 것이므로(졸저『불교는』pp.115-116 참조), 이 연기의 이치와, 이 이치에 기초하여 파악되는 진실한 성품과 진실한 세계를 뜻하는 '법성' 내지 '법계', 이들로써 드러나는 진실을 추상화한 '진여眞如', 이를 자각함으로써 증득하는 '열반' 등은 불생불멸로서 상주하는 것이라고 말한다.

68 불교에서 불교 스스로는 '내도內道'라고 부르는 것에 상대해, 불교 외의 다른 사상이나 종교의 가르침 또는 그 신봉자를 표현하는 용어이다.

69 '멸로써 남을 그치고 남으로써 멸함을 드러내는 것'이라 함은, 생겨난 것은 멸하기 마련이므로 새로이 생겨나는 것이 아니고(=멸로써 남을 부정함='불생'), 멸하는 것도 영원히 사라지는 것이 아니라 인연이 갖추어지면 다시 생겨날 수 있음(=남으로써 멸이 멸 아님을 드러내는 것='불멸')을 가리키는 말로서, '멸함도 도리어 멸함이 아니고 남도 남이 없음[無生]을 말하는 것'이 된다. 이것은 연기하는 법계의 실상을 표현하는 것으로서, 불교의 근본원리를 나타낸 것이다. 《중론》에서 밝힌 '불생불멸'의 중도도 이 이치를 말한 것*이다. 그렇다면 이는 외도의 소견이라고 말할 수는 없다. 그럼에도 이를 외도의 소견이라고 표현한 것은, 상주하는 불성을 드러내어 여래장사상을 선양하고자 하는 취지로 이해된다. 이렇게 볼 때 '불성'을 앞서 본 바와 같은 진여 내지 법성과 다른 것으로 이해한다면, 불성사상이 오히려 외도의 견해에 속하는 것이 된다. 그래서 《보성론》, 《불성론》, 《대승기신론》 등 여래장사상의 문헌은 불성을 진여라고 표현(졸역『여래장경전 모음』p. 276, p.461, p.725 등 참조)하면서, 인지의 불성은 때[垢]가 있는 '유구有垢진여', 과지의 불성은 때가 없는 '무구無垢진여'라고 표현하고, 또 《불성론》에서는, 여래성(=

남이 없었고 지금 또한 멸함도 없으므로, 외도와 같지 않습니다. 당신이 만일 심요心要를 알고자 한다면 일체의 선악을 생각하고 헤아리지 마십시오.70 그러면 자연히 청정한 마음의 체[心體]에 깨달아 들어가, 담연하고 항상 고요해서 묘한 작용이 갠지스 강의 모래처럼 끝없을 것입니다."

　설간이 가르침을 받고 활연히 크게 깨달았다. 예배하고 물러가서 궁궐로 돌아가 대사의 말대로 아뢰니, 조칙을 내리어 대사께 사례하고, 아울러 마납가사 1벌과 비단 500필과 보배발우 1벌을 하사했다.

　12월 19일에 조서를 내려 예전 보림사를 중흥사中興寺로 고치고, 신룡 3년(707년) 11월 18일에 다시 소주 자사에게 조서를 내려

불성)은 법신, 여래, 진실제(眞實諦=진여 내지 제일의제), 반열반이라고도 이름한다고 말하는 것이다(앞의 졸역 p.699).

* 인도 출신의 청목靑目이 쓴 《중론》의 주석<30-2상>(이는 《중론》에 대한 대표적인 주석의 하나임)에서도, "만물은 무생無生이다. 어째서인가? 세간에 나타나 보이기 때문이다. 세간의 태초[劫初]에 곡식이 나지 않았음이 눈에 보인다. 어째서인가? 태초의 곡식을 떠난다면 지금의 곡식은 있을 수 없다. 만약 태초의 곡식을 떠나 지금의 곡식이 있다고 한다면, 곧 남이 있었을 것이지만, 실제로는 그렇지 않다. 그러므로 불생不生이다. … 불멸이다. 어째서인가? 세간에 나타나 보이기 때문이다. 세간에서 태초에 곡식이 멸하지 않았음이 눈에 보인다. 만약 멸했다면 지금 곡식이 있지 않아야 할텐데, 실제로는 곡식이 있다. 그러므로 불멸不滅이다."라고 설명하고 있다.

70 제2부 제6.3절에서, 혜명에게 가르침을 말할 때에서도(그 부분의 주해를 보라) 같은 이야기를 하는데, 무명으로 일어나는 분별이 실상을 보지 못하게 하는 원인으로서 생사윤회의 근원임을 가리키는 것이다. 제3조 승찬이 쓴 『신심명信心銘』의 첫 4구에서, "지극한 도는 어렵지 않으니[至道無難] 오직 가리고 택함을 싫어할 뿐이다[唯嫌揀擇] 다만 미워하고 사랑함만 떠난다면[但莫憎愛] 환하게 명백하리라[洞然明白]"라고 읊은 것과 통하는 표현이다.

더욱 훌륭히 꾸미게 하고 법천사法泉寺라는 현판을 하사했다. 대사의 신주新州 옛 집은 고쳐 국은사國恩寺로 만들었다.

대사가 어느 날 대중에게 말했다.
"여러 선지식善知識71들이여, 그대들은 제각기 마음을 깨끗이 하고 내 말을 잘 들어라. 여러분 모두 자기의 마음이 곧 붓다[自心是佛]72이다. 다시 여우와 같이 의심하지 말라. 밖에는 하나의 물건도 세울 수 있는 것이 없고, 모두 본 마음[本心]이 만 가지 법을 낸 것이다. 그래서 경전에서 「마음이 생기면 갖가지 법이 생기고, 마음이 멸하면 갖가지 법이 멸한다[心生種種法生 心滅種種法滅]」73고 하였다.

---

71 불법을 설하여 중생을 불도에 들게 하고 바르게 인도하는 선각자 내지 좋은 지도자를 뜻한다. 《불성론》(제2권)은 선지식이 될 수 있는 요건으로, 첫째 연민하는 것을 즐길 것[樂憐愍], 둘째 총명할 것[聰明], 셋째 견디어 참는 것[堪忍]의 세 가지를 들면서, 그 중 하나라도 모자라면 선지식이 될 수 없다고 말한다(졸역『여래장경전 모음』pp.591-592).
72 불성사상 내지 여래장사상의 한 표현으로, 『단경』의 핵심적인 사상 중의 하나이다. 제2부에서 여러 번 보게 될 것이다.
73. 《입능가경入楞伽經》*(제9권)의 게송 중<16-568하>에, 「마음이 생기면 갖가지가 생기고, 마음이 멸하면 갖가지가 멸한다[心生種種生 心滅種種滅]」고 한 글이 있고, 《대승기신론》에도 같은 취지의 표현이 있는데, 원효 스님은 그 뜻을, "무명의 힘에 의지하여 깨닫지 못하는 사이에 마음이 움직여서 나아가 일체의 경계 등을 나타낼 수 있기 때문에 '마음이 생기면 갖가지 법이 생긴다'고 말한 것이고, 만약 무명의 마음이 멸하면 경계도 따라 멸하고, 모든 분별식도 모두 다 없어지게 되기 때문에 '마음이 멸하면 곧 갖가지 법도 멸한다'고 말한 것이다. 찰나의 관점에서 생멸을 밝힌 것이 아니다."라고 설명하셨다(졸역『여래장경전 모음』p.789).
*《능가경》에는 443년 구나발타라가 번역한 《능가아발다라보경楞伽阿跋陀羅寶經》4권(이것이 달마가 혜가에게 전했다는 《능가경》4권임 - 제2부 제목

만일 일체종지74를 성취하고자 한다면 일상삼매一相三昧와 일행삼매一行三昧75를 통달해야 한다. 온갖 곳에서 모습[相]에 머무르지 않고, 그 모습에 대하여 미워하고 사랑함[憎愛]을 일으키지 않고 또한 취하고 버림[取捨]도 없으며, 이익이나 이루어지고 무너짐[成壞] 따위의 일을 생각치 않으며, 한가하고 고요하며 비고 담박하면 이 것을 일상삼매라 한다. 일체처에서 가고 머물고 앉고 누움[行住坐臥]76에 순일하고 곧은 마음[純一直心]이면, 도량77에서 움직이지 않고 참으로 정토淨土78를 이룰 것이니, 이를 일행삼매라 한다. 만약 사람이 이 두 가지 삼매를 갖추면, 마치 자라서 열매를 맺을 힘

의 주해 참조), 513년 보리유지菩提流支가 번역한 10권본《입능가경》, 700년 경 실차난타實叉難陀가 번역한 7권본《대승입능가경》의 3종이 있다.
74 붓다께서 갖추신 지혜를 표현하는 말이다. 그것을 '일체지지'라고 하는데, 이는 현상의 실제 모습을 있는 그대로 알고 보는 무분별지(이를 진지眞智, 근본지, 정체지正體智라고 함)와, 그에 기초하여 세상의 모든 일을 아는 지혜(이를 속지俗智, 후득지後得智, 세속지라고 함) 두 가지를 갖추셨음을 나타내기 위해 '지'라는 글자를 겹쳐 쓴 것이다(졸저『불교는』p.245). 이 진·속의 두 가지를 통틀어서 일체종지라고 한다.
75 제2부 제7.3절에서 등장하는 개념인데, 그 곳의 주해를 참조하라. 본문에서는 일행삼매와 일상삼매는 다소 차이가 있는 것처럼 설명되고 있지만, 양자는 같은 것으로 이해되고 있다.
76 불교에서 '네 가지 위의[사위의四威儀]'라고 하여 빈번히 사용되는 용어이다. 위 네 가지의 동작으로써 일상 생활에서의 모든 행동을 나타내는 것인데, '위의'라고 표현한 것은 그 모든 일상의 행동을 위엄있고 의칙儀則에 맞게 해야 함을 나타내려는 것이다.
77 한문으로는 '道場'이라 표기하지만, 불교에서는 '도량'이라 읽는다. 도를 배우거나 수행하는 장소를 말하는 것이다.
78 ① 번뇌를 여의고 깨달음의 경지에 든 붓다나 보살이 사는 청정한 국토, 또는 ② 서방에 있다는 극락국토를 의미한다.

을 간직한 종자가 땅에 있는 것과 같다. 나의 이 설법은 마치 때에 맞춘 비가 대지를 널리 적시는 것 같고, 그대들의 불성佛性은 종자에 비유할 수 있으니, 이 비를 맞으면 모두가 싹이 틀 것이다. 나의 가르침을 따르는 이는 결정코 보리菩提를 얻을 것이요, 나를 의지해서 행하는 이는 반드시 묘과妙果[79]를 증득할 것이다."

선천先天 원년(712년)에 대중들에게 말하였다.

"내가 분에 넘치게 홍인 대사의 가사와 법을 전해 받았는데, 이제 그대들에게 법만을 설하고 가사는 전하지 않겠다. 그대들의 믿음이 순수하게 익어서 큰 일을 감당해 맡을 수 있음을 결코 의심하지 않기 때문이다. 나의 게송을 들으라."

마음 땅[心地][80]이 모든 종자 머금었으니
두루 비 내려 모두 다 싹트듯
꽃의 정[華情] 단박에 깨달아
보리의 열매 스스로 이루리라

대사가 게송을 마치고 다시 말했다.

"이 법은 둘이 없고, 마음도 또한 그렇다. 이 도는 청정하여 모든 형상이 없다. 그대들은 진실로 깨끗함을 관해서 마음을 비우려 하지 말라.[81] 이 마음은 본래 청정하여 취하거나 버릴 것이 없다. 각

---

79 승묘한 과보, 즉 불과佛果를 가리킨다.
80 불교에서는 마음을 대지에 비유하는 예가 많다. 제2부 제18.2절의 주해를 보라.
81 당시의 주류적인 흐름을 비판하는 것으로 『단경』의 중심 주제의 하나인데,

자 노력해서 인연 따라 잘 가거라."

　대사가 법을 설하여 중생을 제도하기 40년 되던 해[82] 7월 6일에 제자에게 명하여 신주 국은사에 보은탑報恩塔을 서둘러 세우게 하였다. 이때 촉승蜀僧 방변方辯이라는 이가 와서 뵙고는 "조각[捏塑]을 잘 한다"고 해서, 대사가 정색하고 "그럼 한 번 조각해 보라"고 하였다. 방변이 그 뜻을 알지 못하고 대사의 진신을 조각하니 높이가 7치 가량 되었는데 교묘한 재주를 다하였다. 대사가 이를 보고 말했다.
　"그대는 진흙의 성품은 잘 아나, 불성은 잘 알지 못하는구나."[83]
　그리고 삯으로 옷과 물건을 주니, 그 스님이 사례하고 받아 갔다.

　선천 2년(713년) 7월 1일에 문인들에게 말했다.
　"나는 신주新州로 가려 하니, 그대들은 속히 배를 준비하라."
　이 때에 대중들이 애모하여 좀 더 머무시기를 청하니, 대사가 대답했다.
　"모든 붓다들께서 세상에 나타나신 것은 열반涅槃을 보이시기 위함이었다. 옴이 있는 것[有來]은 반드시 가는 것[必去]이 항상한 이치다. 나의 이 몸도 반드시 가야 할 곳이 있다."
　대중들이 말했다.

뒤에서 다시 보게 될 내용이다.
82 선천 원년으로, 712년이다.
83 이 내용도 공안의 하나로 되어,『선문염송집』에 제113칙 상을 빚음[捏塑]이라는 제목으로 실려 있다.

"스님께서 지금 가시면 언제 돌아오십니까?"

대사가 말했다.

"잎이 떨어져 뿌리로 돌아가니, 다시 올 날을 말할 수 없다."84

또 물었다.

"스님의 법안法眼85은 누구에게 전하십니까?"

대사가 말했다.

"도道 있는 사람이 얻고, 무심無心한 사람이 통달한다."

또 물었다.

"뒤에 환란이 없겠습니까?"

대답하기를, "내가 죽은 지 5, 6년 후에 어떤 사람이 내 머리를 끊어가려고 올 것이다. 나의 예언을 들으라."

머리 위에는 어버이를 봉양하고
입 속에는 밥을 먹어야 한다
만滿의 환란을 만나면
양유楊柳가 관리가 되리라86

---

84 이 내용 역시 선문염송집에 제115칙 돌아가려 함[欲歸]이라는 제목으로 실려 있는데, 다만 마지막 문장이 "…돌아올 날을 말할 수 없다[來時無日]"가 아니라 "…돌아올 때엔 말이 없다[來時無口]"라고 되어 있는 점이 본문과 다르다.

85 여기에서는 깨달은 법 자체를 가리키는 취지이다.

86 원문은 「頭上養親 口裏須餐 遇滿之難 楊柳爲官」인데, 그 의미는 뒤에 나오는 대사의 정상頂相절취사건의 내용과 관련하여, 첫째 구는 그 사건이 정상을 모셔 공양하려는 동기에서 일어남을, 둘째 구는 범인은 금품에 매수되어 실행함을, 셋째 구는 범인이 만滿자를 가진 인물(=뒤에 나오는 장정만)임을, 넷째 구는 그 사건을 처결하는 관리가 양楊자와 유柳자 성을 가진 인물(=뒤에 나오는 양간과 유무첨)임을 각각 암시한 것으로 이해된다.

또 말했다.

"내가 떠난 지 70년에 두 보살이 동쪽에서 오리니, 하나는 재가자요, 하나는 출가자[87]인데, 동시에 교화를 펴서 나의 종지를 일으키고 가람을 잘 꾸며 법손이 번창하리라."

말을 마치고 신주의 국은사로 가서, 목욕한 뒤 결가부좌하고 천화

---

[87] 출가자는 마조도일馬祖道一(709~788)을 가리키고, 재가자는 방온龐蘊(?~808) 거사를 가리키는 것으로 보는 것이 일반적이다. 『사가어록四家語錄』* 등에 두 사람의 다음과 같은 유명한 대화가 실려 있다. 「방 거사가 스님께 물었다. "만법과 더불어 짝이 되지 않는 자는 누구입니까[不與萬法爲侶者 是甚麽人]?" 스님께서 말씀하셨다. "당신이 한 입에 서강의 물을 다 마신다면 바로 당신에게 말해 주겠소[待汝一口吸盡西江水 卽向汝道]."」

마조도일은 육조혜능의 제자인 남악회양南嶽懷讓*의 법을 이은 조사로서, 그의 문하에서 선종 5가家* 중 임제종臨濟宗*과 위앙종潙仰宗이 뻗어 나오게 되는 선종의 중추적인 인물이다. 원대본의 참청기연 편에는, 육조 혜능이 남악회양에게 "인도의 반야다라가 예언하시기를, '그대의 발 아래에서 망아지 한 마리가 나와 세상 사람을 밟아 버리리라'라고 하셨다"며 마조의 출현을 예언하였다고 기록되어 있고, 이 일화는 다른 문헌에도 나타나고 있다(『경덕전등록』 제5권 남악회양 편, 『조당집祖堂集』 제3권 회양화상 편).

한편 방 거사는 그의 부인과 딸 영조 등 일가 전원이 깨달음을 얻은 것으로 알려지고 있고, 위 염송집에 방거사 관련 공안이 무려 13개칙(2권 307칙~319칙)이나 나올 정도로 유명한 재가자로, 중국의 유마거사로 불렸다고 한다.

* 사가어록 : 마조도일 – 백장회해百丈懷海 – 황벽희운黃檗希運 – 임제의현臨濟義玄으로 이어지는 대 선사 4인의 어록을 6권으로 묶은 책.
* 남악회양 : 제2부 제2.2절의 주해 참조.
* 선종 5가 : 위 임제종·위앙종과 조동종曹洞宗·운문종雲門宗·법안종法眼宗의 5개 종파.
* 임제종 : 임제의현을 종조로 하는 종파로, 후일 선종의 주류를 형성하였음. 우리나라의 조계종도 이 법맥에 속한다.
* 조당집 : 당말 오대 때인 952년에 정靜과 균筠이라는 2인의 중국 스님이 20권으로 엮었다는 선종의 사서.

遷化[88]하니, 기이한 향기가 가득하고 흰 무지개가 땅까지 뻗쳤다. 이 때가 그해 8월 3일이었다.

이 무렵 소주와 신주의 두 군에서 각각 탑을 세워서, 승속이 안치할 곳을 결정치 못하자, 두 군의 자사가 함께 향을 피우고 축원하여 이르기를, '향 연기가 뻗치는 쪽이 대사께서 돌아가시려는 곳이다'라고 하니, 향이 하늘로 곧게 솟아올라 조계로 날아갔다. 이에 11월 13일에 탑에 안치하였으니 세수는 76세였다.

그 때 소주 자사 위거가 비문을 찬술하였다. 문인들은 대사의 예언을 기억해서 먼저 철엽칠포鐵葉漆布[89]로 대사의 목을 견고히 보호하였고, 탑에는 달마대사가 전한 가사【서역의 굴륭포로서 목면으로 짠 것이며, 후인이 푸른 비단으로 안을 대었다 - 원주】를 넣었으며, 중종中宗이 하사한 마납가사와 보배발우 및 방변이 조각한 진영과 도구道具들은 탑을 관리하는 시자가 맡았다.

개원開元 10년(722년) 임술壬戌 8월 3일 한밤에 갑자기 탑에서 쇠사슬이 끊어지는 소리가 들렸다. 대중들이 놀라서 일어나 보니 어떤 자가 탑에서 달아나고 있었다. 살펴 보니 대사의 목에 상처가 있었다. 도적이 든 사실을 자세히 고을에 알리니, 현령 양간楊侃과 자사 유무첨柳無忝이 보고를 받고 애쓴 끝에 5일만에 석각촌石角村에서 도적을 붙잡았다. 소주로 불러서 국문鞫問하니 장정만張淨滿이란 자로서 여주汝州 양현 사람이었다. 홍주洪州의 개원사開元寺에서 신라新羅 스님 김대비金大悲라는 이가 돈 2만 냥을 주고 6조의 머리

---

88 교화의 장소를 옮긴다는 뜻에서 나온 것으로, 고승의 죽음을 표현하는 말.
89 쇠로 된 얇은 판과 칠을 한 베라는 뜻.

를 가져오라 했고, 해동海東으로 가져가 공양하려 하였다는 것이었다.90 유 자사는 바로 형을 내리지 않고 직접 조계에 가서 대사의 맏제자인 영도令韜에게 물었다.

"어떻게 처단할까요?"

영도가 대답했다.

"만약 국법으로 따진다면 의당 죽여야 하겠지만, 불교의 자비로는 원수를 친구처럼 평등하게 대합니다. 더구나 그는 가져가 공양하려 한 것이니, 그 죄를 용서해 주시기 바랍니다."

유 자사가 '불법의 광대한 자비를 비로소 알았다'라고 탄복하며 놓아주었다. 【그 뒤에 유명한 이가 저술한 행장과, 신도들이 공양한 사실에 진기함이 많으나, 번거로워 기록하지 않는다 – 원주】

상원上元 원년(760년)에 숙종肅宗이 사자를 보내 대사의 의발衣鉢91을 궁중에 모셔다 공양하겠다고 가져갔다. 영태永泰 원년(765년) 5월 5일에 이르러 대종代宗의 꿈에 6조 대사가 자기의 의발을 돌려달라고 청하여, 7일에 자사 양함에게 조서를 내렸다.

---

90 그러나 고려 고종대의 각훈覺訓이라는 인물이 기록한 것으로 되어 있는『선종육조혜능대사정상동래연기禪宗六祖慧能大師頂相東來緣起』라는 기록에 의하면, 삼법三法이라는 신라 성덕왕 대의 스님이 육조의 정상頂相을 가져와 공양하겠다는 발원을 하고 출국하여, 중국에서 스님 대비大悲와 장정만張淨滿의 도움으로 정상을 가져와 지이산地異山에 봉안하였다는 기록이 남아 있고, 지리산 쌍계사에는 육조정상탑이 현존하고 있으며, 최근까지 육조에 대한 제사가 지속적으로 행해져 왔고, 또 쌍계사의 예불문에도 '육조혜능 정상보탑'이라는 표현이 들어 있다고 하니, 진위를 떠나 흥미롭다.

91 보통은 스님들이 항상 소지하는 가사 3벌과 1개의 발우(=식기)를 합쳐 이르는 것이나, 여기에서 가사는 전법가사를 가리키는 것이다.

"짐이 혜능 선사가 전법가사를 다시 조계로 돌려보내 줄 것을 요청하는 꿈을 꾸었기에, 이제 진국대장군鎭國大將軍 유숭경劉崇景을 시켜 받들어 가게 하노라. 짐은 이를 국보로 여기니, 경들은 본사에다 여법如法하게 봉안하고 친히 종지를 받든 이를 지정하여 엄숙히 수호하게 하여 실수가 없게 하라."

그 후에 도적을 맞더라도 모두 멀리 가기 전에 붙잡았는데, 이렇게 하기를 네 차례나 거듭하였다.

헌종憲宗이 대감 선사大鑑禪師라 시호하고, 탑은 원화영조元和靈照라 하였다.

송宋의 개보開寶 초에 왕사王師가 남해南海를 평정할 당시에 유劉씨의 패잔병에 의해 대사의 탑이 쓰러지고 불탔으나, 대사의 유해는 탑을 지키는 스님에 의해 보호되어 하나도 손상되지 않았다. 곧 다시 짓는 일이 시작되었는데 공사가 끝나기 전에 태종太宗이 즉위하여 선문禪門에 마음을 쏟아 훨씬 더 장엄하게 꾸몄다.

대사가 당의 선천先天 2년 계축에 입멸한 이래 지금의 경덕 원년 갑진에 이르기까지 292년이 된다. 법을 받은 이로 인종 법사 등 33인이 각각 한 지방에서 교화하여 정통으로 알려졌고, 이들 외에 이름과 자취를 감춘 이는 셀 수가 없다. 지금 제가諸家 전기에는 간략히 10인만을 기록하는 바, 이들은 곁가지[旁出]라고 한다.

제2장 『단경』의 판본과 구성

『단경』의 성립

 『단경』은 위의 기록에도 나오고 경문經文에도 나오듯이 선종의 제6조 혜능이 소주의 대범사에서 행한 설법을 문인 법해가 기록한 어록語錄 내지 법어집法語集의 형태로 되어 있다. 그렇지만 이『단경』이 실제로 어떻게 성립되었는지는, 혜능의 전기와 마찬가지로 정확히 밝혀지지 않고 있다. 위 기록대로 대범사에서 행한 설법을 듣고 그것을 법해가 모아 기록한 것인지마저도 분명치 않다고 한다. 오히려 대범사의 소재가 아직까지도 분명치 않고, 『단경』의 서품에서 설법의 배경을 경전에 준하여 밝히면서도 그 설법시기를 전혀 언급치 않고 있는 점 등으로 미루어 보면, 이 기록은 단일한 설법의 기록이 아닐 가능성이 더 많아 보인다. 어떻든 지금 그 성립과정을 밝히는 것은 불가능한 일로 인식되고 있다.
 그러나 그렇다고 하여『단경』의 핵심적인 내용이 혜능의 설법을 기초로 엮어진 것이라는 점을 부인할 수는 없다. 그리고 그 성립의 배경에, 하택신회荷澤神會[1]를 중심으로 한 남종선계의 인물들에 의

---

[1] 본『단경』제26절에 나오는 혜능의 제자(684~758). 만년에 낙양의 하택사에 주석한 인연으로 하택신회라 부르고, 남양南陽 용흥사에 주석한 인연으로 남양 화상이라고도 불렸음.
 혜능 사후인 732년 활대滑臺(낙양 북동쪽의 활현)의 대운사大雲寺에서 큰 법회를 열고, 점수漸修를 표방하는 신수神秀의 북종에 대하여, 돈오頓悟를 종론으로 표방하면서 혜능을 달마 종지를 정통으로 계승한 제6조로 내세우는 남종

한 혜능 현창운동顯彰運動이 있었다는 것은 분명한 것으로 보인다. 그 목표는 북종선과 대비되는 남종선을 부각시키고, 이것이 정통임을 내세우는 데 있었을 것이니, 그러기 위하여 북종의 신수神秀가 아닌 남종의 혜능이 달마의 종지를 정통으로 계승한 인물임을 부각시키는 것은 불가피했을 것이다.

이와 같은 배경 때문에 『단경』에는 혜능의 친설 외에, 후대의 집필자에 의해 첨가되고 수정된 부분이 적지 않다는 것을 부인하는 사람은 없다.2 그래서 보다 중요한 관심의 대상은 그 내용 중 혜능의 친설親說과 후대에 첨가 내지 수정된 부분을 구분하는 것이겠지만, 이것 역시 쉽지 않은 일이다. 이 점은 아래에서 『단경』의 여러 가지 판본을 살펴본 다음, 우리의 텍스트에 한하여 혜능의 친설과

　　정통론을 주창하였는데, 이를 '활대의 종론[滑臺宗論]'이라고 불렀다. 한편 남종은, 엄격한 수행방법과 절차를 중시하는 기존의 북종을 비판하고, 자기 마음이 부처[卽心是佛]임을 내세워 이를 깨우치기만 하면 엄격한 방법과 절차를 거치지 않아도 된다고 하여, 모든 사람이 수행에 쉽게 접근할 수 있는 길을 엶으로써 선불교의 흐름을 바꾸었다는 평가를 받는다. 저서로 『남양화상돈교해탈선문직료성단어頓敎解脫禪門直了性壇語』*가 있고, 그 외 활대종론의 자료인 『보리달마남종정시비론南宗定是非論』, 돈황본 자료에서 발견된 그의 어록 등을 묶은 『신회어록神會語錄』 등이 남아 있다.

　　* 단어 : 이 '단어壇語'라는 표현에서 '단경壇經'이라는 명칭이 나왔다고 지적되고, 이것이 신회나 그 문인의 작품이라는 주장의 근거가 되기도 함.

2 적어도 제23.2절에서, 「만약 단경을 얻지 못했다면 곧 법을 이어받지 못한 것이다. … 단경을 이어 받지 못했다면 남종의 제자가 아닌 것이다.」라고 한 부분이나, 제27.5절에서, 「단경을 이어 받지 않았다면 나의 종지를 이은 것이 아니다.」라고 한 부분 등은 혜능의 친설이 아니고 후대에 첨가된 것으로 보인다. 왜냐 하면 이 부분은 무상계를 주는 자리에서 무상의 반야사상을 설하는 사람의 목소리라고는 믿을 수 없기 때문이다.

그렇지 않은 부분이 어느 것인지 간략히 추론하여 볼 것이다.

결론적으로 실제의 집필자가 누구이고 첨삭에 관련된 사람들이 몇 명이든, 『단경』이 혜능의 사상을 계승하여 정리한 선법禪法의 기록임에는 틀림이 없다. 그러므로 『단경』은 이전의 선법들을 비판적으로 정리하고 새로운 선법을 표방한, 중국 선종사에 있어서 분수령이 되는 문헌이라고 할 수 있다. 그리고 그 이론적 기초는 여래장사상으로부터 제공받고 있음은 뒤에서 자세히 보게 될 것이다.

『단경』의 판본

『단경』의 판본은 분류하는 사람의 주관에 따라 여러 가지 설이 있지만, 크게 보면 세 가지, 세분하면 다섯 가지가 있다고 할 수 있다.

첫째는 20세기 초 중국의 돈황敦煌에서 발견된 필사본이다. 현존 최고最古의 판본으로 평가되고 있으며, 그 성립시기는 대체로 8세기 말경(790년경)으로 추정하고 있다. 이것도 온전한 필사본에 두 종류가 있다. 하나는 1907년 영국의 탐험가 스타인Stein에 의해 입수되어 대영박물관에 소장되어 있는 것(이것은 발견자의 이름을 따서 '스타인 5475호'라고 부른다)이고, 다른 하나는 1935년 현지인 임자의任子宜에 의해 발굴되었다가, 근래에 이르러 돈황박물관에서 발견된 것(이것은 '돈박본 077호'라고 부른다)이다. 이 둘은 일부 글자가 다른 부분은 있지만, 그것은 필사과정에서의 착오일 뿐, 내용은 서로 일치하기 때문에 동일한 저본을 필사한 것으로 보고, 이 둘을 합쳐 '돈황본'이라고 부른다.

이 돈황본에는 뒤에서 보는 것처럼 『남종돈교최상대승마하반야바라밀경 육조혜능대사 어소주대범사시법단경』이라는 긴 제목이 붙어 있고, 또 끝에도 '남종돈교최상대승단경법 1권'이라는 제목이 붙어 있다.

이 책은 이 돈황본 중 앞의 스타인본을 기본 텍스트로 삼았다. 그 이유는 최고본이므로 가장 원형에 가까울 것이라고 기대하고, 나아가 이 스타인본은 인터넷(http://www.songchol.net의 자료실/대정신수대장경/제종부/제48책 2008)에 공개되어 있어서 독자들이 찾아보기 쉬울 것으로 생각하였기 때문이다.

그 다음 오래된 것이 일본 교토의 흥성사興聖寺에서 발견된 판본(이를 '흥성사본'이라 한다)과 일본 가가加賀의 대승사大乘寺에서 발견된 판본(이를 '대승사본'이라 한다)인데, 이 두 판본은 모두 북송北宋대인 967년에 혜흔惠昕3이 고본을 상·하 2권으로 분권한 것이라는 기록이 붙어 있는 본에서 복사된 것이다. 흥성사본은 제목이 단순히 『육조단경』이라고 되어 있고, 대승사본의 경우 『소주조계산육조사단경』이라고 되어 있다. 이 두 판본은 돈황본에 비해 내용이 상당히 늘어나 있을 뿐만 아니라4 비교적 정비된 모습을 갖추고 있는데, 양자 중에서는 흥성사본이 더욱 세련된 모습이다. 이 두 판본은 내용이 매우 비슷하므로 여기에서 둘을 함께 칭할 때는 '송대본宋代本'이라고 부른다.

---

3 어떤 사람인지 전혀 알려지지 않고 있다 함.
4 『단경』의 글자 수는 돈황본이 약 12,000자, 위 두 가지 송대본은 약 14,000자, 앞서 본 두 가지 원대元代본은 약 21,000자 가량이라고 한다.

마지막 두 판본은 모두 원元 대에 만들어진 것으로, 하나는 1290년 중국 스님 몽산덕이蒙山德異5가 편집한 것이고(이를 '덕이본'이라 한다), 다른 하나는 1291년 역시 중국 스님인 종보宗寶6가 덕이본을 기초로 다른 자료를 덧붙여 간행하였다는 서문이 붙어 있는 판본(이를 '종보본'이라 한다)이다. 이 두 판본은 제목이『육조대사법보단경』7이라 되어 있고(두 판본은 내용이 서로 비슷하므로 둘을 함께 칭할 때는 앞서처럼 '원대본元代本'이라 부른다), 돈황본에 비하면 거의 2배 분량이 될 정도로 늘어나 있다.

현재 우리나라에서 출간되어 유통되고 있는『단경』번역본은 20종 가까이 되는 것으로 파악된다(조선시대에 나온『육조단경언해』는 제외). 초기에는 돈황본 발견 전 우리나라에서 널리 유통되던 덕이본과 종보본이 대부분을 차지하였으나, 근래에는 돈황본의 번역해설본이 많이 증가하고 있다. 관심 있는 독자를 위하여 아래에서 위 번역본들을 판본 종류에 따라 구분하여 정리하면서, 2000년 이후에 발간된 것에 한해 발간년도를 표시해 둔다.

---

5 원元 세조 때의 중국 선승. 강서성 시양 사람으로 호를 고균비구古筠比丘 또는 휴휴암주休休庵主라고 하였고, 고려의 고승들과 글을 통한 교류가 많았으며, 그의『법어약록法語略錄』과『수심결修心訣』은 유명하여 조선시대에 널리 유행하였다고 한다.
6 앞에 나온 보은광효사의 스님이라는 것 외에는 그의 행적 역시 알려지지 않고 있다고 한다.
7 유통되어 온 덕이본에는 그 제목이 대체로 '육조대사법보대경大經'이라고 기록되어 있는데, 보통 엄격히 구분하지 않고 종보본과 같이『육조대사법보단경』이라고 표기하고 있다.

[돈황본]

『돈황본육조단경』, 퇴옹 성철, 장경각

『육조단경연구』, 얌폴스키Yampolsky, 연암 종서 역, 경서원

『돈황본육조단경』,8 정성본, 2003년, 한국선문화연구원

『육조단경』, 청화, 2003년, 광륜출판사

『육조단경』, 지묵, 2003년, 우리출판사

『돈황본육조단경연구』, 정유진, 2007년, 경서원

[흥성사본]

『육조단경』, 나카가와 다카[中川孝], 양기봉 역, 김영사

[덕이본]

『육조단경』, 탄허, 교림

『육조단경』, 광덕, 불광출판부

『조계육조법보단경』, 인종, 현문출판사

『육조단경』, 영남불교대학교재편찬회, 좋은인연

『육조단경』, 현담, 수선출판사

『육조단경』,9 정병조, 한국불교연구원

『육조단경강의』, 심재열, 2001년, 보련각

『육조단경』, 원순, 2005년, 법공양

---

8 유일하게 돈박본을 저본으로 한 번역해설서이다.
9 이 본과 바로 다음의 심재열 저 보련각본은, 분단 방법과 제목 및 본문 첫머리의 내용으로 볼 때, 그 각 서문에서의 표시(종보본이 대본이라고 표기되어 있다)와는 달리, 그 저본은 덕이본인 것으로 보인다.

〔종보본〕
『육조단경』, 한길로, 홍법원
『육조법보단경해의』, 학담, 큰수레
『육조대사법보단경』, 법지, 2007년, 운주사

돈황본『단경』의 구성

　돈황본『단경』은 후대의 다른 판본들과는 달리 전혀 분단이 되어 있지 아니하다. 그래서 판본들마다 독자적으로 분단을 하고 있는데,[10] 여기에서는 가장 오래된 성철 스님의 번역본을 따라 33단락(아래서는 이를 절이라고 하되, 그 절도 필자의 편의에 따라 분절하였는데, 분절 단위로 계산하면 이 책은 77단락이 된다)으로 구분하여 보기로 한다.
　돈황본『단경』은 위에서 본 것처럼 단일한 법어집이 아니라, 여러 가지 다른 성격의 글이 혼합되어 있다. 우선 전체를 크게 두 부분, 즉 그 본문에서 대범사에서 행한 설법으로 기록되어 있는 제23절 행화行化의 첫 분절(제23.1절)까지와 나머지 부분(제23.2절 이하)으로 나누어 볼 수 있다.
　그렇지만 전반부도 본문의 표현에 불구하고 일시에 행해진 설법인지, 또 전부 혜능의 친설인지는 의문이다. 적어도 서품에 이어 혜능이 법을 깨닫고 가사를 전수받는 과정까지의 드라마(제2절부터

10　57단락으로 나누는 것이 다수이지만, 92단락 또는 37단락으로 나누는 예도 있다.

제6절까지)는 대범사에서 행해진 설법으로 보기 어렵다. 그래서 이 부분은 『단경』을 엮으면서 부가한 것으로 보는 것이 일반적이다. 따라서 전반부 중 제7절부터 제23.1절까지는 대범사에서 행해진 설법으로 볼 수 있지만,11 그 중에도 후대의 가감이 전혀 없었다고는 단정할 수 없다.12

  다음 후반부는 그 표현으로만 보아도 여러 가지 다른 성격의 글, 즉 이후 혜능의 행적에 대한 설명, 제자들과의 문답과 설법, 북종을 비판하면서 남종을 찬양하는 주장, 전법의 계통에 대한 설명, 이『단경』자체의 전승에 관한 설명 등이 혼합되어 있음을 알 수 있다. 그 중 적어도 제자들과의 문답과 설법 부분(제24.3절, 제25 내지 27절)은 혜능의 목소리라고 보아도 좋을 것이지만, 여기에도 역시 후

---

11 제19절의 경우, 게송 중에「대사께서 이 돈교를 전하게 하심은[大師令傳此頓教]」이라는 구절이 있는데, 이 '대사'를 혜능을 가리키는 것으로 보아 그 절이 후대에 삽입한 것으로 보는 견해도 있으나(제2부의 해당 부분 주해 참조), 다수의 견해는 그 '대사'는 5조 홍인을 가리키는 것으로 이해한다.

12 예컨대『경덕전등록』제28권에는, 흔히 혜능의 5대 제자* 중 1인이라 불리는 남양혜충南陽慧忠 국사(?~775)가「단경을 개환하여 천한 이야기를 섞어 넣고 성스런 뜻을 삭제하여 후세 사람을 혹란하였다. … 괴롭도다, 우리의 종지는 상실되었다[壇經改換 添糅鄙譚 削除聖意 惑亂後徒 … 苦哉 吾宗喪矣]」고 비판하였다는 기록이 있다. 국사의 생존연대를 보면 비판의 대상은 돈황본『단경』인 것으로 생각할 수 있지만, 위 비판의 기록 역시 후대에 만들어 첨가된 것이라고 하므로 반드시 그렇다고 단정하기도 어렵다.

* 5대 제자 : 나머지 4인은 선종 5가의 종조*가 되는 남악회양과 청원행사靑原行思, 그리고 증도가證道歌라는 유명한 선시禪詩를 쓴 영가현각永嘉玄覺 및 앞에 나온 하택신회를 든다.

* 종조 : 앞에서 본 것처럼 임제종·위앙종은 남악회양의 후손이, 나머지 3종은 청원행사의 후손이 그 각 시조이다.

대의 가감이 없지 않았다고 보아야 할 것이다.

【육조단경읽기 • 제2부】

돈황본 육조단경 주해

일러두기

제2부 돈황본 육조단경 주해는 다음과 같은 방법으로 기술하였다.

1. 절 내지 분절 단위로 번역문과 원문을 나란히 실은 다음, 주해를 미주尾註의 형식으로 기술하였다.
   번역은 가급적 평상어를 사용하였지만, 의미의 전달이 어려울 경우에는 원 표현을 그대로 옮기거나 또는 함께 기재하는 방법을 택하였다.

2. 원문은 대정신수대장경에 수록된 스타인 5475호 돈황본을 수록하되, 돈박본 등 다른 판본과 기존의 연구결과에 따라 오자·탈자가 있는 것으로 판단되어 고쳐 읽은 경우에는 이를 원문에 [ ]와 < >의 부호를 써서 아래와 같은 방법으로 표시(다만 게송 중에는 행이 나뉘는 것을 피해 *부호로만 표시해 두고, 고쳐 읽은 내용은 본문에 대한 주석 중에서 밝힌 것도 있음)하였다. 예컨대 [A]<B>로 표시된 것은 A를 B의 오자인 것으로 보았다는 것이고, [AB]<B>로 표시된 것은 A가 잘못 삽입된 것으로 보았다는 것이며, [A]<AB>로 표시된 것은 A 다음에 B가 빠진 것으로 보았다는 것이다.

3. 굳이 원문을 함께 실은 것은, 번역문만으로 접근하는 것은 이해하는 데 한계가 있을 수 있고, 또 번역상의 문제도 없을 수 없다고 보았기 때문이다. 따라서 한문의 독해가 가능한 독자는 원문을 함께 볼 것을 권한다. 그런 독자들을 위하여 원문에는 번역문과 같은 위치에 구두점을 두었으며, 번역도 원문의 배열과 큰 차이가 나지 않도록 하였다. 이것이 자연스럽지 못한 표현이 적지 않게 남아 있는 이유이다.

4. 각주에서 인용하는 경론 중 중요한 것은 찾아보기 편리하도록 대정신수대장경의 수록 면수를 찾아 그 말미에 표기하였다. 예컨대 <11-664중>은 제11책의 664쪽 중단이라는 뜻이다.

5. 주해에 나오는 용어의 풀이가 필요할 경우에는 제1부에서처럼 그 부분에 *표시를 한 다음, 해당 주해의 말미에 *표시를 하고 그 풀이를 덧붙였다.

【남종돈교[1] 최상대승[2] 마하반야바라밀경[3]】
육조혜능대사께서 소주 대범사에서 베푸신 단경 1권[4]
겸하여 무상계[5]를 받은 홍법제자 법해法海[6]가 모아 기록함

【南宗頓教 最上大乘 摩訶般若波羅蜜經】
六祖惠能大師 於韶州 大梵寺 施法壇經 一卷
兼受無相戒 弘法弟子 法海 集記

제1장 서분

1. 서품序品[7]

혜능 대사께서 대범사 강당 안 높은 법좌에 오르셔서 마하반야바라밀법摩訶般若波羅蜜法[8]을 설하시고, 무상계無相戒를 주셨다. 그 때 법좌 아래에는 비구·비구니[僧尼]인 스님과 속인[道俗] 등 일만 여 명이 있었다.

소주韶州 자사刺史 위거韋璩와 여러 곳에서 온 30여 명의 관료, 30여 명의 유교의 선비[儒士]들이 대사께 마하반야바라밀법을 설해 주실 것을 함께 청하였고, 그 때 자사는 문인門人 스님 법해法海로 하여금 모아 기록케 하였다. 후대後代에 전하여 도를 배우는 사람들이 그 종지宗旨를 계승하여 순차 전수함에, 의지할 징표[所依約]로 두어 이어 받게 하기 위하여 이 『단경』을

惠能大師 於大梵寺講堂中 昇高座 說摩訶般若波羅蜜法, [受]<授>無相戒. 其時 座下 僧尼道俗 一萬餘人.

韶州刺史 [等]<韋>璩 及諸官僚 三十餘人, 儒[土]<士> 三十餘人 同請大師 說摩訶般若波羅蜜法, 刺史遂令 門人僧法海 集記. 流行後代 與學道者 承此宗旨 遞相傳授, 有所[於]<依>約 以爲稟

설하셨다.   承 說此壇經.

【주해】

1 이 돈황본 『단경』의 제목은 글의 성격을 정밀하게 요약하여 표현하고 있는 점이 특이하다.

우선 '남종'이라는 명칭은 '신수神秀'로 대표되는 당시의 지배적 불교 승단이 양자강의 북쪽에 있는 수도 장안에 본거지를 두고 있었던 반면, 혜능과 신회로 대표되는 일단의 수행자 그룹이 소주를 비롯한 양자강의 남쪽에서 활동하고 있었으므로, 이들이 양자를 차별화하기 위하여 장안 쪽에 있던 그룹을 '북종'으로 부르고, 자신의 그룹에는 '남종'이라는 칭호를 부여하게 되었을 것이다. 따라서 여기에서 '남종'이라고 한 것은 이 기록이 '북종'과 차별되는 남종의 기본경전임을 표방하는 취지이다.

다음 '돈교'라고 한 것도 같은 취지에서 북종의 수행법을 '점수漸修'라고 규정하면서, 이와 차별되는 남종의 사상적 기치를 내세우려는 것이다. 뒤의 본 경문 제23.2절에서, 「단경을 이어받지 못했다면 남종의 제자가 아닌 것이다. 단경을 이어받지 못한 사람은 비록 돈교법을 설하더라도 근본을 알지 못하여 끝내 다툼을 면하지 못한다.」라고 한 것이, 그 구체적 표현이다. 그렇지만 '돈교'가 과연 '점수'와 상대되고 차별되는 개념인지는 문제인데, 이 점에 대해서는 뒤에서 자세히 살펴볼 것이다.

2 '최상대승'이란 문자적으로 가장 높은 대승의 가르침이라는 뜻

인데, 이것이 어떤 취지에서 이 글의 제목으로 사용되었을까? 이를 알려면 이 말이 이 글에서 어떤 의미로 사용되고 있는지를 먼저 살펴보아야 할 것이다.

대표적인 용례를 들어 보면, 먼저 제15.3절에서는, 「마하반야바라밀*은 가장 존귀하고 가장 높으며[最上] 제일이고, 머묾도 없고 감도 없으며 옴도 없습니다. 삼세의 모든 붓다께서는 이 가운데서 나와, 큰 지혜로써 저 언덕에 이르러 오음의 번뇌의 티끌[塵勞]을 쳐부셨으니, 가장 존귀하고 가장 높으며 제일인 것입니다. 최상最上임을 찬탄하고 최상승법을 수행하면 결정코 붓다를 이룰 것입니다.」라고 하여, 붓다를 이루는 반야바라밀을 가리키는 것으로 사용되고 있다.

다음 제26.1절에서는 사승四乘을 설명하면서, 먼저 특이한 내용으로 소승·중승·대승의 삼승을 설명*한 다음, 제4승으로서 최상승最上乘을, 「만법을 다 통달하고 만행을 모두 갖추되, 일체에 떠남이 없이 다만 법의 모양[法相]만을 떠나, 짓되 얻을 것 없는 것[作無所得]이 최상승이다.」라고 설명하고 있다. 이와 같은 설명은 삼승을 통합하여 하나로 귀일시키는 《법화경》을 연상케 하는데(뒤의 제25.1절의 주해 7과 그 본문 참조), 《법화경》에서 '최상승'의 자리에 있는 것은 불승佛乘이다. 그리고 위에서 설명된 최상승의 내용 역시 붓다의 지위와 다르지 않은 것이다.

이렇게 보면 최상승 내지 최상대승이라는 것은 대승불교가 지향하는 불승의 가르침임을 표방하는 것이라고 할 수 있겠다. 그리고 이 불승은 모든 중생에게 불성이 있다는 여래장사상에 뿌리를 두고 있음은 이 『단경』의 글이 전개됨에 따라 점차 드러날 것이다.

* '마하반야바라밀'의 의미에 대해서는 후술하는 주해 8 참조.
* 보통 삼승이라 함은 성문·연각의 2승과 대승의 세 가지를 가리 키는 것과도 다르고, 그 내용도 특이함을 그 곳의 글에서 확인 해 둘 필요가 있다.

3 제목의 끝에 '마하반야바라밀경'이란 표현을 둔 것은 적어도 두 가지 의미가 있는 것으로 생각된다.

첫째는 앞에서 '최상'의 대승이라고 표현한 것은 '마하반야바라밀'의 가르침임을 나타내는 것이다. 그 취지는 이 글이 불교의 근본이치를 벗어나지 않고, 이것을 최고의 가르침으로 삼는다는 것이다.

둘째는 이 글이 《금강반야바라밀경》, 즉 《금강경》의 사상을 계승한 것임을 암시하는 것이다. 왜냐 하면 『단경』에서 혜능의 출가와 전법에 관한 인연 등이 《금강경》과 밀접한 관련이 있는데다가(제2.1절, 제4.2절, 제6.1절, 제16절 등), 뒤의 제15.3절의 주해에서 보는 것처럼, 《금강경》에는 여기에서와 같이 무상無相의 반야바라밀을 설하는 같은 경전의 가르침이 '최상'의 가르침임을 강조하는 표현을 곳곳에서 발견할 수 있어서, 여기에서 '마하반야바라밀경'이라는 표현의 앞에 놓인 '최상'도 같은 맥락에 있는 것으로 보이며, '반야바라밀경'이라는 표현의 서로 유사함 등, 『단경』과 《금강경》과의 상관성이 결코 예사로워 보이기 않기 때문이다.

만약 의도가 여기에 있다고 한다면, 이것은 북종이 《능가경》을 소의경전所依經典*으로 함에 대하여, 남종은 《금강경》을 소의경전으로 한다고 선언함으로써, 차별성을 부각하려는 것일 것이다.

그렇다면 같은 대승불교의 경전인 두 경전 사이에는 어떤 차이가 있을까? 간략히 말한다면, 《금강경》은 분량이 1권이고, 설하는 내용도 비교적 단순한데 반하여, 《능가경》은 분량도 4권 내지 10권인데다가, 설하는 내용도 대승 중기의 유식唯識이론*과 여래장사상을 모두 거두어 조직적으로 논하고 있는 경전으로서, 매우 복잡하고 난해한 경전이라고 말할 수 있다. 북종을 중앙의 왕권과 결합해 있는 귀족적 불교라고 규정하면서, 일반 대중을 중심으로 하는 쉬운 불교를 표방하는 남종의 입장에서는 놓칠 수 없는 차별화 대상이 아니었을까 한다.

* 710년 경 5조 홍인의 법손인 정각淨覺이 쓴 것으로 알려진 『능가사자기楞伽師資記』에는 조사들의 순서를 정하면서, 보리달마에 앞서 《능가경》 4권을 번역한 구나발타라를 제1조로 하고, 그에 이어 보리달마 – 혜가 – 승찬 – 도신 – 홍인 – 신수 – 보적 순으로 사제 관계를 정리하고 있고, 645년에 도선道宣이 쓴 『속고승전』에는 보리달마가 혜가에게 《능가경》 4권을 전수한 것으로 기재하고 있음.

* 유식이론 : 모든 현상이 연기하고 있는 법계에서 인식대상은 나누어 분별될 수 없는 것인데도, 우리가 사물을 인식할 때에는 모든 것을 분별해서 인식한다. 그러므로 유식이론에 의하면, 우리가 인식하는 것은 오직[唯] 우리의 의식[識] 내부의 대상을 인식할 뿐, 그 인식되는 것에 상응하는 외부대상은 실제로 없다는 것이다. 이 유식이론은 우리가 보통 알고 있는 인식의 원리와는 큰 거리가 있기 때문에, 상식적인 이해로는 접근하기 어려울 정도로 난해한 모습을 나타낸다.

4 혜능대사가 소주의 대범사 계단戒壇에서 대중들에게 무상계를

주면서 행한 설법이라는 것을 표현한 것이다.

'경經'이란 원래 붓다께서 친히 설한 가르침을 기록한 것을 지칭하는 것인데, 이 어록에 '경'이란 호칭을 붙인 것은 『단경』이 붓다의 친설에 버금가는 권위가 있는 책이라는 것을 나타내고자 한 것이다.

반면 이후에 간행된 다른 판본의 제목에서 남종·돈교·반야 등의 용어가 사라진 것은, 남종과 북종의 대치라는 상황을 이미 벗어나, 이를 강조할 필요가 없게 되었음이 반영된 것이라고 생각할 수 있다.

5 선종의 새로운 보살계 수계受戒방식을 뜻하는 것으로, 무상심지계無相心地戒라고도 한다.

원래 불교에서 출가자는 물론 재가자가 계율을 받을 때에도 엄격한 의식을 거친다. 가장 엄격한 것은 구족계로서, 수계의식을 집행하고 증명하는 여러 사람이 필요하고, 일정한 의식과 확인절차를 거친다. 그런데 대승에서는 한 스승[一師]으로부터 받는 수계나, 또는 스승 없이 스스로 맹세하는 자서 수계도 있다고 한다.

그러다가 선종에서는 일체의 중생의 본성이 청정한 것임을 전제로, 일정한 의식을 갖추지 아니하고 스스로 맹세하고 스스로 주고 받는 자각적인 보살계 수계방식을 열었다. 여기에서도 혜능이 설법을 통하여 청법하는 대중들과 스스로 맹세하면서 주고 받는 방식으로 무상계를 수계하고 있는데, 그 구체적 내용은 귀의삼신불, 사홍서원, 무상참회, 무상삼귀의로 이루어지고 있다(제10 내지 13절).

6 돈황본 『신회어록』의 혜능전에 이름이 나오고, 『경덕전등록』

제5권에, 육조대사의 제자의 한 사람으로서 곡강 사람이라는 것과, 육조에게 나아가 '마음이 곧 붓다[즉심시불即心是佛]'라고 하는 것에 대하여 물었다가 육조의 설법 게송을 듣고 깨달은 기연이 간략히 기록*되어 있는 외에, 전기나 행적이 알려진 것은 없다.

'홍법'이라 함은 불법을 세상에 널리 펴는 것을 뜻하는 것으로서, 제자로서의 사명을 나타낸 것이다.

* 그 내용은 후대에 만들어진 것이라는 주장이 제기되고 있다. 원대본에도 같은 내용이 참청기연 편에 기록되어 있는데, 위 『경덕전등록』의 기록을 옮긴 것으로 보인다.

7 붓다께서 설하신 경전의 처음에는 그 경문을 믿어야 함을 증명하기 위하여 6가지 사항[六事]을 밝히는 것이 보통인데, 이를 증신서證信序라고 한다. 그것은 "이와 같이[信], 내가 들었다[聞]. 언제[時] 붓다께서[主] 어디에서[處] 누구와 함께 계셨다[衆]."라는 첫머리에 나오는 6가지[이를 '육사성취六事成就' 또는 '육성취'라고 함]를 말한다. 『단경』에서도 '경'의 형식을 갖추기 위하여 보통의 법어집과는 달리 이 서품으로 증신서를 둔 셈인데, 언제 부분을 밝히지 않고 있음은 앞서 지적하였다.

8 내용은 뒤의 제14, 15절에서 설명되고 있다.

거기에서 설명되고 있듯이 '마하'는 범어 mahā의 음역어로 크다[大]는 뜻이고, '반야'는 범어 prajnā의 음역어(어원적으로는 빠알리어 'paññā'의 음역어임)로 무분별지[慧]를 가리키는 것이며, '바라밀'은 범어 pāramitā의 음역어 바라밀다波羅蜜多를 줄인 것으로 건넌다[度]는 뜻이다. 따라서 '마하반야바라밀'은 생사의 이 언덕에서 열반의 저 언덕으로 건너게 하는[度彼岸] 큰 지혜의 가르침이라는 뜻이 되는데, 이 반야바라밀은 대승불교의 수행 내용 중 핵심을 이루는 것이다.

원래 불교의 수행 내용은 붓다께서 누누히 말씀하신 팔정도, 즉 정견正見·정사유正思惟·정어正語·정업正業·정명正命·정정진正精進·정념正念·정정正定의 여덟 가지로 확립되어 있었다. 그런데 대승불교에서는 중생의 제도라는 대승의 이상에 맞추어, 이 여덟 가지를 새로이 분류해서 여섯 가지로 만들었는데, 이것이 육바라밀六波羅蜜이다. 이후 대승의 중기에 이르면 이것을 열 가지로 늘려 십바라밀을 말하기도 한다.

육바라밀은 보통 순서를 매겨, 제1 보시布施, 제2 지계持戒, 제3 인욕忍辱, 제4 정진精進, 제5 선정禪定, 제6 반야바라밀의 순서로 든다. 앞서도 말한 바와 같이 반야가 이론과 수행 양면에서 핵심을 이루는 것인 만큼, 육바라밀도 이 반야바라밀이 그 중심에 놓여 있는 것이다.

십바라밀은 제7 방편方便, 제8 서원[願], 제9 힘[力], 제10 지혜[智]의 넷을 육바라밀에 더한 것인데, 이 넷은 제6의 반야바라밀 중 근본지에 의거하여 얻게 되는 후득後得의 세속지 부분을 분리하여 나눈 것이다. 그러므로 육바라밀에서의 반야바라밀은 근본지와 후득지를 포괄하는 것이지만, 십바라밀에서의 반야바라밀은 근본지에 한정된 개념이 된다.

이 육바라밀 내지 십바라밀의 자세한 내용은 졸역『주석 성유식론』 p.903 이하를 참조.

제2장 법을 받은 이야기

2. 스승을 찾아감 [尋師]

2.1

혜능 대사께서 말씀하셨다.
"선지식 여러분, 맑은 마음으로 마하반야바라밀법을 생각하십시오."
그리고 대사께서는 말씀하시지 않고 스스로 마음을 깨끗이 하시고 한참 침묵[良久]하신 다음 말씀하셨다.
"선지식 여러분, 조용히 들으십시오. 저의 아버지는 본래 범양范陽의 관리[1]였으나 남쪽으로 좌천되어 신주新州의 백성으로 옮겨 살았는데, 제가 어려서 아버지를 여의었습니다. 노모와 어린 저는 남해南海로 옮겨 와서 가난에 시달리며 시장에서 땔나무를 팔았습니다.

能大師言.
"善知識, 淨心 念摩訶般若波羅蜜法"
大師不語　自[心淨]
<淨心>神 良久乃言.

"善知識, [淨]<靜>聽.
惠能慈父 本官范陽 左降遷流南　新州百姓,
惠能幼小　父小早亡.
老母孤遺　移來[海]
<南海>　艱辛貧[之]
<乏> 於市[買]<賣>柴.

어느 날 한 손님[2]이 땔나무를 사서 저에게 지게 하고 관점官店[3]에 도착하여 손님은 땔나무를 가져가고, 저는 돈을 받고 문 앞으로 향하는 순간, 우연히 어떤 손님이 《금강경》 독송[4]하는 것을 보았습니다.

저는 한 번 듣고 마음이 밝아져 문득 깨닫고[便悟][5] 그 손님에게, '어느 곳에서 오셨기에 이 경전을 갖고 계십니까?'라고 물었습니다. 손님이 대답하기를, '나는 기주蘄州 황매현黃梅縣 동빙묘산東憑墓山에서 5조 홍인弘忍[6] 화상을 예배하였는데, 지금 그 곳에는 문인門人 천 여 명이 있습니다. 나는 그 곳에서 5조 대사께서 수행자나 속인들에게 단지 《금강경》 한 권만 지니면[7] 곧 견성見性[8]하여 바로 붓다를 이룬다[成佛]고 권하는 것을 들었습니다.'라고 하였습니다.

저는 그 말을 듣고 숙업宿業[9]에 인연이 있어서, 곧 노모를 하직하고[10] 황매의 빙묘산으로 가서 5조 홍인 화상을 예배[11]하였습니다."

忽有一客買柴 遂領惠能 至於官店 客將柴去, 惠能得錢 却向門前, 忽見一客 讀金剛經.
惠能一聞 心[名]<明>便悟 乃[聞]<問>客曰, '從何處來 持此經典?' 客答曰, '我於蘄州 黃梅[懸]<縣> 東憑墓山 禮拜五祖弘忍和尙, 見[令]<今>在彼 門人有千餘衆. 我於彼 聽見大師勸道俗, 但[特]<持>金剛經一卷 卽得見性 直了成佛.'
惠能聞說 宿業有緣, 便卽辭親 往黃梅 憑墓山 禮拜五祖弘忍和尙.

【주해】

1 돈황본의 원문은 본문과 같이「本'官'范陽」인데, 후대의 판본에는 이 부분이「本'貫'范陽(본관이 범양)」이라고 되어 있고, 그래서 돈황본의 다른 판들도 그렇게 고쳐서 번역하지만, 그렇게 고쳐서 번역하는 편이 반드시 옳다고 보기는 어렵다.
2 『조당집』제2권에는 땔나무를 산 사람은 안도성安道誠이고, 관점에서《금강경》을 독송한 사람도 그였다고 기록하고 있다.
3 당 나라 때 지방정부가 관리를 배치하여 술을 전매한 곳(주점이나 여관)을 말한다.
4 그 때 들었다는 것이 어느 부분인지가 관심의 대상이 되는데, 원대본에는《금강경》제4.6절에 나오는「응당 머무는 바 없이 그 마음을 내어야 한다[應無所住 而生其心].」라는 대목이었다고 기록되어 있다.
5 남종이 강조하는 돈오頓悟의 한 모습이다. 그렇다면 이 때 깨달았다는 것은 무엇일까? 당시 독송한 글의 뜻을 깨달았다고 볼 수도 있지만, 바로 견도의 체험을 재현한 것이라고 이해할 수도 있을 것이다. 왜냐 하면 이『단경』에서의 이후의 전개를 보면 혜능은 별다른 수행 없이도 견성하였음을 인정받고 5조의 법을 계승하기 때문이다. 그러므로 혜능은 전생에 이미 견도의 체험을 하였던 사람으로, 당시 경전을 독송하는 것을 듣고 단박에 전생에서의 견도 체험을 재현하였다고 보는 것이 합리적이 아닐까 한다.

　불교이론상 이미 견도를 체험한 자 중 수다원과 사다함이 욕계에 재생할 수 있음은 졸저『불교는』 p.228-230 참조.
6 호북성 기주의 황매 출신으로 속성은 주周씨. 제4조 도신의 제자가 되어 오랫동안 그의 문하에서 수행하고 도신의 법을 이은

후, 쌍봉산의 동산에서 법문을 널리 폈다고 한다. 당 숙종 2년에 세수 74세로 입적. 저술로『기주蘄州인忍대사 도범취성오해탈종수심요론導凡趣聖悟解脫宗修心要論』(『수심요론』이라 약칭함) 1권이 전한다.

『경덕전등록』제3권 제31조 도신 대사 편에는 홍인이 도신 대사를 만나 법을 계승받는 과정이 아래와 같이 기록되어 있다.

「어느 날 황매현으로 가는 길에 한 어린이를 만났는데 골상骨相이 수려하여 다른 아이들과는 아주 달랐다. 도신 대사가 물으셨다. "그대의 성姓이 무엇인가?"

동자가 대답하였다. "성은 있으나 평범한 성이 아닙니다."

대사가 말씀하였다. "무슨 성인데 그렇게 말하느냐?"

동자가 대답하였다. "불성佛性입니다."

대사가 물으셨다. "그대의 성은 없다는 말인가?"

동자가 대답하였다. "성이 공空하기 때문입니다."

대사는 그가 법기法器임을 알고 시자를 시켜 그의 집에 따라가서 그 부모에게 출가시키기를 요구하게 하였다. 그 부모는 전생의 인연 때문에 아무런 난색 없이 아들을 놓아 주니, 대사가 제자로 삼아서 이름을 홍인이라고 하였다. 마침내 법을 부촉하고 가사를 전하고 게송을 읊으셨다.

　　꽃 씨앗에 나는 성품 있어
　　땅으로 인하여 꽃의 나는 성품 나니
　　큰 인연이 믿음과 합하면
　　돋아나되 난다는 생각 없이 나네*」

* 게송 내용이 제29.1절에 나오는 것과, 첫 구절 외에는 다르게

되어 있다.

7 제16.1절에도 혜능의 말로 같은 표현이 나오는데, 경전을 지닌 다는 것은 물리적인 소지를 초월하는 의미로 쓰이는 점에 유의할 필요가 있다. 제16.1절의 주해를 보라.

8 성품[性]을 본다[見]는 표현인데, 여기에서 성품은 즉 불성을 가리키는 것이다. 그래서 불성을 보면 붓다를 이룬다[成佛]는 것인데, 이 '견성성불'은 선불교에서 표어처럼 쓰이는 표현이다. 이것이 처음 사용된 것은 송 나라의 보량寶亮이 쓴 『열반경집해集解』에서, 「성품을 보고 성불한다는 것은 곧 성품이 붓다가 된다는 것이다[見性成佛 卽性爲佛也].」라고 한 것이라고 한다.

그런데 불성이란 무엇인가? 흔히 이것을 각 개인이 고유하게 갖는 주체적 본성인 것처럼 이해하는 경향이 있지만, 사실은 이것이 진여眞如*를 가리키는 표현이라 함은 앞의 제1부에서 보았다. 그래서 불성사상의 본산이라고 할 수 있는 《열반경》(36권본의 제25권) 사자후보살품<12-768하>에서도, 「불성이란 곧 제일의의 공이다[佛性者卽第一義空]. 제일의의 공은 중도라고 하고, 중도는 바로 붓다라고 이름하며, 붓다란 열반이라고 이름한다[第一義空名爲中道, 中道者卽名爲佛, 佛者名爲涅槃].」라고 하고 있다.

그렇다면 왜 이와 같이 무아를 표방하는 불교의 근본과 어긋난다고 오해할 여지가 다분한, 이 표현을 내세우는 사상이 형성된 것일까? 이에 대한 답은 《불성론》의 서두에서 그 해답을 찾을 수 있으니, 다섯 가지 과실을 없애고 다섯 가지 공덕을 내기 위해서라는 것이다. 다섯 가지 과실을 없앤다는 것은, 첫째 중생으로 하여금 하열한 마음을 여의게 하기 위해서이고, 둘째 하품의 사람에 대해 거만함을 여의게 하기 위해서이며, 셋째 허망한 집착을 여의게 하기 위해서이고, 넷째 진실한 법을 비방함을 여의게 하기 위해서이고, 다섯째 아집을 여의게 하기 위해서라는 것이고, 다섯 가지 공덕이라는 것은, 첫째 바른 정진의 마음을 일으키고, 둘째 공경하는 일을 내며, 셋째 반야prajñā[慧]를 내고, 넷째 사나jñāna[智]를 내며, 다섯째 대비를 내기 위한 것이라는 것이다(졸역『여래장 경전 모음』pp.459-463). 그 중에서도 중점은 처음의 둘에 놓여있는 것이 아닐까 한다.

어떻든 불성이 진여를 가리키는 것이라고 한다면, 이것을 본다는 것은 우리가 불교의 근본원리에서 본 견도, 즉 의식의 분별을 통하지 않고 현상의 실상을 보는 것(졸저『불교는』pp.220-226 참조)과 다른 것이 아니다. 그런데 우리가 배운 불교이론에서는 견도를 했다고 해서 그것으로 바로 붓다가 된다고 설명하지는 않는데, 선불교에서는 이를 시인한다는 것일까? 비록 이론적으로 설명하지는 않지만, 그렇다고 선불교라고 해서 이것을 시인한다고 볼 만한 근거는 없다.

불성을 진여라고 한다면 견도했다는 것은 분명히 불성=진여를 보았다는 것인데, 선불교에서는 견도로써는 불성을 본 것이 아니라고 부정하는 것일까? 이에 대한 해답은 원효 스님으로부터 들을 수 있다. 스님의 《열반종요》에 의하면, 불성을 보는 것에는 세 가지 차원이 있다고 한다. 첫째는 의식의 분별을 거치지 않는 소위 무분별지로 보는가 보지 못하는가의 차원, 둘째는 두루 보는가 두루 보지는 못하는가의 차원, 셋째 궁극적으로 보는가 궁극적으로 보지는 못하는가의 차원으로, 《열반종요》는 이를 차례대로

'증證·부증不證문', '변遍·불변不遍문', '구경究竟·불구경不究竟문'이라고 부른다. 이에 의하면 견도를 한 이승의 성인은 범부(=부증)와는 달리 무분별지로 이를 보지만(=증), 불성은 아공我空·법공法空*이라는 두 가지 공으로 나타나는 진여인데, 이승은 법공을 보지 못하므로 두루 보지는 못하는(=불변) 반면, 대승의 보살은 초지부터 두 가지를 함께 보므로 두루는 보지만(=변), 불성의 전체를 보지는 못하고(=불구경) 붓다의 지위에 이르러서야 불성의 전체를 본다(=구경)는 것인데(졸역『여래장 경전 모음』pp. 723-730), 이것이라면 기존의 불교이론과도 완전히 부합한다.

이렇게 본다면 단지 불성을 보았다고 해서 바로 붓다가 되는 것은 아니고, 불성의 전체를 궁극적으로 보아야만 붓다가 되는 것이라고 이해하여야 할 것이다.

* 진여 : 언어로 표현될 수 없으므로, 무분별지에 의해서만 보이고 알려지는 연기하는 법계의 진실을 추상화한 것이라는 정도로 표현할 수 있는 것이다. 범어 'Bhūta-tathatā'의 번역어인데, 이에 상응하는 빠알리어가 초기불교의 경전에 등장하지 않는 것(《아함경》에는 '진여'라는 표현이 더러 등장하지만, 이것은 대승불교 성립 이후에 한역된 것으로, 빠알리어 경전에서는 이에 상응하는 용어를 찾을 수 없다)으로 보아, 이와 같은 추상화는 붓다 재세시에서는 익숙하지 않았던 것으로 생각된다. 이것이《금강경》제4.13절의 범본(각묵『금강경역해』p.316. 구마라집의 한역에서는 '諸法如義', 현장의 한역에서는 '眞實眞如'라고 번역되었음)에 보이기 시작한 후, 이후 대승의 경론에서는 광범위하게 사용되기에 이른다. 이에 대한 가장 일반적인

정의는 《성유식론》 제9권에서의, "진眞이라고 함은 참되고 실제임[眞實]을 말하는 것이니, 비거나 망령되지 않음[非虛妄]을 나타낸다. 여如라고 함은 그러하게 항상함[如常]을 말하니, 변하고 바뀜이 없는 것[無變易]을 나타낸다."(졸역 『주석 성유식론』 p.849)라고 하는 것이다. 따라서 가장 간략하게 진여를 풀이한다면, '변하지 않는 진실'이라고 표현할 수 있겠다.
* 아공·법공 : 중생을 이루는 오온에는 별도의 주재하는 주체가 없는 것을 '아공'이라고 하고, 연기하는 법에는 자성이나 실체가 없는 것을 '법공'이라고 하는데, 흔히 '인무아'·'법무아'라고도 표현한다. 대승에서는 이승을 가리켜, 아공은 알고 깨닫지만 법공은 알고 깨닫지 못한다고 말한다.

9 과거세의 전생에 지은 업이라는 뜻.

10 이 대목으로 인하여 혜능이 무정한 사람으로 보일 것을 우려했기 때문인지, 다른 판본에는 어떤 사람이 은銀 열 냥을 혜능에게 주어 그 돈으로써 노모를 위한 조치를 취한 후 떠난 것으로 되어 있다. 앞에서 본 『조당집』에는 돈을 준 사람도 안도성이었고, 준 돈도 열 냥이 아니라 백 냥이라고 기록되어 있다.

11 이때가 언제였는지에 대하여는 자료마다 차이가 있다. 혜능의 나이 22세 때(638년생임을 전제하면 660년)라는 기록(『신회어록』), 32세 때(670년)라는 기록(『조당집』), 34세 때인 674년이라는 기록(『조계대사전』*) 등이 있다.
* 『조계대사전』 : 육조의 제자 행도行滔(제1부의 『경덕전등록』에 나오는 영도와 동일인물이라 함)가 당 건중 2년(781년)에 기록하였다는 육조의 전기.

2.2

"홍인 화상께서 저에게 물으셨습니다. '너는 어느 지방 사람인데 이 산에 와서 나에게 예배하며, 이제 내게서 또 무슨 물건[何物]¹²을 구하느냐?'

저는 대답하였습니다. '저는 영남 사람으로 신주의 백성입니다. 지금 짐짓 멀리서 찾아와 화상께 예배드리는 것은, 다른 물건[餘物]을 구함이 아니라 오직 붓다가 되는 법[作佛法]을 구하는 것입니다.'

대사께서 마침내 저를 꾸짖으며 말씀하셨습니다. '너는 영남 사람이고 그러면 오랑캐[獦獠]¹³인데 어찌 감히 붓다가 되겠다고 하느냐?'

저는 대답하였습니다. '사람에는 남북南北이 있을지라도 불성佛性에는 남북이 없을 것입니다. 오랑캐의 몸[獦獠身]은 스님과 같지 않지만, 불성에야 무슨 차별이 있겠습니까?'

대사께서는 다시 함께 이야기하려고 하시다가 주위에 있는 사람들을 보시고 대사께서는 더 말씀하시지 않으셨습니다. 이윽고 저를 내보내 대중들을 따라 일하

弘忍 和尙 問惠能曰. '汝何方人 來此山 禮拜吾, 汝今 向吾邊 復求何物?'

惠能答曰 '弟子 是 [領]<嶺>南人 新州百姓. 今故遠來 禮拜和尙, 不求餘物 唯求 [佛法作]<作佛法>.'

大師 遂責惠能曰 '汝是[領]<嶺>南人 又是獦獠 若爲堪作佛?'

惠能答曰 '人卽有南北 佛[姓]<性>卽無南北. 獦獠身 與和尙不同, 佛[姓]<性> 有何差別?'

大師 欲更共議 見左右在傍邊 大師更不言.

遂發遣惠能 令隨衆

게 하셨습니다. 그 때 한 행자行者가 있다가 저를 방앗간으로 보내어, 여덟 달 남짓 방아를 찧었습니다."[14]

作務. 時有一行者 遂差惠能 於碓坊, 踏碓八箇餘月.

【주해】

12 선문에서 '물건(원문의 物)'이라는 표현은 범상한 의미로 쓰이는 것이 아니다. 적어도 두 가지 의미가 있는 것으로 생각할 수 있다. 첫째는 '나'에 대한 집착을 여의었는지를 점검해 보는 의미, 둘째는 중생의 마음 또는 불성을 가리키면서, 자각을 촉구하는 취지이다. 혜능 자신도 나중에 이 표현을 자주 사용한 것으로 보인다. 예컨대 원대본의 참청기연 편에는, 남악회양 선사*가 육조를 처음 만났을 때의 기연이 아래와 같이 기록되어 있다.

「선사가 예배하니 (육조)대사께서 물으셨다. "어디서 오는가?"
선사가 대답하였다. "숭산嵩山에서 옵니다."
대사께서 다시 물으셨다. "어떤 물건[什麼物]이 이렇게 왔는가?"
대답하기를, "한 물건이라 말해도 맞지 않습니다[說似一物 即不中]."
대사께서 다시 물으셨다. "닦아 증득[修證]할 수 있는가?"
선사가 대답하기를, "닦아 증득함은 없지 않으나, 오염이라는 것이 있을 수 없습니다[汚染即不得]."
대사께서 말씀하셨다. "단지 이 오염되지 않는 것이 모든 붓다께서 보호하고 염려해 주시는 것이니, 그대도 이미 그러하고 나 또한 그러하다."」

또 같은 원대본의 제7 남돈북점(이는 덕이본의 과목이고, 종보본은 제8 돈점임. 이하 같다)편에도,

「하루는 혜능 대사께서 대중에게 말씀하셨다. "나에게 한 물건[一物]이 있는데, 머리도 꼬리도 없고, 이름도 글자도 없으며, 등도 낯도 없다[無頭無尾 無名無字 無背無面]. 여러분은 알겠는가?"

신회가 나와서 말하였다. "이것은 모든 붓다의 본원本源이고 신회의 불성입니다."

대사께서 말씀하였다. "이름도 글자도 없다고 했거늘, 너는 다시 또 본원이니 불성이니 하는가? 네가 앞으로 종사宗師*가 된다 하더라도 한갓 지해종도知解宗徒*밖에 되지 못하리라."」
라고 하였다는 기연이 실려 있다.

이 내용은 『선문염송집』에도 제111칙에 한 물건[一物]이라는 제목으로 실려 있는데, 혜능의 표현이 약간 달라,「한 물건이 있으니, 위로는 하늘을 떠받치고 아래로는 땅을 버티고 있는데, 밝기는 해와 같고 검기는 칠과 같으며, 활동하는 작용 가운데 항상 있으나 활동하는 작용 가운데서 거둘 수도 없다[上拄天下拄地, 明如日黑似漆, 常在動用中 動用中收不得]. 그대들은 무엇이라고 부르겠는가?」라고 되어 있다.

이를 보면 본인과 그 문인들에 의해, 날카로운 근기의 소유자로서 혜능과 선을 논하고(제26.2절) 혜능으로부터 헐뜯고 칭찬함에 움직이지 않는 경지에 이르렀다는 찬사를 받아(제28.1절) 끝내 후계자로서 예언의 대상까지 되었다(제29.1절)는 칭송을 받

은 신회가, 후세인으로부터는 같은 책 안에서 지해종도로 폄하되고 있어 아이러니컬하다.

* 남악회양(677~744) : 금주 사람으로 성이 두杜씨라 함. 육조혜능의 5대 제자의 한 사람으로, 그의 제자 마조도일 - 백장회해의 아래에, ① - 황벽희운 - 임제의현에서 임제종이, ② - 위산영우 - 앙산혜적에서 위앙종의 2개 종파가 출현하여 선종의 큰 줄기에 위치하고 있는 인물임.
* 종사 : 한 종문 내지 종파의 스승
* 지해종도 : 무분별지에 의한 깨달음을 체득하지 못하고, 알음알이로 헤아리는 무리라는 뜻.

13 원어 '갈료獦獠'는 중국의 북방 사람이 남방 사람을 멸시하여 쓰는 말이라 한다. 갈獦은 이리와 비슷한 짐승인 갈저獦狙를 가리키는 것이고, 료獠는 서남 변방의 이민족을 말한다고 한다.

14 돈황본 이후의 다른 판본에는 이 대목과 다음 절의 사이에 다음과 같은 글이 부가되어 있다.

「어느 날 5조께서 와 보시고 혜능에게 말씀하셨다. "네 소견이 쓸 만하다고 생각하였지만 혹시 나쁜 사람이 너를 해칠까 봐 더 말하지 않았는데, 알고 있었던가?"

혜능이 말하였다. "저 역시 스님의 뜻을 알았기 때문에, 남이 알지 못하도록 스님 계신 방 앞에 가지도 않았습니다."」

『신회어록』에는 이 대목에 관하여 더 자세하게 다음과 같이 기록되어 있다. 「홍인 대사가 여러 사람 가운데 혜능을 찾아 나서 방앗간에서 만났다. 함께 이야기하여 틀림없이 견성했음을 확인하였다. 이윽고 밤이 되자 몰래 방으로 불러들여 사흘 낮 사흘 밤을 함께 이야기하면서 여래의 지견知見을 인정하고, 다시 의심의 여지가 없음을 확인하고 법통의 상속을 해 마쳤다.」

또 왕유王維가 쓴 『육조능선사비명碑銘』*에는 그 무렵의 사정을, 「(5조)대사가 자리에 오를 때면 학도들이 안마당을 메우고 온갖 계층의 사람들이 법문을 들었다. 혜능은 묵묵히 법문만 들을 뿐 한 번도 자신의 의견을 말하지 않았고, 방에서의 평소의 생활은 지극한 무아의 경지였다. 목마른 사슴과도 같이 한눈 팔지 않는 수행삼매로 정진했다. … 대사는 혜능만이 진실로 해탈의 경지에 도달해 있으면서도 겸손하게 내색하지 않고 있음을 알고 있었다.」라고 기록하고 있다.

이러한 기록들이 사실이라면 홍인이 벌인 다음 절 이하의 게송 행사는, 그의 표현대로 제자들이 지은 게송을 보고 계승자를 선발하려는 것보다는, 이미 계승자로 확인한 혜능에 대한 계승의 계기와 명분을 확보하기 위한 절차였던 것으로 이해된다.

*『육조능선사비명』: 대략 730년대에 쓰인 것으로 추정한다. 왕유는 우승상右丞相이라는 고위직까지 오른 시인으로, 739년 사망하였다고 한다.

3. 게송을 지으라 이르심 [命偈]

3.1

"5조 홍인 대사께서 어느 날 문인門人들을 모두 불러오게 하셨습니다.

문인들이 모두 모이자 말씀하시기를, '내 그대들에게 말하겠다. 세상 사람의 나고 죽는 일[生死事]이 큰 일[1]이거늘, 그대 문인들은 종일 공양이나 올리며 단지 복전福田[2]만을 구하고 생사의 고해苦海를 벗어나려고 하지 않고 있다. 그대들이 자신의 성품[自性][3]에 미혹하면 복문福門이 어찌 그대들을 구제할 수 있겠느냐? 그대들은 모두 방으로 돌아가서 스스로 살펴보아라. 지혜가 있는 자는 본성의 반야 지혜[4]를 써서 각자 게송 한 수를 지어 나에게 가져오너라. 내가 그대들의 게송을 보고 만약 불법의 큰 뜻[大意]을 깨달은 사람이 있으면, 그대에게 가사와 법을 부촉하여 6대 조사로 삼겠다. 급히 서둘도록 하라.' 라고 하셨습니다."

五祖忍 於一日 喚門人盡來. 門人集[記]<訖> 五祖曰, '吾向[與]<汝>說. 世人生死事大, 汝等門人 終日供養 只求福田 不求出離生死苦海. 汝等自[姓]<性>迷 福門 何可救汝? 汝惣且歸房 自看. 有[知]<智>惠者 自取本[姓]<性> 般若[知之]<之智> 各作一偈 呈吾. 吾看汝偈 若[吾]<悟>大意者, 付汝衣法 稟爲六代. 火急急.'

【주해】

1 원래의 뜻은 생사윤회에서 해탈하는 문제가 가장 큰 일이라는 것. 그러나 '생사의 일[生死事]'이라고 추상적으로 표현함으로써 마음의 생멸도 암시한 것으로 이해된다. 불교에서는 마음의 생멸을 떠나는 것이 해탈이므로, 양자는 별개가 아니다. 혜능의 5대 제자의 한 사람인 영가현각*이 혜능을 만났을 때의 문답이 원대본의 참청기연 편에 아래와 같이 기록되어 있다.

「현각이 (육조의 제자인) 현책玄策과 함께 찾아와서 대사의 주위를 세 번 돌고 석장[錫]을 들고 서 있으니, 육조께서 물으셨다. "무릇 사문沙門*이라면 삼천위의三千威儀와 팔만세행八萬細行*을 갖추어야 하는데, 대덕大德은 어디서 왔길래 큰 거만[大我慢]을 부리는가?"

선사가 대답했다. "생사의 일은 큰데, 무상하고 빠릅니다[生死事大 無常迅速]."

육조께서 말씀하셨다. "어째서 무생無生을 체득해서 빠름 없는 도리[無速]를 알지 못하는가?"

선사가 대답했다. "자체가 곧 무생이고[體卽無生], 앎은 본래 빠름이 없습니다[了本無速]."

육조께서 말씀하셨다. "그래 그러하다."

선사가 비로소 위의를 갖추어 절을 하고는 곧 작별인사를 하니, 육조께서 말씀하셨다. "너무 빠르지 않은가?"

선사가 말하였다. "본래 스스로 움직임이 없는데, 어찌 빠름이 있겠습니까?"

대사께서 말씀하셨다. "누가 움직이지 않음을 아는가?"

선사가 말하였다. "스님 스스로 분별을 내십니다."

대사께서 말씀하셨다. "그대는 무생의 뜻을 매우 잘 아는구나."

선사가 말하였다. "무생에 어찌 뜻이 있겠습니까?"

대사께서 말씀하셨다. "뜻이 없으면 누가 분별하겠는가?"

선사가 말하였다. "분별 또한 뜻이 아닙니다."

대사께서 말씀하셨다. "훌륭하도다. 하룻밤 쉬어가도록 하라."

그 때 '일숙각一宿覺'이라 불렀고, 후에 『증도가證道歌』를 지어 세상에 유행케 하였다.」

＊영가현각(665~713) : 같은 참청기연 편의 위 기록 앞에는 영가현각이 육조 대사를 찾아온 경위에 관하여 다음과 같이 기록하고 있다.

「영가현각 선사는 젊어서 경론을 익혔고 천태天台의 지관止觀 법문＊에 특히 정통하였는데, 《유마경》을 보다가 마음을 밝혔다. 우연히 육조의 제자인 현책玄策이 찾아와서 만나 같이 대화를 나누었는데, 그의 말이 모두 조사들의 뜻과 그윽히 일치하였다. 현책이 물었다. "당신께 법을 준 스승이 누구입니까?"

말하기를, "내가 방등方等경론＊을 읽을 때에는 각각 스승이 있었으나, 그 뒤 《유마경》에서 붓다의 마음의 근본[心宗]을 깨달았지만 증명해 줄 분이 없습니다."

현책이 말하였다. "위음왕불威音王佛＊이전에는 그것이 가능했겠지만, 위음왕불 이후에는 스승 없이 스스로 깨달았다고 하는 것은 모두 천연외도天然外道＊입니다."

말하기를, "그러면 당신이 나를 위해 증명해 주십시오."

현책이 말하였다. "나의 말은 가볍습니다. 조계산에 육조 대사가 계신데 사방에서 찾아와 법을 받고 있으니, 만약 가시겠다면 함께 가겠습니다."」

* 사문 : 출가하여 수도하는 사람을 총칭함. 《사십이장경四十二章經》의 제1장에, 「어버이를 하직하고 출가하여 마음을 알고 근본을 통달하여 무위법을 알게 된 사람을 사문이라고 한다[辭親出家 識心達本 解無爲法 名曰沙門].」라고 하고 있다.

또 원효의 『발심수행장發心修行章』에는, 「마음 속의 갈애渴愛를 여의는 것을 사문이라 하고, 세속을 그리워하지 않음을 출가라고 한다[離心中愛 名爲沙門, 不戀世俗 是名出家].」라는 말이 있다.

* 삼천위의와 팔만세행 : 출가 사문으로서 지켜야 할 많은 덕목과 행실을 총체적으로 모아 말하는 취지이다.

* 지관법문 : 천태지의가 지은 20권의 『마하지관摩訶止觀』에 쓰인 법문을 가리키는 것이다.

* 방등경론 : 방등은 횡적으로 보편[方]하고, 종적으로 평등[等]하다는 의미인데, 대략 세 가지 용례로 쓰인다. ① 원래는 빠알리어 'vetulla'(범어 'vaipulya')의 역어로서, 십이부경(제17절의 주해 1 참조) 중의 하나인, 깊고 넓게 뜻을 심화하여 이치를 설한 경전을 가리키는 말이었는데, ② 대승불교에서 대승의 경전은 모두 이에 해당한다고 하여, 대승의 경전 일반을 나타내는 것으로 사용하였으며, ③ 나중에 천태지의는 붓다의 가르침을 다섯 단계로 나누어 이해하는 것[소위 오시교판五時敎判*] 중 방등시方等時에 해당하는 대승경전을 가리키는 것으로 사용하였다. 이에 의하면 화엄·반야·법화·열반의 4부를 제외한 대승경

전을 가리키는 것이 되는데, 이에 속하는 것으로는 보통 《유마경》, 《승만경》, 《능가경》 등을 든다.

본문에서는 세 가지 중 두 번째의 용례로 쓰인 것이 아닐까 한다.

* 오시교판 : 천태지의는 붓다 일대의 가르침을 다음과 같은 다섯 시기로 구분하였다. ① 화엄시 : 붓다 성도 후 21일간, 궁극적인 가르침으로서 《화엄경》을 설하였으나, ② 녹원시(아함시) : 이를 이해하지 못하므로 12년간 소승의 아함경전을 설하였고, ③ 방등시 : 아함경전을 이해한 사람들을 위해 수준을 높여 8년간 방등의 대승경전을 설한 다음, ④ 반야시 : 더욱 수준을 높여 22년간 반야경전을 설하였고, ⑤ 법화열반시 : 최후 8년간 최상의 대승경전인 법화·열반경전을 설하였다는 것이다. 그렇지만 이는 역사적 사실과 일치하는 것이라고 보기는 어렵다.

* 위음왕불 : 《법화경》 상불경常不輕보살품에 나오는 붓다로서, 과거 장엄겁의 최초에 출현하였다는 붓다의 명호. 이 붓다 이전에는 다른 붓다가 없었으므로 깨달음을 인가받을 수가 없었지만, 이 붓다의 출현 후에는 깨달음의 인가를 받을 수 있으므로 반드시 인가를 받아야 하고, 인가를 받지 않고 스스로 깨달았다고 하는 것은 인정될 수 없다는 근거로서 쓰인다.

* 천연외도 : 자연외도와 같은 말로서, 만물은 원인이 있어서 생겨난 것이 아니라, 우연히 저절로 생기는 것이라고 주장한다.

2 복덕이라는 수확이 생산되는 밭이라는 뜻. 불·법·승 삼보를 모두 가리키지만(졸역 『여래장 경전 모음』 pp. 267-268에 수록된 《보성론》 제2권의 글 참조), 특히 붓다를 가리키는 표현으로 쓰

인다. 예컨대 《구사론》(제27권<29-141하>)에서는, 「여래께서 세간에 출현하시어 지혜 있는 모든 이들의 위없는 복전[諸智者無上福田]이 되시었다.」라고 하고 있다.

3 여기에서 '성품'이란 불성을 가리키는 말이다. 따라서 자신의 성품이란 자신의 불성, 곧 자신의 마음을 가리킨다. 『단경』에서는 이 '자신의 성품'이라는 표현을 자주 사용하고 있는데, 그 배경에 관하여는 뒤의 제9.1절의 주해 3을 참조.

4 사람의 본래 성품에 갖추어져 있는 반야의 지혜라는 뜻. 불성사상을 전제로 한 표현이다.

3.2

"문인들은 지시[處分]⁵를 받고 각각 자신의 방으로 돌아왔으나, 모두 서로 말하기를, '우리들은 마음을 가다듬고 애써 게송을 지어 화상께 올릴 필요가 없다. 신수神秀⁶ 상좌上座⁷는 우리의 교수사敎授師⁸다. 신수 상좌가 법을 얻은 후에는 스스로 의지할 수 있을 터이니 청하신대로 지을 필요가 없을 것이다.'라고 하고, 모든 사람들은 마음을 놓고 모두 감히 게송을 올리지 않았습니다.

그 때 대사의 방[大師堂] 앞에는 세 칸[三間]⁹의 복도가 있어 이 복도의 아래쪽에 능가변상楞伽變相¹⁰과 5조 대사의 전수의법상傳授衣法相¹¹을 그려 공양하고, 후대에 전하는 기록으로 삼고자, 화가 노진盧珍¹²이 벽을 살펴보고 다음 날 착수하려고 하였습니다."

門人得處分 却來各至[白]<自>房, 遞相謂言, '我等 不須呈心用意作偈 將呈和尙. 神秀上座 是敎授師. 秀上座 得法後 自可[於]<依>止 請不用作', 諸人息心 盡不敢呈偈.

時 大師堂前 有三間房廊 於此廊下 供養 欲畫 楞伽變 幷畫 五祖大師 傳授衣法, 流行後代爲記, 畫人盧[玲]<珍> 看壁了 明日下手.

【주해】

5 원문의 '처분處分'은 지시, 명령, 분부라는 뜻이다.

6 『경덕전등록』 제4권 북종 신수 선사 편에 아래와 같이 기록되어 있다.

「북종 신수 선사는 개봉위開封尉 사람으로 성은 이씨였다. 어려서 유교를 가까이 하여 두루 섭렵하더니 후에 출가하여 스승을 찾고 도를 물었다. 기주 쌍봉에 있는 동산사에 가서 5조 홍인 대사를 만나 좌선으로 업을 삼다가 참으로 나의 스승이라고 탄복한 후, 고행하기를 마음에 맹세하고 나무하기와 물긷기를 자기의 일로 알고 행하며 도를 구하였다. 홍인이 말없이 그를 알아보고 더욱 소중히 여기면서 말했다. "내가 제도한 사람이 많지만, 깨달아 이해[悟解]함*에서 그에게 미칠 사람이 없다."

홍인이 열반에 든 뒤에 강릉의 당양산에 머물렀는데, 당의 측천무후가 듣고 서울로 불러서 궁내의 도량에서 공양하고 더욱 공경스런 예를 베풀었다. … 중종이 즉위하자 정중한 예를 거듭하였다. 대사 장열張說이 법요를 물으니 대사가 게송으로 대답하였다.

 '일체의 불법은[一切佛法]
 자기 마음에 본래 있거늘 [自心本有]
 마음으로써 밖으로 구하면[將心外求]
 아버지를 버리고 도망하는 것[捨父逃走]'

신룡 2년(706년) 동도의 천궁사에서 열반에 드니 대통大通 선사라 시호를 내렸다. … 제자인 보적普寂과 의복義福 등은 조정과 민간 양쪽의 존경을 받았다.」

* 깨달아 이해[悟解]함 : 의식의 분별로써 이해하는 것, 소위 해오解悟를 말하는 것이다. 아직 무분별지에 의한 견도를 하지 못하여, 증오證悟에 이르지 못한 것을 가리키는 표현이다.

7 원래는 상좌에 앉는 사람이라는 뜻인데, 불가에서는 오랜 수행을 쌓은 지도적 지위에 있는 스님에 대한 경칭으로 사용되고, 스승에 대하여 제자라는 뜻으로 사용되기도 한다.

8 원래 계를 받는 자에게 수계受戒의 예법禮法을 교수하는 스님을 가리키는 용어인데, 수계후 10년 이상이 지나 새로운 수행자를 지도하는 스님, 또는 주지를 대신하여 대중 일동을 가르쳐 이끄는 스님을 가리키는 뜻으로도 사용된다.

9 건물 벽의 기둥과 기둥 사이의 칸[間]이 세 개가 되는 넓이를 말한다.

10 이 무렵 중국에서는 각종 경전의 내용을 그림으로 형상화하는 변상도變相圖가 널리 유행하였다고 한다. 능가변상이라 함은《능가경》의 내용을 형상화한 그림이라는 뜻이다. 당시《능가경》이 매우 중시되고 있었다 함은 앞에서 보았다.

11 제1조 달마로부터 제5조 홍인까지 다섯 조사의 전법과정을 형상화한 그림이라는 뜻.

12 구체적인 인적 사항은 알려져 있지 않다.

4. 신수神秀

4.1

"신수 상좌는 생각하였습니다. '모든 사람들이 마음의 게송[心偈]을 올리지 않는 것은 내가 교수사이기 때문이다. 내가 만약 마음의 게송을 올리지 않으면 5조께서 내 마음 속 견해가 깊고 얕음을 어찌 아시겠는가. 내가 마음의 게송을 5조께 올려 뜻을 드러내는 것은 좋겠지만, 법을 구하고 조사 자리를 넘봄은 옳지 않으니, 범부의 마음으로 성위聖位[1]를 뺏으려는 것과 같다. 그러나 만약 마음의 게송을 올리지 않으면 끝내 법을 얻지 못할 것이다.' 한참을 생각하였으나 어렵고 어려우며 어렵고 어려운 일이었습니다.

'밤이 삼경三更에 이르면 사람들이 보지 못하게 남쪽 복도 아래로 가서 중간벽 위에 마음의 게송을 써 올려놓고 법을 구하여야겠다. 만약 5조께서 게송을 보시고 이 게송에 대해 말하시면서 만약 나를 찾으신다면, 나는[2] 숙세의 업장業障[3]이 두터

上座神秀 思惟. '諸人不呈心偈 緣我爲[擽]<敎>授師. 我若不呈心偈 五祖如何得見 我心中 見解深淺. 我將心偈 上五祖呈意 卽善, 求法覓祖不善, 却同凡心 奪其聖位. 若不呈心 終不得法.' 良久思惟 [甚甚甚甚難難難難]<甚難甚難 甚難甚難>.

'夜至三更 不令人見 遂向南廊下 中間壁上 題作呈心偈 欲求於法. 若五祖見偈 言此偈語 若訪覓我, 我宿業障重 不合得

위 법을 얻을 자격이 없다고 말하리라. 성스러운 뜻은 헤아리기 어려우니[聖意難測],⁴ 내 마음을 스스로 쉬리라.'

　신수 상좌는 삼경에 남쪽 복도 아래 중간 벽 위에 촛불을 밝히고 게송을 썼는데, 사람들이 아무도 알지 못하였습니다. 게송은 아래와 같습니다.

法. 聖意難測, 我心[白]<自>息.'

秀上座 三更 於南廊下 中間壁上 秉燭題作偈, 人盡不[和]<知>. 偈曰,

　　몸은 보리의 나무[菩提樹]요⁵
　　마음은 밝은 거울[明鏡臺]과 같나니⁶
　　때때로 부지런히 털고 닦아서
　　티끌과 먼지 있지 못하게 하리"⁷

　　身是菩提樹
　　心如明鏡臺
　　時時勤[佛]<拂>拭
　　莫使有塵埃

【주해】

1　6대 조사의 자리를 가리킨다. 6대 조사가 된 혜능은 성인임을 암시하는 것이다.

2　또 다른 돈황본인 돈박본에는 '나는[我]'과 '숙세의 업장이 두터워[宿業障重]'의 사이에, '見和尙 卽云是秀作. 五祖見偈 言不堪, 自是我迷'이라는 표현이 부가되어 있다. 이를 부가하여 번역한다면, 「나는 화상을 보고 곧 '이것은 신수가 지은 것입니다.'라고 말하리라. 만약 5조께서 게송을 보시고 '감당할 수 없다'라고 말한다면, 스스로 '저는 미혹하고 숙세의 업장이 두터워서 법을 얻을

3 번뇌로부터 비롯된 과거 생의 악업의 장애라는 뜻.

4 헤아려 알려고 해서는 안될 대상인 '성스러운 뜻을 헤아리기 어렵다'고 표현한 것은, 앞에서 '깨달아 이해함에서 그에게 미칠 사람이 없다'라고 표현한 것과 함께 신수의 자질을 깎아 내리려는 취지일 것이다.

5 석가모니가 보리수 아래에서 성도하였다고 한 그 보리수를 염두에 둔 표현일 것이다.

6 직역하면 '밝은 거울'이 아니라, '밝은 거울의 받침대'라고 해야 하겠지만, 뜻으로는 본문처럼 옮기는 것이 나아 보인다. 경전 등에서 마음을 거울에 비유하는 표현은 매우 많다. 몇 가지만 들어 보면,

《화엄경》 입법계품入法界品(80권본의 제39권의 19<10-430 중>)에는, 「보리심이란 마치 밝은 거울[明鏡]과 같으니, 두루 일체 법문의 모습[法門像]을 나투기 때문이다.」라고 하고 있고,

《대승기신론》*에서는, 「중생의 마음이라는 것은 마치 거울과도 같으니, 거울에 만약 때가 있으면 물질의 영상[色像]이 나타나지 않듯이, 이와 같이 중생의 마음에 만약 때가 있으면 법신은 나타나지 않기 때문이다.」라고 하였으며(졸역『여래장 경전 모음』p.829),

영가현각의 『증도가』에는, 「예전엔 때 낀 거울[塵鏡] 닦지 못하다가 오늘 분명히 닦아 내었도다[比來塵鏡未曾磨 今日分明須剖析] … 마음의 거울에 밝게 비침에 걸림 없으니 확연히 항사 세계 두루 사무치고, 삼라만상 그 가운데 나타나니 한 덩이 둥근 빛 안팎

이 아니로다[心鏡明鑒無礙 廓然瑩徹周沙界, 萬象森羅影現中 一顆圓光非內外] … 마음은 근根이요 법은 진塵이니 두 가지는 거울 위의 흔적이라, 흔적의 때 다하면 빛 비로소 나타나고 마음과 법 모두 사라지면 성품이 곧 참되도다[心是根法是塵 兩種猶如鏡上痕, 痕垢盡除光始現 心法雙忘性卽眞]」라는 구절들이 있다.

* 대승기신론 : 1권본과 2권본의 두 가지가 있지만, 마명馬鳴*이 짓고, 진제眞諦가 한역한 것으로 표기되어 있는 1권본(2권본의 한역자는 실차난타)이 널리 유통되고 있다. 대승불교의 교리를 매우 직절 간명하게 요약한 것으로 평가되어, 우리 나라의 불교 전문강원에서 《금강경》, 《원각경》, 《수능엄경》과 함께 4교과의 하나로서 강의되고 있다. 우리 나라 선불교에 가장 큰 영향을 미친 경론 중의 하나이다.

* 마명 : 제30절의 주해를 참조.

7 원대본의 이 부분 원문은 '勿使惹塵埃'로 되어 있으나 뜻은 같다.

4.2

"신수 상좌가 이 게송을 다 써놓고 방으로 돌아와 누웠으나 아무도 본 사람이 없었습니다.

5조께서 아침에 공봉供奉[8] 노진을 불러 남쪽 복도 아래에 능가변상을 그리게 하시려다가, 5조께서는 홀연 이 게송을 보셨습니다. 다 읽고 나서 공봉에게 이르시기를, '내가 공봉에게 돈 삼만 냥을 드려 멀리서 오신 것을 깊이 위로합니다. 그러나 그림은 그리지 않겠습니다. 《금강경》에 「무릇 모든 상相은 모두 다 허망하다」[9]고 하였으니, 이 게송을 남겨두어 미혹한 사람[迷人]으로 하여금 외게 함만 못할 것입니다. 이에 의지하여 수행하면 삼악도[10]에 떨어지지 않고, 법에 의지하여 수행[11]하면 사람들에게 큰 이익이 있을 것입니다.'

대사께서 이윽고 문인들을 모두 불러오게 하고 게송 앞에서 향을 사루시니, 사람들이 들어와 보고 모두 공경심을 내었습니다. '그대들은 모두 이 게송을 외라, 외는 자는 바야흐로 견성見性할 것이고,[12] 이

神秀上座 題此偈畢 歸房臥 並無人見.

五祖 平旦 遂[換]<喚>盧供奉來 南廊下畫楞伽變, 五祖忽見此偈. 讀[記]<訖> 乃謂供奉曰 '弘忍與供奉 錢三十千 深勞遠來. 不畫變相也. 金剛經云「凡所有相 皆是虛妄」, 不如[流]<留>此偈 令迷人誦. 依此修行 不墮三惡, 依法修行 人有大利益.'

大師遂喚 門人盡來 焚香偈前, 人衆入見 皆生敬心. '汝等 盡誦此偈者, 方得見[姓]<性>, [於]<依>

에 의지해 수행하면 타락하지 않으리라.' 此修行 卽不墮落.'
 문인들이 다들 외고는 모두 공경심을 내 門人盡誦 皆生敬心
어 '훌륭하다'고 말하였습니다." 嘆言 '善哉'.

【주해】

8 당나라 시대에 뛰어난 기능이나 예능을 가진 사람을 선발하여 궁중이나 관청에서 근무하게 할 때 부여한 관직명이라 함.

9 《금강경》 제4.1절에 나오는 유명한 사구게四句偈이다. 전문은 「무릇 모든 상은 모두 다 허망한 것이니, 만약 모든 상이 정해진 모양이 아님을 본다면 곧 여래를 보리라[凡所有相 皆是虛妄 若見諸相 非相 卽見如來].」이다. 《반야심경》의 「색이 공과 다르지 않고 공이 색과 다르지 않으니, 색이 곧 공이요 공이 곧 색이라, 수·상·행·식 또한 그러하다[色不異空 空不異色, 色卽是空 空卽是色, 受想行識 亦復如是].」와 함께, 불교의 요지를 가장 간명히 표현한 구절이라고 할 수 있다.

10 중생이 지은 업에 의하여 윤회하는 여섯 갈래의 세계를 육도六道, 六途 또는 육취六趣라고 하는데, 그 중 나쁜 운명의 세 갈래를 말하는 것으로서, 지옥地獄·아귀餓鬼·축생畜生의 셋을 가리킨다. 나머지 셋은 아수라阿修羅·사람[人]·하늘[天]이다. 이 여섯 갈래의 세계를 오가는 것을 육도윤회라 한다. 그리고 윤회를 벗어난 세계에 성문·연각·보살·붓다의 네 가지가 있어, 이 넷을 사성四聖, 앞의 여섯을 육범六凡이라고 하고, 이들을 총칭해서 십법계十法界 또

는 십계十界라고도 부른다.

11 불법에 의지하여 수행한다는 뜻. 붓다 멸도후에는 사람에 의지하지 말고 법에 의지하라고 한 것은 붓다의 가장 중요한 유훈이었다.

그래서《디가 니까야》(제2권) 제16《대반열반경》에서 붓다께서는,「아난다여, 그러므로 여기서 그대들은 자신을 섬으로 삼고 자신을 귀의처로 삼아 머물고, 남을 귀의처로 삼아 머물지 말라. 법을 섬으로 삼고 법을 귀의처로 삼아 머물지, 다른 것을 귀의처로 삼아 머물지 말라.」고 말씀하셨고, 그래서 대승의《대반열반경》(36권본의 제6권<12-642상>)에서는,「붓다께서 말씀하신 것처럼 모든 비구는 네 가지 법에 의지하여야 하니, 어떤 것이 네 가지인가 하면, 법에 의지하고 사람에 의지하지 않으며[依法 不依人], 뜻에 의지하고 말에 의지하지 않으며[依義 不依語], 지혜에 의지하고 식識에 의지하지 않으며[依智 不依識], 요의경*에 의지하고 불요의경에 의지하지 않는 것[依了義經 不依不了義經]이다.」라고 정리하고 있다.

＊ 요의경·불요의경 : 궁극적이고 진실한 뜻을 분명히 나타낸 것을 요의경이라고 하고, 궁극적으로 진실한 뜻이 아닌 것을 방편으로 말한 것을 불요의경이라고 한다.

12 다음의 제4.3절에서「만약 네가 지은 것이라면 나의 법을 얻을 자격이 있다.」라고 한 부분과 함께, 5조가 이 게송을 인정하지 않은 태도와 모순되는 표현인데, 게송의 작자가 나서도록 유인한 것이라고 이해된다.

4.3

"5조께서 마침내 신수 상좌를 방으로 불러 물으시기를, '이것은 네가 게송을 지은 것이냐? 만약 네가 지은 것이라면 나의 법을 얻을 자격이 있다.'고 하셨습니다.[13]

신수 상좌가 말하였습니다. '부끄럽습니다. 실은 제가 지은 것입니다만, 감히 조사 자리를 구하는 것은 아니오니, 원컨대 화상께서는 자비로 보아 주십시오. 저에게 적은 지혜나마 있어 큰 뜻을 알았습니까?'

5조께서 말씀하시기를, '네가 지은 이 게송은, 소견이 단지 문 앞에 이르렀을 뿐, 아직 문 안에는 들어오지 못하였다. 범부가 이 게송을 의지하여 수행하면 타락하지는 않겠지만, 이런 견해로써 만약 위없는 보리[無上菩提][14]를 구한다면 결코 얻지 못할 것이다. 모름지기 문으로 들어와 자신의 본성을 보아야 한다. 너는 이제 돌아가 하루 이틀 더 생각하여 다시 게송 한 수를 더 지어 나에게 가져오너라. 만약 문으로 들어와 자신의 본성을 보았다면 가사와 법을 너에게 부촉하겠다.'고 하셨

五[褐]<祖>遂喚 秀上座 於堂內[門]<問>, '是汝作偈否? 若是汝作 應得我法' 秀上座言. '罪過. 實是神秀作, 不敢求祖, 願和尙 慈悲看. 弟子 有小智惠 識大意否?'

五[褐]<祖>曰, '汝作此[褐]<偈>, 見卽來到 只到門前, 尙未得入. 凡夫 [於]<依>此偈修行 卽不墮落, 作此見解 若覓無上菩提 卽未可得. 須入得門 見自本[姓]<性>. 汝且去 一兩日來思惟 更作一偈 來呈吾. 若入得門 見自本[姓]

습니다. 신수 상좌는 돌아가 며칠 동안 게송을 지으려 했으나 할 수 없었습니다."

<性> 當付汝衣法.'
秀上座去 數日作 不得.

【주해】

13 앞에서 본 것처럼 시인하기를 유도하는 표현이다.

14 '무상정변정각無上正遍正覺' 또는 '무상정등각正等覺'이라고 번역되는 범어 '아뇩다라삼먁삼보리anuttara-saṃyak-saṃbodhi'(빠알리어로 anuttara-sammā-sambodhi)를 가리키는 것이다. 'anuttara'는 위가 없다[無上]는 뜻, 'saṃ'은 바르다[正]는 뜻, 'yak'은 두루하다[遍]는 뜻(불교에서 '遍'을 두루하다는 뜻으로 쓸 때에는 '편'이 아니라, '변'이라고 읽는다. '徧'도 마찬가지임), 'saṃbodhi'는 바른 깨달음[正覺]의 뜻이다. 이것을 줄여서 '무상각'이라고도 하는데, '각'은 '보리'이므로 무상각은 본문의 '무상보리', 곧 '위없는 보리'가 되는 것이다. 곧 최고의 깨달음, 궁극의 깨달음이라는 뜻이다.

여기에서 '정正'은 연기하는 법계의 실상[진제眞諦]을 통찰하는 지혜를 가리키고, '변遍'은 이 지혜에 기초하여 세간의 온갖 차별적인 현상[속제俗諦]을 두루 통찰하는 지혜를 가리키는 것이다. 다시 말하면 '정'은 근본지 내지 정체지正體智를 가리키고, '변'은 후득지後得智 내지 차별지差別智를 가리킨다. 또 전자는 여리지如理智, 후자는 여량지如量智라고도 하는데, 이 둘이 온갖 지혜를 모두 다 포섭하는 개념이다. 붓다께서는 이러한 온갖 지혜를 모두 갖추셨다는 것을 의미하는 것이기도 하다.

　이 글의 앞 뒤에 나오는 '큰 뜻[大意]'이라는 것도 바로 이것을 가리키는 것이다.

5. 게송을 올림[呈偈]

5.1

"한 동자童子¹가 있어 방앗간을 지나면서 이 게송을 소리 내어 외는 것을 제가 한 번 듣고는, 아직 견성하여 큰 뜻[大意]을 알지 못했다는 것을 알았습니다. 제가 동자에게 물었습니다. '방금 왼 것은 무슨 게송인가?'

동자가 대답하기를, '당신은 모릅니까? 대사께서 생사의 일이 크다고 말씀하시고, 가사와 법을 전하고자 한다고 하시면서, 문인들로 하여금 각각 게송 한 수씩을 지어 오게 하시고, 보아서 큰 뜻을 깨달았으면 곧 가사와 법을 부촉하여 6대조로 삼으시겠다고 하셨습니다.

신수라는 상좌가 있어 남쪽 복도 아래에 무상게無相偈² 한 수를 써 놓았더니, 5조께서 모든 문인들로 하여금 다 외게 하시면서, 이 게송을 깨닫는다면 곧 자신의 불성을 볼 것이고, 이에 의지하여 수행하면 생사를 벗어나게 되리라고 하셨습니다.'라

有一童子 於碓坊邊 過 唱誦此偈 惠能一聞, 知未見[姓]<性> 卽識大意. 能問童子. '適來誦者 是何言偈?'

童子答能曰, '儞不知? 大師言 生死[是]<事>大, 欲傳[於]<衣>法, 令門人等 各作一偈來呈, 看悟大意 卽付衣法 稟爲六代[褐]<祖>. 有一上座名神秀 忽於南廊下 書無相偈一首, 五[褐]<祖> 令諸門人盡誦, 悟此[褐]<偈>者 卽見自[姓]<性>, 依此修行

고 하였습니다."   卽得出離.'

【주해】

1 나이 어린 행자.
2 앞에 나온《금강경》에서 강조한 무상無相을 노래한 게송이라는 뜻이다.

5.2

"나는 대답하였습니다. '나는 여기서 여덟 달 남짓 방아만 찧고 조사당 앞에는 가 보지도 못했다. 그대가 나를 남쪽 복도로 인도하여 이 게송을 보고 예배하게 해 주기 바라네. 나 또한 게송을 외어 내생의 인연을 맺어 붓다의 땅[佛地]에 태어나기를 바라네.'

동자가 저를 남쪽 복도로 인도해 주었습니다. 저는 곧 이 게송에 예배하였습니다. 그러나 글자를 알지 못하므로[3] 어떤 사람[4]에게 읽어 주기를 청하여 듣고는 큰 뜻[大意][5]을 알았습니다. 저도 게송 한 수를 지어 글을 아는 한 사람에게 또 청하여 서쪽 벽 위에 쓰게 해서 자신의 본심本心[6]을 드러내었습니다. 본심을 알지 못하면 법을 배워도 이익이 없으니, 마음을 알고 본성을 보아야만[識心見性][7] 곧 큰 뜻[大意]을 깨닫는 것입니다. 저는 게송으로 말했습니다.

　　보리는 본래 나무가 없고
　　밝은 거울도 받침대가 없는 것[8]

惠能答曰. '我此踏碓 八箇餘月 未至堂前. 望上人 引惠能至南廊下 見此偈禮拜. 亦願誦取 結來生緣 願生佛地.'

童子引能 至南廊下. 能卽禮拜此偈. 爲不識字 請一人讀 [惠]<惠能>[問]<聞>已卽識大意. 惠能亦作一偈 又請得一解書人　　於西間壁上 [提]<題>着 呈自本心. 不識本心 學法無益, 識心見[姓]<性> 卽[吾]<悟>大意. 惠能偈曰.

菩提本無樹
明鏡亦無臺

불성은 항상 청정한데[9]	佛性*常淸*淨
어디에 티끌 있으리오	何處有塵埃
또 게송으로 말했습니다.	又偈曰.
마음이 보리의 나무요	心是菩提樹
몸은 밝은 거울이라	身爲明鏡臺
밝은 거울은 본래 청정한데	明鏡本淸淨
어디가 티끌에 물들리오[10]	何處染塵埃

절 안의 대중들이 제가 지은 이 게송을 보고 모두 괴이해 하였습니다. 저는 다시 방앗간으로 돌아왔습니다.	院內徒衆 見能作此偈 盡怪. 惠能却入碓坊.
5조께서는 홀연 저의 게송을 보고 큰 뜻을 안 것임을 알았습니다. 그러나 사람들이 알까 두려워 마침내 대중들에게는 '이것 또한 아직 알지 못했다.'라고 말씀하셨습니다."	五[褐]<祖>忽見惠能偈 卽[善知]<知>識大意. 恐衆人知五祖乃謂 衆人曰 '此亦未得了.'

【주해】

3 혜능이 글자를 알지 못했다는 것은 『단경』뿐 아니라, 다른 기록에도 종종 등장한다. 이는 깨달음이라는 것이 문자와 필연적인

관계는 없다[言語道斷 不立文字]는 것을 강조하고, 그로써 일반대중에게 가까이 다가가고자 하는 의지의 표현이라고 볼 것이지, 교학의 필요성을 부정하는 것으로 보아서는 안 될 뿐만 아니라, 글자를 알지 못했다는 것 자체도 사실로 볼 것은 아니다. 왜냐 하면 만약 혜능 자신이 당시 진실로 글자를 배운 적이 없었다고 하더라도, 그가 글자로 된 《금강경》 독송하는 것을 한 번 듣고 마음이 밝아져 문득 깨쳤다고 하고, 설법하면서 수시로 경전의 내용을 인용하고 있는 외에, 아래에서 점차 확인할 수 있듯이 그의 설법 자체가 광범한 경전상의 근거를 갖추고 있는 것이며, 또 입으로 말한 것을 글로 옮긴 것[口訣]이라고는 하지만 《금강경》을 해석한 기록까지 남아 있는 점 등을 종합해 보면, 적어도 전생에 이미 경전에 통달했던 수행자였고, 금생에 교화를 시작하기 전에는 문자를 익혀 경전에 대한 공부를 마쳤다고 보아야 할 것이기 때문이다. 따라서 그가 설법을 하는 단계에서 「내가 평생 동안 문자를 알지 못하였다」고 표현하고 있는 것(뒤의 제25.1절)은 집필자의 과장이었다고 보아야 할 것이다.

4   다른 판본에는 혜능의 부탁을 받아 글을 읽어 주고 써 준 사람이 강주江州 별가別駕(자사의 수행 보좌관)인 장일용張日用이라는 사람이었다고 기록되어 있다.

5   여기서는 궁극의 깨달음을 말하는 것이 아니라, 게송의 뜻을 가리키는 취지일 것이다.

6   본래의 마음이라는 뜻인데, 여래장사상에서 말하는 자성청정심으로서의 불성을 가리키는 것이다. 뒤에 나오는 본성도 마찬가지이다. 아래 제8.1절에서도 「자신의 본심을 아는 것이 본성을 보는

것입니다[識自本心 是見本性].」라고 하고 있다.

7 선불교의 수행과 깨달음의 근본구조를 형성하는 『단경』의 중심사상이라고 할 수 있다. 그런데 이 '식심識心'이란 표현이 1세기 경 중국에 최초에 전해진 불교경전이라는 《사십이장경四十二章經》에 벌써 용례가 보이는 것(앞의 제3.1절의 주해 1)은, 그만큼 중국의 전통사상이나 중국인의 사고구조에 익숙한 표현이었기 때문이 아닐까 한다. 5조 홍인의 『수심요론』<48-378하>에도, 「경전에서 이르기를, 중생이 마음을 알아 스스로 제도한다[衆生識心自度]고 하였다.」라고 하는 표현이 보인다.

8 두 게송의 제1, 2구는 앞에서부터 강조되고 있는 무상無相을 표현하는 취지일 것이다.

다른 판본에는 모두 제2구의 넷째 글자가 '無' 대신 '非'로 되어 있다.

9 저본에는 '性'은 '姓'으로, '淸'은 '靑'으로 되어 있다.

그런데 돈황본 후의 다른 판본들은 모두 세 번째 구가 「불성은 항상 청정한데[佛性常淸淨]」 대신, 「본래 한 물건도 없으니[本來無一物]」라고 되어 있어 논란이 되는 대목이다(원대본은 네 번째 구의 셋째 글자도 '有' 대신 '惹'로 되어 있는데, 뜻은 같다).

'본래무일물'을 지지하는 입장에서는, 돈황본의 표현은 뜻에는 흠이 없지만, '뜻과 글이 더불어 어우러진 명구名句'라고 할 '본래무일물'과 비교할 때, 너무나 평면적·설명적·산문적인 죽은 글귀여서 성의聖意를 잃은 것이라고 하여, 이 대목이 혜충 국사가 개환改換을 비판하였던 대상의 하나가 아닌가 의심한다.

반면 '불성상청정'을 지지하는 입장에서는, '본래무일물'은 시적으로 상쾌하고 선적禪的인 묘미가 있는 표현이지만, 깨달음 뒤의 청정행清淨行이나 수행불행修行佛行을 부정하는 의미가 있어 옳지 않다고 하면서, 스스로의 천진을 믿고 광적이고 비윤리적인 무애행을 초래한 근거가 되었다고 비판한다.

그러나 '본래무일물'이라는 표현이 청정행을 부정하는 근거가 될 수 있다는 후자의 입장은, 불교의 이치를 제대로 이해한 것이라고 보기 어렵다. 그리고 두운頭韻과 각운脚韻의 두 가지 운율이라는 관점에서도 '본래무일물' 쪽이 제1구의 '보리본무수'와 잘 맞는다. 이렇게 보면 이 게송의 제3구는 원래는 '본래무일물'이었지만, 후에 누군가에 의해 '불성상청정'으로 바뀐 것은 아닐까? 어떻든 후대의 선사들은 '본래무일물'로 바뀐 다른 판본의 표현을 주로 인용하고 있다.

10 이 두 번째 게송은, 앞의 2구는 신수의 것과 거의 같고(身과 心의 자리가 바뀌었다), 뒤의 2구는 혜능의 게송과 거의 같다. 나란히 놓인 의미를 이해하기 어렵고, 그래서 학자들 사이에서 두 게송의 관계가 논란거리가 되고 있다. 어떻든 이 두 번째의 게송은 후대의 판본에서는 일제히 사라지게 된다.

6. 법을 받음[受法]

6.1

"5조께서는 밤이 삼경에 이르자 저를 조사당 안으로 불러[1] 《금강경》을 설하셨습니다.[2] 저는 한 번 듣고는 말 끝에 문득 깨달았습니다[便悟].[3] 그날 밤 법을 전해 받았는데,[4] 아무도 알지 못하였습니다.

(5조께서는) 돈법頓法[5]과 가사를 전하시면서, '네가 6대 조사가 되었으니 가사로써 신표[信]를 삼아[6] 대대로 서로 전하되, 법은 마음으로 마음에 전하여[以心傳心] 스스로 깨닫도록 하라.'고 하셨습니다.

5조께서는 말씀하시기를, '혜능아, 예로부터 법을 전함에 있어 목숨은 실낱에 매달린 것과 같았다.[7] 만약 이곳에 머물면 너를 해칠 사람이 있을 것이니 속히 떠나야 한다.'고 하셨습니다."

五祖夜[知]<至>三更 喚惠能堂內 說金剛經. 惠能一聞 言下便[伍]<悟>. 其夜受法, 人盡不知.
便傳頓法及衣, '汝爲六代祖 衣將爲信稟代代相傳, 法以心傳心 當令自悟.'

五祖言, '惠能, 自古傳法 命如懸絲. 若住此間 有人害汝 汝卽須速去.'

【주해】

1 스토리가 연결되어 있지 않아서인지 원대본에는 아래와 같은

이야기가 부가되어 있다.

「다음 날 대사께서 가만히 방앗간에 와서 제가 허리에 돌을 매고*
방아 찧는 것을 보고 말씀하셨습니다. '도를 구하는 사람이 법을 위
해 몸을 잊는 것[爲法忘軀]이 이와 같아야 한다. 쌀은 얼마나 익었
는가?'

제가 말하였습니다. '쌀은 익은 지 오래 되었으나 아직 키질을
하지 못했습니다.'

대사께서는 지팡이로 방아를 세 번 치고 돌아가셨습니다. 제가
대사의 뜻을 알고 삼경에 조사의 방으로 들어갔더니, 대사께서는
가사를 쳐서 주위를 막아 사람들이 보지 못하게 하고《금강경》을
설하셨습니다.」

* 원대본에는 혜능은 몸이 가벼워 방아를 찧기 위해서는 허리에
  돌을 매달아야 했다는 설명이 앞에 나온다.

2 이 때에 깨달은 사람에게 설하여 줄 내용은, 같은 경전 제4.6절
에 나오는「모든 보살들은 마땅히 이와 같이 청정심을 내어야 하
니, 색에 머물러 마음을 내지 않아야 하고 성·향·미·촉·법에 머물
러 마음을 내지 않아야 하며, 마땅히 머무는 바 없이 그 마음을 내
어야 한다[諸菩薩摩訶薩 應如是生淸淨心, 不應住色生心 不應住聲香味觸
法生心, 應無所住而生其心].」라고 하는 부분이라고 설명하시는 분이
있지만(강정진 저,『대자유인』), 선뜻 납득이 되지는 않는다.

3 남종 돈교의 깨닫는 방식이, 어떤 말 끝에 문득 깨달음[一聞 言下
便 悟]에 있음을 표현한 것. 앞의 2.1절에서도 나온 적이 있고, 뒤
의 제6.3절, 제18.2절, 제24.2절, 제25.2절에도 같은 표현이 여
러 번 나온다. 그러나 전혀 예기치 못한 어떤 계기에 문득 깨닫는

것은, 비단 남종만에 한하는 것이라고 볼 수는 없으므로, 의도적인 반복이라고 이해하여야 할 것이 아닌가 한다.

4 이 부분과 관련하여 원대본의 참청기연 편에는 아래와 같은 글이 실려 있다.

「육조에게 어떤 스님이 물었다. "황매의 참 뜻을 누가 받았습니까?"

대사께서 대답하셨다. "불법을 아는 이가 얻었다."

스님이 물었다. "화상께서도 얻었습니까?"

대사께서 대답하셨다. "나는 얻지 못했다."

스님이 물었다. "화상은 어째서 얻지 못하였습니까?"

대사께서 대답하셨다. "나는 불법을 알지 못한다."」

이 내용은 『선문염송집』 제112칙에 황매란 제목으로 실려 있다.

5 돈교의 가르침이라는 뜻이다.

6 가사로써 신표를 삼은 것은 지극히 통속적인 발상이라는 느낌을 갖지 않을 수 없다. 그래서인지 이에 대하여 최초로 전의설을 주장한 하택신회는 『보리달마남종정시비론』에서, "이상하군요. 법이 가사에 있습니까? 왜 가사로써 전법의 표시로 삼습니까?"라는 원遠 법사의 물음에 대답하는 방식으로, "법이 비록 가사에 있는 것은 아니지만, 대대로 서로 이어져 온 사실을 가사로 전하여 신표로 삼아, 불법을 넓히는 사람으로 하여금 품승하도록 하고, 불법을 배우는 사람들에게 종지를 알게 하여 잘못됨이 없도록 하기 위한 것이다."라고 설명하고 있다.

원대본은 이 취지를 수용하여 이 대목에서 아래와 같은 해명까지 함께 말하고 있다.

「5조께서 다시 말씀하셨다.

"옛날 달마대사가 이 땅에 처음 오셨을 때 사람들이 아직 믿지 못하여 이 옷을 전해 믿음의 바탕으로 삼으셨으므로 대대로 전해 내려온 것이다. 법이란 마음에서 마음으로 전하여 스스로 깨닫고 스스로 알게 하는 것이다. 예로부터 붓다와 붓다께서는 오직 본체本體만을 전하셨고, 조사와 조사들은 은밀히 본심本心을 전하셨다. 옷은 이제 다툼의 실마리가 될 것이니 너에게서 그치고 전하지 말라. 만약 이 옷을 전한다면 목숨이 실낱에 매달린 것과 같을 것이다."」

7 앞에 나온 용수, 그의 제자인 인도의 제15조(제30절에 나오는 인도의 제21조. 이는 후에 확립된 것과 차이가 있음은 제30절에서 밝힌다. 이하도 같다.) 가나제바迦那提婆, 제24조인 사자師子 비구, 중국의 초조 달마와 2조 혜가 등은 모두 다른 종교 또는 다른 종파의 손에 피살되거나 또는 모함을 받아 처형당한 것으로 알려져 있는데, 이를 지적하는 취지로 이해된다.

6.2

"저는 가사와 법을 받고 삼경에 출발하였습니다. 5조께서는 몸소 저를 전송하셔서 구강역九江驛[8]에 이르렀습니다.

배에 오를 때 문득 깨달으시고는 분부하시기를, '너는 가서 노력하여라. 법을 가지고 남쪽으로 가되 3년 동안[9]은 펴지 말라. 이 법은 일어나기 어려우니[此法難起][10] 그 후에 널리 교화하여라. 미혹한 사람을 교화하여 만약 마음이 열리면 너의 깨달음과 다름이 없으리라.'고 하셨습니다.

작별인사를 마치고 바로 떠나 남쪽을 향하였습니다."

能得衣法　三更發去.
五祖自送能　於九江驛.
登時便悟　　祖處分,
'汝去努力. 將法向南
三年勿弘.　此法難
[去]<起> 在後弘化.
善誘迷人　若得心開
汝悟無別'.

辭違已了 便發向南.

【주해】

8 강소성 구강현에 있는 숙소와 주막거리를 가리킨다고 함. 여기서 역은 선착장을 말한다.

9 3년이 의미하는 바가 무엇인지 분명치 않다. 원대본에는, 5조가 3년 후에 자신이 입적하리라는 것과 빨리 홍법하지 말라고 지시한 것으로 되어 있다. 송대본에도, 5조가 1년 후에 입적할 것을 예언하고 5년간 홍법하지 말라고 지시한 것으로 되어 있다.

선문에서는 깨달은 후에도 바로 교화를 하지 않고 일정한 기간 오후보임悟後保任, 즉 깨달음을 보호해 지니는 것(이를 '보림'이라 하는데, 보호임지保護任持의 줄임말이다. 그 취지에 관하여는 졸저 『불교는』 p.229 참조)이 필요하다고 알려져 있는데, 이와 관계가 있는 것이 아닐까 한다.

10 다른 판본에도 비슷한 문구들이 있는데(원대본은 「不宜速說 佛法難起」, 송대본은 「五年勿說 佛法難起」), 해설본들의 대부분은 본문의 번역과는 달리 '법난'을 하나의 품사로 보아 이를 불법에 대한 박해를 뜻하는 것으로 번역하고 있다.

그렇지만 역사상 남종 자체에 대한 법난이나 혜능의 입멸에 근접한 시기에 법난이 있었다는 기록을 찾을 수 없어 이 번역이 반드시 옳다고 보기 어렵다. 그래서 이 법난을 신회가 벌인 활대의 종론을 가리키는 것으로 이해하는 견해도 있지만, 이것을 법난이라고 말하기는 어려울 것이 아닌가 한다.

6.3

"두 달 가량이 되어 대유령大庾嶺[11]에 이르렀습니다. 모르는 사이에 뒤에서 수백 명의 사람들이 뒤쫓아 와 저를 붙잡아 가사와 법을 빼앗으려고 하다가, 대유령 중간쯤 이르렀을 때 모두 돌아가고, 성이 진陳이고 이름이 혜순惠順[12]으로, 전에 삼품三品장군이었으며 성행이 거친 한 스님만 바로 고개마루까지 쫓아올라와 붙잡으려 하였습니다. 제가 법의法衣를 주었더니 받으려 하지 않고,[13] '내가 짐짓 멀리서 온 것은, 법을 구하려 함이지 가사는 필요치 않습니다.'라고 하였습니다.

제가 고개마루에서 곧 혜순에게 법을 전하니, 혜순이 듣고는 말 끝에 마음이 열리었습니다.[14] 저는 곧 혜순으로 하여금 북쪽으로 가서 사람들을 교화하게 하였습니다."[15]

兩月中間 至大庾嶺. 不知 向後有數百人 來 欲擬[頭]<捉>惠能 奪[於]<衣>法, 來至半路 盡惣却廻, 唯有一僧 姓陳名惠順, 先是三品將軍 性行麤惡 直至嶺上 來趂把着. 惠能卽還 法衣 又不肯取, '我故遠來, 求法 不要其衣.'

能於嶺上 便傳法 [惠惠順順]<惠順, 惠順>得聞 言下心開. 能使惠順 卽却向北 化人來.

【주해】

11 강서성 대유大庾현과 광동성 남웅南雄현의 경계에 있는 고개. 예로

부터 이 영의 남쪽을 영남, 북쪽을 영북이라 부르는 경계가 되었다고 한다.

12 혜능의 최초 제자가 된 인물이다. 다른 기록에는 모두 이름을 '혜명惠明'이라고 하고 있다.『송宋고승전』에서 진 나라 선제宣帝의 자손이라고 기록하고 있으나, 후대에 가공된 것일 가능성이 있는 기록이라고 보고 있다.

13 원대본에는 이 말 앞에 아래와 같이 기록되어 있다.

「저는 의발衣鉢을 바위 위에 던져 놓으며, '이 의발은 믿음의 표시인데 힘으로 다투려 하십니까?'라고 말하고는, 몸을 수풀 속에 숨겼습니다. 혜명이 가서 들어 올리려 하였으나 움직이지 않았습니다.」

14 원대본에는 당시 전법한 사연이 아래와 같이 아주 상세하다.

「제가 바위 위에 앉으니 혜명이 절을 하며 말하였습니다. "원컨대 행자께서는 나를 위하여 법을 설하여 주십시오."

제가 말했습니다. "당신이 법을 위해 왔다면 모든 인연을 쉬고 한 생각[一念]도 내지 마십시오. 내가 당신을 위해 말하겠습니다." 라고 하고는 한참을 묵묵히 있은 다음, "선도 생각치 말고 악도 생각치 마십시오. 바로 이럴 때 어떤 것이 명 상좌의 본래면목입니까[不思善 不思惡. 正與麼時 那箇是 明上座 本來面目]?"

그 말 끝에 혜명은 크게 깨닫고 다시 물었습니다. "방금 하신 그 비밀한 말씀과 비밀한 뜻 외에 또 다른 비밀한 뜻이 있습니까?"

제가 말했습니다. "당신에게 지금 말한 것은 비밀이 아닙니다. 당신이 만약 스스로 되돌아 비추어 보면[返照] 비밀은 바로 당신 곁에 있습니다."

혜명이 말하였습니다. "제가 그 동안 황매에 있으면서 실로 제 본래면목을 알지 못했는데, 이제 가르침을 받으니 마치 사람이 물을 마셔 보고 차고 더움을 스스로 아는 것과 같습니다[如人飮水 冷暖自知]. 이제 행자께서는 저의 스승이십니다."」

　흥성사본에는 위 내용 중「선도 생각치 말고」부터「그 말 끝에 혜명은 크게 깨닫고」라고 한 부분만 주석으로 간략히 부기되어 있고(대승사본은 그 부분도 없음),『선문염송집』에도 이 부분만 제118칙 본래면목이라는 제목으로 실려 있다.

15　이 뒤에는 바로 다음 절에서 대범사 설법이 이어지므로, 그 사이에 공백이 있는 셈이다. 그 부분에 대하여 후대의 다른 판본에는,「저는 그 뒤에 조계산에 이르렀으나 나쁜 사람들에게 쫓기어 사회현으로 피신해서 사냥꾼들 틈에 끼어서 열다섯 해 동안을 지내게 되었습니다. 그 때 사냥꾼들에게 설법을 하였습니다. 사냥꾼들이 그물을 지켜 달라고 하면 언제나 산 목숨은 모두 놓아 주었습니다. 항상 식사 때는 그들의 고기 냄비에 나물을 얹었다가 먹곤 하였는데, 혹 묻는 사람이 있으면 고기 곁의 나물만 먹는다고 대답하였습니다.」라는 간단한 이야기가 실려 있고, 그 다음에 제1부에서 본 내용, 즉『경덕전등록』에 실린 인종 법사와의 만남에 관한 이야기 등이 이어져 있다.

제3장 설법

7. 선정과 지혜[定慧]

7.1

"제가 이 곳에 와서 머물고 있는 것은 여러 관료·수행자·속인[官僚道俗]들과 오랜 겁에 걸친 인연이 있어서입니다. 가르침은 옛 성인[先聖]으로부터 전해 받은 것이지 제 스스로 안 것이 아닙니다.[1] 옛 성인의 가르침 듣기를 원한다면 각자 마음을 깨끗이 하고, 다 듣고 나서는 스스로 미혹을 제거하고 옛 사람들의 깨달음과 같기를 바라야 합니다."

【아래는 법이다 - 원주】

혜능 대사께서 말씀하셨다. "선지식 여러분, 보리 반야의 지혜는 세상 사람이 본래부터 가진 것[2]이지만, 마음의 미혹으로

惠能來[衣]<依>此地 與諸官[奪]<寮>道俗 亦有累劫之因. 敎是 先[性]<聖>所傳 不是惠能自知. 願聞先[性]<聖>敎者 各須淨心, 聞了願自[餘]<除>迷 [於]<如>先代悟.

【下是法】

惠能大師喚言. "善知識, 菩提般若之[知]<智> 世人本自

인하여 스스로 깨닫지 못하고 있는 것입니다. 모름지기 큰 선지식의 지도를 구하여 성품을 보아야 합니다. 선지식 여러분, 깨달음을 만나면 곧 지혜를 이루는 것입니다."³

有之, 卽緣心迷 不能自悟. 須求大善知識 示導見性. 善知識, 遇悟卽成智.

【주해】

1 가르침의 근본은 연기의 이치라고 할 수 있는데, 일찍이 붓다께서 스스로, "연기법은 내가 만든 것도 아니고 다른 사람이 만든 것도 아니다. 여래가 세상에 출현하든 출현하지 않든 법계에 항상 머물러 있는 것이다. 여래는 이 법을 자각하여 완전한 깨달음[等正覺]을 이루고, 중생들을 위하여 분별하고 연설하며 열어서 나타내어 보이는 것이다."(《잡아함경》 제12권 제299 연기법경緣起法經<2-85중>)라고 말씀하셨을 때부터 예견된 표현이라 할 것이다. 아래에서 확인되고 있는 것처럼 혜능의 설법이 광범한 경전상의 근거에 기초하고 있음을 볼 때, 이 말이 과장이 아님을 알 수 있다.

2 일체 중생이 모두 다 불성을 갖고 있다는 여래장사상이 가장 강조하고 있는 대목이다. 심지어 경전에서 영원히 열반할 수 없다고 설명하는 일천제一闡提*에게도 불성은 결정코 있다는 것이 여래장사상의 입장이다(졸역『여래장 경전 모음』p.476 참조). 그렇다면 진여를 볼 수 있는 보리 반야의 지혜를 세상 사람들 모두가

본래 갖고 있다는 것은 당연한 귀결이 되는 것이다.

* 일천제 : 범어 'icchantika'의 음역어. 의역해서는 '단선근斷善根'이라고 한다. 원래는 욕구로 꽉 차 있는 사람을 가리키는 말이었는데, 불교에서는 선근이 끊어져 영원히 깨달음을 얻을 가망이 없는 사람을 가리키는 것으로 쓰는 말이다. 흔히 '천제'라고 표현하기도 한다.

3 돈박본에는 본문의 '遇'자의 자리에 어리석을 '愚'자가 있고, 그 글자와 '悟卽成智' 사이에 '人智人 佛性本亦無差別, 只緣迷悟, 迷卽爲愚'라는 글이 들어 있다. 이렇게 보고 읽으면,「어리석은 사람이나 지혜로운 사람이나 불성은 본래 차별이 없지만, 단지 미혹함과 깨달음으로 인하여, 미혹하면 곧 어리석고 깨달으면 곧 지혜를 이루는 것입니다[愚人智人 佛性本亦無差別, 只緣迷悟, 迷卽爲愚 悟卽成智].」라고 되어, 글도 쉽고 흐름도 순탄하다. 저본인 스타인본에서는 1행이 탈락되어 잘못 필사된 것이 아닌가 추측된다.

7.2

"선지식 여러분, 저의 이 법문은 선정과 지혜[定惠]를 근본으로 삼습니다. 무엇보다도 미혹해서 지혜와 선정이 다른 것이라고 말하지 마십시오. 선정과 지혜는 바탕[體]이 하나이지 둘이 아닙니다.[4] 선정은 곧 지혜의 본체[體]요, 지혜는 곧 선정의 작용[用][5]이니, 지혜가 있는 순간 선정이 지혜 속에 있고, 선정이 있는 순간 지혜가 선정 속에 있는 것입니다. 선지식 여러분, 이 뜻은 곧 선정과 지혜가 같은 것임을 뜻하는 것입니다.

도를 배우는 사람은 짐짓 선정을 먼저 하여 지혜를 일으킨다거나[先定發惠] 지혜를 먼저 하여 선정을 일으킨다거나[先惠發定] 선정과 지혜가 각각 다르다[定惠各別]고 말하지 마십시오. 이러한 소견을 짓는 것은 법에 두 가지 모습이 있다[法有二相][6]는 것이 됩니다.

입으로는 선善을 말하면서 마음이 선하지 않으면 지혜와 선정이 같지 않은 것이고, 마음과 입이 모두 선하여 안팎이 한 가지이면 선정과 지혜가 곧 같은 것입니

善知識, 我此法門 以定惠爲本. 第一勿 迷 言惠定別.
定惠 體一不二.
卽定是惠體, 卽惠是 定用, 卽惠之時 定 在惠, 卽定之時 惠 在定.
善知識, 此義卽 [是]<是定>惠等.

學道之人 作意 莫言 先定發惠 先惠發定 定惠各別.

作此見者 法有二相.

口說善 心不善 惠定 不等, 心口俱善 內 外[一衆]<一>種 定 惠卽等.

다. 스스로 깨닫고 수행함은 입으로 다툼에 있지 않습니다. 만약 선후를 다툰다면 이는 곧 미혹한 사람이니, 승부심을 끊지 못하고 도리어 법아견[法我][7]이 생겨 사상 四相[8]을 여의지 못합니다."

自悟修行 不在口諍. 若諍先後 卽是 [人]<迷人>, 不斷勝負 却生法我 不離四相.

【주해】

4 계율·선정·지혜의 셋은 소위 '삼학三學'이라고 하여 불교 수행의 근간이 되는 것이라 함은 다른 곳에서 이미 자세히 밝힌 바 있다(졸저『불교는』p.191 이하 참조). 그러니 혜능의 법문이 선정과 지혜를 근본으로 삼는다는 것은 당연한 일일 것이다. 그런데 선정과 지혜의 상호관계에 대한 혜능의 설법은 유념할 필요가 있는 대목이다.

주지하다시피 불교는, 붓다 재세시의 수행방법들에 대한 점검 결과, 선정의 수행만으로는 생사에서의 해탈이 불가능함을 자각하신 붓다께서 지혜라는 제3의 길을 발견하신 데서 출발한 가르침이다. 그래서 붓다께서는 수행의 최종 목표를 생사의 근원이 되는 무명을 타파하는 지혜를 체득하는 것에 두고, 이것을 가능하게 하는 삼학의 수행체계를 확립하셨다. 그 요지는, 계를 지켜 신심을 청정하게 유지함으로 인해 근본삼매 또는 근접삼매 등 선정의 성취가 가능하고, 이 선정에 기초하여 실상을 통찰할 수 있는 무분별의 지혜를 이룰 수 있다는 것이다.

그래서 이 삼학의 관계에 대한 전통적인 이해는 계를 지킴으로써 선정의 성취가 가능하고, 선정에 기초해서 지혜의 증득이 가능하다는 것이니, 「마음을 꺼잡는 것이 계요, 계로 인하여 선정을 내며, 선정으로 인하여 지혜를 일으킨다[攝心爲戒 因戒生定 因定發慧]」는 《수능엄경》(제6권<19-131하>)의 글은 이것을 단적으로 표현한 것이다. 물론 전통적인 이해에서도 정·혜를 함께 닦아야 하는 것을 강조하지만, 그렇다고 해서 선정과 지혜가 같은 것이라고 말하지는 않는다.

이렇게 본다면 본문에서, 「지혜와 선정이 다른 것이라고 말하지 마십시오. 선정과 지혜는 바탕이 하나이지 둘이 아닙니다. … 이 뜻은 곧 선정과 지혜가 같은 것임을 뜻하는 것입니다. … 선정을 먼저 하여 지혜를 일으킨다거나[先定發惠] 지혜를 먼저 하여 선정을 일으킨다거나[先惠發定] 선정과 지혜가 각각 다르다[定惠各別]고 말하지 마십시오.」라고 한 것은 일견 위와 같은 전통적인 이해와 상치되는 것이다. 이것은 어떻게 이해해야 하는 것일까? 몇 가지 의미가 있는 것이라고 말할 수 있겠다.

첫째는 지혜라는 것은 우리의 마음에 본래 갖추어져 있는 것이지, 선정에 의하여 비로소 체득되는 것이 아니라는 불성사상의 입장을 나타내려는 것이다. 이것은 전 단락의 마지막에서 「어리석은 사람이나 지혜로운 사람이나 불성은 본래 차별이 없지만, 단지 미혹함과 깨달음으로 인하여, 미혹하면 곧 어리석고 깨달으면 곧 지혜를 이루는 것입니다.」(돈박본에 의해 수정된 것)라고 한 표현과 연결하여 보면 쉽게 이해할 수 있다.

다음은 여기에서 말하는 선정을, 우리가 본래 갖고 있는 지혜를 실현할 수 있게 하는 것에 한정하여 이해하려는 것이다. 이렇게 본다면 선정이라는 것은 바로 지혜가 실현되는 기반이고, 지혜라는 것은 바로 선정에 기초하고 있다는 것을 의미하는 것이다. 그렇다면 비록 둘이라고는 하지만, 양자는 별개가 아닌 관계에 있다고 말할 수 있는 것이다.

끝으로 양자의 관계를 이와 같이 이해한다면, 본체론적 사고에 익숙한 사람에게는 이를 본체와 작용의 관계로서 설명할 수 있을 것이니, 이것이 본문의 진정한 의도인지도 모른다. '본체론적 사고'나 '본체와 작용'의 의미에 대해서는 항을 바꾸어 설명한다.

* 수능엄경首楞嚴經 : 온 명칭은 《대불정大佛頂여래밀인如來密因수증요의修證了義제보살만행萬行수능엄경》으로 매우 길다. 당 나라 대에 반랄밀제가 10권으로 번역한 것이 전해지고 있는데, 범본이 발견되지 않아 위경僞經이라는 논란도 있는 경전이다. 그럼에도 불구하고 우리 나라의 전문 강원에서 《금강경》,《원각경》,《대승기신론》과 함께 4교과의 하나로서 강의되고 있는 중요한 경전이다.

5 체·용體用이라는 것은 대승불교 특히 중국이나 우리 나라와 같은 한문권 불교의 글을 읽을 때 반드시 알고 있어야 할 중요한 개념으로, 본체 즉 본래의 바탕과 작용이라는 뜻이다. 이것은 겉으로 보기에 매우 다양한 모습과 움직임을 나타내고 있는 세상의 현상들(=용用)은, 내적으로는 그것들을 만들어내고 있는 근본 바탕(=체體)이 있을 것이라는 인간의 지적인 사유가 만들어낸 개념이다. 한편 용用은 그 양상인 외부적인 모습과 움직임을 둘로 나누어서, 전자를 상相, 후자를 용用으로 표현하기도 한다.

흔히 쓰이는 비유로써 설명한다면 예컨대 금비녀는, 그 바탕 즉 체는 금이고, 길게 주조되어 보이고 있는 모양은 상相이며, 그것으로써 묶은 머리가 흘러내리지 않게 가로질러 지탱시키는 쓰임이 용用이 된다. 이 셋의 관계는 위와 같은 금비녀의 외부적인 상과 용은 얼마든지 바뀔 수 있지만, 그것들이 어떻게 바뀌더라도 금이라는 그 바탕 즉 본체는 변하지 않는다는 것으로 설명된다.

이 체·용이라는 용어 자체는 중국적인 것이라고 생각되지만, 이러한 사유방식 자체는 고대의 중국 뿐 아니라 고대의 인도에서도 익숙한 것이었다. 기록의 문제를 제외한다면 이러한 사유는 예전부터 범세계적인 것이 아니었을까 생각된다. 왜냐 하면 이것은 인간의 보편적인 관심사였을 것이라고 이해할 수 있기 때문이다.

어떻든 모든 현상의 배후에 근본 바탕이 있을 것이라는 이와 같은 사고 - 이것을 필자는 '본체론적 사고'라고 부른다 - 는 불교에서는 익숙치 않은 것이다. 선정과 지혜 간의 관계 역시 마찬가지라고 생각된다. 익숙치 않은 정도가 아니라, 이러한 사고는 진실한 것이 아니라고 붓다께서는 거부하신 것이다. 불교의 성립 당시 인도에는 개별적 존재의 성품인 아트만[我]은 전우주적인 근본 존재인 브라흐만[凡]이 전변한 것일 뿐, 양자는 근본적으로 같은 것이라는 범아凡我일여 사상이 널리 유포되어 있었다. 그러나 붓다께서 깨달으신 바에 의하면, 모든 현상은 조건에 의지하여 일어나고 사라지는 것일 뿐, 그 바탕을 이루는 본체란 있지도 않고, 있을 수도 없다는 것이었다.

그러면 어떻게 불교의 원리와 이렇게 상반되는 본체론적 사고가 불교에 널리 통용되게 되었을까? 본체론적 사고가 사람들에게 그만큼 익숙하기도 하겠지만, 중국적 사고와 불가분의 관계에 있을 정도로 뿌리깊기 때문이 아닐까 한다. 불교의 이론서로서 정면으로 이 개념을 사용한 《대승기신론》은 이러한 배경을 의도적으로 활용한 느낌을 갖게 한다. 왜냐 하면 이 논서는 그 첫머리에서 대승의 뜻을 체·상·용으로 나누어 규정하고, 이 삼자에 의거하여 절묘하게 대승불교의 원리를 설명하고 있지만(졸역『여래장 경전 모음』p.769 이하 참조), 근본적으로 불교의 원리를 체·상·용의 구조로 설명하는 것은 적절하다고 보기 어렵기 때문이다. 그렇지만 이 논서의 호소력은 대단해서 한문권 불교에 널리 유통되었고, 이후의 사람들도 알게 모르게 이 논서의 이와 같은 의도를 활용한 것이 이 개념의 확산에 기여한 것으로 생각된다.

이와 유사하게 쓰이는 개념에 성·상性相과 이·사理事라는 것이 있는데, 이들도 사고 구조는 같은 방식에서 출발하였지만, 불교의 원리와도 비교적 통할 수 있는 여지가 있어, 후대로 오면서 체·용이라는 용어보다는 거부감 적게 사용된다. 성·상이라는 것은 본래의 성품, 줄여서 성품과 모습이라는 뜻이고, 이·사라는 것은 이치와 현상이라는 뜻이다.

불교의 근본은 모든 것이 연기하고 있는 법계에서 모든 현상은 조건에 의지하여 생멸하는 것이므로, 어느 것도 항상한 것은 없고 실제의 체[實體]나 제 스스로의 성품[自性]은 없다는 것이다. 이 원리에서 벗어난 것은 단 하나도 없다. 그렇다면 이와 같은 연기의 법칙 자체는 어떤가? 이것은 붓다께서 "연기법은 내가 만든 것도 아니고 다른 사람이 만든 것도 아니다. 여래가 세상에 출현하든 출현하지 않든 법계法界에 항상 머물러 있는 것이다."라고 말씀하셨듯이, 오직 이 법칙 하나만은 항상하고 변치 않는 원리라고 말할 수 있다(졸저『불교는』pp.115-116 참조). 따라서 모든 현상은 이 이치에 의하여 생멸하는 것이고, 모든 현상의 모습과 작용은 이 연기라는 원리의 발현이라고 말할 수 있으므로, 이 원리와 이 원리에 의해 생멸하는 개별 현상을 서로 대비해 표현한다면, '이'와 '사', '성'과 '상'이라고 표현할 수 있는 것이다.

그런데 본체론적 사고에 익숙한 사람들은 다시 이 연기의 법칙에 의지하고 있는 법계의 이와 같은 실제의 모습을 진실이라는 이름으로 추상화하여 '진여'라고 표현하고, 이 진여가 모든 현상의 바탕이라는 이해 아래 진여를 '이'와 '성'이라고 표현하기도 하는데, 이것은 다시 본체론적 사고로 회귀하는 것이다. 그러므로 우리는 이 용어들의 이와 같은 배경을 이해하고 있을 필요가 있다.

6 앞에서 본 것처럼 선정과 지혜의 본체가 하나라고 이해한다면, 이를 별개라고 보는 것은 진실과 어긋나는 이해가 된다는 것을 가리키는 취지이다.

7 앞에서 본 것처럼 중생을 이루는 오온에는 이들을 주재하는 별도의 주체가 없는 것을 '아공'이라고 표현하고, 연기하는 법에는 자성이나 실체가 없는 것을 '법공'이라고 표현하는데, 이와 상반되게 오온과는 별도로 이들을 주재하는 별개의 개체적 자아가 있다고 보는 것을 '인아견人我見', 연기하는 법에 자성이나 실체가 있다고 보는 것을 '법아견法我見'이라고 한다.

8 이 '사상'이 무엇을 가리키는 것인지에 관하여는 여러 가지 견해가 있다. 이것은 유위법의 사상, 즉 생·주·이·멸生住異滅을 가리킨다는 견해, 네 가지 전도, 즉 무상한데도 항상한 것으로, 괴로운데

도 즐거운 것으로, 무아인데도 '나'인 것으로, 부정한데도 청정한 것으로 전도되게 보는 것을 가리킨다는 견해, 《금강경》 제3.1절에 나오는 아상我相·인상人相·중생상衆生相·수자상壽者相의 네 가지 상을 가리킨다는 견해 등이다.

그런데 본문의 '법아견이 생겨 사상을 여의지 못합니다'라는 표현은 바로 《금강경》 제4.2절에서, 「이 중생들이 마음에 상을 취하면 바로 아·인·중생·수자에 집착하는 것이기 때문이니, 법이라는 상을 취하여도 아·인·중생·수자에 집착하는 것이기 때문이다.」라고 한 글과 의미가 같은 것이고, 『단경』이 《금강경》의 사상을 계승하고 있는 점 등을 종합하면 최후의 견해가 옳다고 생각된다.

그렇다면 본문은 어떤 의미일까? 우리가 생사에서 윤회하면서 괴로움을 받는 근본 원인은 유신견, 소위 아견에 있다. 이 아견은 연기하고 있는 모든 현상의 실상을 알고 보지 못하는 무명으로 인하여, 연기하는 현상을 존재로서 형성하고 분별하여 집착을 일으키기 때문에 일어나는 것이다. 그러므로 본문의 글은 현상의 실제를 알고 보는 지혜가 없으면 법아견을 불식할 수 없고, 법아견이 있으면 인아견을 일으킬 수밖에 없(고 나아가 생사의 괴로움에서 벗어날 수 없)음을 가리키는 것이다.

그런데 이 아상·인상·중생상·수자상의 4상은 무엇인가? 불교를 공부하는 많은 사람들이 이 4상이 어떻게 차별되는가에 관심을 갖지만, 이 4상은 모두 인아견 내지 유신견의 다른 표현으로서, 실제로는 동일한 의미를 갖는 것이라 함은 다른 곳(졸저 『반야심경·금강경 읽기』 중 《금강경》 제3.1절의 주해 참조)에서 밝힌 바 있다. 여기에서 그 개별적인 의미의 차이를 간략히 언급해

7. 선정과 지혜   123

두자면, '아상'은 오온에 오온과는 별도로 오온을 주재하는 '나'라는 존재가 있다는 상, '인상'은 생사윤회하면서 삶 사이를 상속하는 영혼이라는 것이 있다는 상, '중생상'은 오온과는 별개로 오온의 주체로서의 중생이 있다는 상, '수자상'은 오온에 오온과는 별개로 수명의 주체가 있다는 상을 말한다고 할 수 있겠다.

그런데 이 사상에 대하여 일찍이 육조 혜능은 『금강경해의』에서 다음과 같이 독특한 풀이를 한 바 있다. 「중생과 불성이 본래 다름이 없지만 사상이 있으므로 말미암아 무여열반에 들어가지 못하니, 사상이 있으면 곧 중생이고 사상이 없으면 곧 붓다이며, 미혹하면 붓다가 중생이고 깨달으면 중생이 붓다인 것이다. 미혹한 사람이 재보財寶와 학문과 족성族姓을 믿고 모든 사람들을 업신여기는 것을 '아상'이라 하고, 비록 인·의·예·지·신仁義禮智信을 행하나 뜻이 높다고 자부하여 널리 공경하지 않고 나는 인·의·예·지·신을 알고 행하노라며 남을 공경치 않는 것을 '인상'이라 하며, 좋은 일은 자기에게 돌리고 나쁜 일은 남에게 주는 것을 '중생상'이라 하고, 경계에 대하여 취사분별하는 것을 '수자상'이라 하니, 이를 일러 범부의 사상이라 한다.

수행인에게도 또한 사상이 있으니, 마음에 주·객[能所]이 있어 중생을 가볍게 여기는 것을 '아상'이라 하고, 자기가 계율을 지킴을 믿고 파계자를 업신여기는 것이 '인상'이며, 삼악도의 고통을 싫어하고 하늘에 태어남을 원하는 것이 '중생상'이고, 마음으로 오래 살기를 좋아하여 부지런히 복업을 닦으며 온갖 집착을 잊지 않는 것이 '수자상'이니, 사상이 있으면 곧 중생이요 사상이 없으면 곧 붓다이다.」

7.3

"일행삼매一行三昧[9]라고 함은 가고 머물며 앉고 눕는[行住坐臥] 일체의 시간에 항상 곧은 마음[直心][10]을 행하는 것입니다. 《정명경淨名經》[11]에 이르기를,「곧은 마음이 도량이요 곧은 마음이 정토이다.」[12]라고 하였습니다.

마음으로 아첨하고 굽음을 행하면서, 입으로만 법의 곧음[法直]을 말하지 마십시오. 입으로 일행삼매를 말하면서 곧은 마음을 행하지 않으면 붓다의 제자가 아닙니다. 오직 곧은 마음을 행하고 일체법에 대해 집착함이 없는 것을 일행삼매라고 이름합니다.

그러나 미혹한 사람은 법의 모양[法相][13]에 집착하고 일행삼매에 집착하여, 곧은 마음이란 앉아서 움직임 없음[坐不動]이라 하며, 허망을 제거하고 마음을 일으키지 않는 것[除妄不起心]이 곧 일행삼매라고 합니다. 만약 이와 같다면 이 법은 무정無情[14]과 같은 것이니, 도리어 도를 장애하는 인연이 됩니다. 도는 모름지기 통하여 흘러야 하는 것인데, 어찌 도리어 막히

一行三昧者 於一切時中 行住[座]<坐>臥 常[眞眞]<行直>心是. 淨名經云,「[眞]<直>心是道場 [眞]<直>心是淨土.」莫心行諂[典]<曲> 口說法直. 口說一行三昧 不行[眞]<直>心 非佛弟子. 但行 [眞]<直>心 於一切法[无上]<上 無>有執着 名一行三昧. 迷人 着法相 執一行三昧, [眞]<直>心 [座]<坐>不動, 除妄不起心 卽是一行三昧.
若如是 此法同無[淸]<情>, 却是障道因緣. 道[順]<須>通流, 何以 却滯?

도록 하겠습니까? 마음이 머물러 있지 않으면 곧 통하여 흐르는 것이고, 머물면 곧 속박되는 것입니다. 만약 앉아서 움직임 없음[坐不動]이 옳다면, 유마힐이 사리불의 숲 속에 고요히 앉아 있음[宴坐]을 꾸짖은 것[15]이 합당치 않을 것입니다.

선지식 여러분, 또 어떤 사람은 사람들에게 '앉아서 마음을 보고 깨끗함을 보되[看心看淨], 움직이지 말고 일으키지 말라'[16]고 가르치고, 이것으로 공부를 삼게 하는 것을 봅니다. 미혹한 사람은 잘 알지 못하고 이에 집착하여 전도됨이 곧 수백 가지이니, 이와 같이 가르치는 것은 그러므로 크게 잘못임을 알아야 합니다."

[心]<心不>住在 卽通流, 住卽[彼]<被>縛. 若[座]<坐>不動是, 維摩詰 不合 呵舍利弗 宴[座]<坐>林中.

善知識, 又見 有人 敎人 '[座]<坐> 看心看淨, 不動不起', 從此置功.

迷人不悟 便執成顚 卽有數百[盤]<般>, 如此敎道者 故 [之]<知>大錯.

【주해】

9 마음을 하나의 상相에 매어 닦는 삼매라는 뜻으로, 일상삼매一相三昧라고도 하고, 진여삼매眞如三昧라고도 한다. 제1부 혜능의 전기 편에서 『경덕전등록』에 기록된 설명도 있었다.

이에 대하여 《문수사리소설마하반야바라밀경》(하권<8-761상>)에서는, 「법계는 한 모양이니, 이 법계에 매어 반연하는 것[繫緣法界]을 일행삼매라고 이름한다.」라고 하였고, 《대승기신론

》에서는, 「이러한 삼매에 의하기 때문에 곧 법계가 하나의 모양임을 알게 되니, 일체의 모든 붓다의 법신과 중생신은 평등해서 둘이 없음[一切諸佛法身 與衆生身 平等無二]을 말하는 것으로서, 곧 일행삼매라고 이름한다. 진여가 이 삼매의 근본임을 알아야 한다.」(졸역『여래장 경전 모음』p.836)라고 하고 있다. 그 외에도 원신源信의 『왕생요집往生要集』에는, 「진여법계는 평등하고 한 모양[平等一相]인 것을 관찰하여, 진실을 있는 그대로의 모습으로 관상하는 삼매」라고 정의하고 있다.

요컨대 '한 모양인 법계'에 마음을 매어 반연해서 법계가 한 모양임을 알게 되는 삼매라는 것인데, 이것은 다음과 같은 이치로 설명할 수 있다. 모든 것이 연기하고 있는 법계에서 실제를 관찰하면, 이것과 저것으로 분별될 수 있는 법이란 없다. 이와 같이 법계에는 분별되어 파악되는 모양이라는 것은 없으니, 모든 것은 무상이다. 굳이 말한다면 법계 전체가 모든 것이 연기하고 있는 거대한 복합체로서 하나의 모양이라고 말할 수 있을 뿐이다. 이 법계에 마음을 매어 반연해서 법계가 한 모양을 알고 보게 된다면 이것은 바로 진실을 보는 것이고, 그러므로 이것은 진여삼매라고 말할 수 있는 것이다. 위의 글에서 '진여가 이 삼매의 근본'이라고 말한 것은 이것을 의미하는 것이다. 따라서 이 삼매는 방편적인 삼매가 아니라, 진여의 법계 그 자체를 관찰하는 근본적 삼매라는 것이다.

10 원래는 정직한 마음을 가리키는 것이지만, 여기에서는 단순히 그렇게만 보기는 어렵다. 본문에서 이 '곧은 마음'을 행하는 것이 일행삼매라고 하고 있고, 그 아래에서도 「오직 곧은 마음을 행하고 일

체법에 대해 집착함이 없는 것을 일행삼매라고 이름한다. 그러나 미혹한 사람은 법의 모양[法相]에 집착한다.」고 말하기 때문이다.

그러므로 여기에서 곧은 마음이란 정직한 마음을 넘어서,《대승기신론》에서 말하는 '진여법을 바르게 새기는[正念眞如法]' 마음(앞의 졸역 p.820)을 뜻하는 것이라고 보아야 할 것이다. 결국 이것은 일체시에 현상을 있는 그대로 알아차리는 관찰을 지속하는 위빠사나 수행을 해야 한다는 것을 암시하는 것이라고 생각된다. 이것을 남종이 주된 교화대상으로 생각하고 있는 서민들을 염두에 두고 그들의 언어로 표현한 것이 아닐까 한다.

11 《유마경》을 가리키는 것이다. 온 명칭은《유마힐소설경維摩詰所說經》으로, 유마힐이 설한 경전이라는 뜻이다. 이 경전은 주된 설법을 유마힐이라는 재가의 거사가 하기 때문에 붙여진 명칭으로, 흔히 재가불교를 대표하는 경전이라고 일컬어진다. 유마힐은 범어 Vimalakirti를 음역한 것으로 vimala는 때가 없다[無垢]는 뜻이고, kirti는 명칭[稱]이라는 뜻이므로, 합쳐서 무구칭無垢稱, 또는 정명淨名이라고 의역할 수 있어서, 위 경전을《정명경》이라고도 부르고,《설무구칭경》(현장 역본의 이름)이라고도 부른다.

12 《유마경》제1 불국품佛國品(상권<14-538중>)에서,「직심이 바로 보살의 정토이니, 보살이 성불할 때에 아첨하지 않는 중생이 와서 그 나라에 나기 때문이다[直心是菩薩淨土, 菩薩成佛時 不諂衆生來生其國].」라고 하였고, 또 제4 보살품菩薩品(상권<14-542하>)에서,「직심이 바로 도량이니, 헛됨과 거짓이 없기 때문이다[直心是道場 無虛假故].」라고 하였다.

13 진실을 알고 보지 못하여, 모양이 있을 수 없는 법의 모양에 집

착하는 것을 가리키는 취지. 무상無相을 설하는 《금강경》과의 관련이 계속되고 있다.

14 앞에서 나온 유정有情의 상대어로서 정신작용이 없는 산천, 초목과 같은 것을 가리킨다. 따라서 무정과 같다 함은 선정과 지혜를 함께 수행해야 하는데도, 형식적인 좌선에 치우쳐서 지혜의 수행을 소홀히 하는 것을 경계하는 표현이다.

선가에서는 이를 고목선枯木禪, 무기공無記空*, 컴컴한 산의 귀신굴[黑山鬼窟]에 앉아 있는 것이라 하여 매우 큰 선병으로 본다. 그래서 바른 수행은 선정과 지혜를 함께 해야 한다고 하며, 그래서 이를 흔히, 고요함과 비춤을 함께 해야 한다 하여 '적조동시寂照同時', 막음과 비춤을 함께 해야 한다 하여 '차조동시遮照同時', 고요하면서도 성성해야 한다 하여 '적적성성寂寂惺惺' 등의 독특한 용어로 표현한다.

본문처럼 앉아서 움직임 없음이나, 허망함을 제거하고 마음을 일으키지 않는 것은, 적寂·차遮·적적寂寂에 치우쳐서 조照·성성惺惺의 지혜를 일으킬 수 없으므로 잘못된 선법이라는 것이다.

* 무기공 : 무기는 원래 선善, 악惡, 무기無記라는 세 가지 성품[三性] 중의 하나로서, 선·악 어느 쪽도 아닌 것을 의미하는 것이지만, 여기서는 지혜의 작용이 완전히 결여된 무력한 상태를 가리키는 의미로 쓰였다.

15 《유마경》 제2 제자품弟子品(상권<14-539하>)에서, 유마힐을 문병하라는 붓다의 분부를 받은 사리불이 문병을 감당할 수 없다면서 그 이유를 설명하기를, 사리불이 과거 숲 속의 나무 아래에서 조용히 좌선할 때에 유마힐이 와서 보고 아래와 같이 말했다

고 하고 있다.

「사리불이여, 이렇게 앉는 것만이 좌선이 아닙니다. 무릇 좌선이라 함은 삼계三界에서 몸과 마음을 나타내지 않는 것이 좌선이요, 멸진정滅盡定에서 일어나지 않고도 온갖 위의威儀를 나타내는 것이 좌선이며, 도법道法을 버리지 않으면서 범부의 일을 나타내는 것이 좌선이요, 마음이 안에 머물지 않고 밖에도 머물지 않는 것이 좌선이며, 온갖 견해에 움직이지 않으면서 37조도품助道品*을 수행하는 것이 좌선이요, 번뇌를 끊지 않으면서 열반에 드는 것이 좌선이니, 만약 이와 같이 좌선하는 사람이라면 붓다께서 인가하실 것입니다. 세존이시여, 그 때 저는 이 말을 듣고 잠자코 아무런 대답을 할 수 없었습니다.」

* 37조도품 : 깨달음에 이르기 위한 37가지의 수행방법을 일곱 가지 유형으로 모은 것. 구체적으로는 사념처四念處·사정근四正勤*·사신족四神足*·오근五根*·오력五力*·칠각지七覺支*·팔정도를 합쳐 말한 것이다. 이것에 대해 붓다께서는 열반에 앞서 비구들에게 다음과 같이 말씀하셨을 정도로, 수행의 요체를 모은 것이다(《디가 니까야》 제16 대반열반경).

「비구들이여, 여기에서 나는 이러한 법들을 최상의 지혜로 안 뒤에 설하였으니, 그대들은 이들을 호지護持한 뒤에 받들어 행해야 하고 닦아야 하고 많이 지어야 한다. 그래서 이 청정범행이 길이 전해지고 오래 머물게 해야 한다. 이것은 많은 사람의 이익을 위하고 많은 사람의 행복을 위하며 세상을 연민하고 하늘과 사람의 이상과 이익과 행복을 위한 것이다.」

* 사정근 : 이미 일어난 해로운 법들은 버리고[단근斷勤], 아직 일

어나지 않은 해로운 법들은 일어나지 않게 하며[율의근律儀勤], 이미 일어난 유익한 법들은 지속되게 하고[수호근守護勤], 아직 일어나지 않은 유익한 법들은 일어나게 하는[수근修勤] 노력을 말한다. 정진을 유형별로 표현한 것이라고 할 수 있다.

* 사신족 : 사여의족이라고도 하는데, 신통을 성취하는 수단 내지 기초를 말한다. 네 가지는 욕구[欲], 정진[勤], 마음의 집중[心], 탐구[思惟]인데, 한역자에 따라 한역 용어는 조금씩 달라진다.

* 오근 : 믿음[信根]·정진[精進根]·새김[念根]·집중[定根]·지혜[慧根]의 다섯 가지가 불신·게으름·방일·산란·어리석음의 다섯 가지 불선법을 극복하게 하기 때문에 극복이라는 뜻에서 기능[根]이라고 부른다고 한다(대림 역 한글《청정도론》제2권 p.360).

* 오력 : 위의 다섯 가지가 불신 등 다섯 가지 불선법에 의해 극복될 수 없기 때문에 흔들림이 없다는 뜻에서 힘이라고 한다(같은 책 p.360).

* 칠각지 : 깨달음의 구성요소가 되기 때문에 깨달음의 가지[覺支]라고 부른다. 새김[念]·택법擇法·정진·기쁨[喜]·경안輕安·집중[定]·평정[捨]의 일곱 가지이다.

16 여기서 어떤 사람이란 북종의 사람을 가리키는 취지이다. 당시 북종의 선법이, 앉아서 마음을 보고 깨끗함을 보게 하고[看心看淨], 번뇌 망념이 일어나지 않도록 마음을 일으키지 않고[심불기心不起], 생각을 일으키지 않는 것[염불기念不起]을 강조하는 것이었다고 한다. 이를 비판하는 대목은 다음의 제9.1절에서 다시 나온다.

7.4

"선지식 여러분, 선정과 지혜는 어떤 것과 같은가 하면 등불과 빛[燈光]과 같습니다. 등불이 있으면 곧 빛이 있고 등불이 없으면 빛이 없으니, 등불은 빛의 본체[燈是光之體]요 빛은 등불의 작용[光是燈之用]입니다. 이름은 비록 둘이지만 그 바탕은 두 가지가 아니니, 이 정혜법定惠法도 이와 같은 것입니다."[17]

善知識, 定惠 猶如何等 如燈光. 有燈卽有光 無燈卽無光, 燈是光[知]<之>體 光是燈之用. [卽]<名卽>有二 體無兩般, 此定惠法 亦復如是.

【주해】

17 이와 같이 정혜일치를 등불과 빛에 비유하는 것은 양자를 체용의 관계로 파악함으로써 가능한 것인데, 이는 이후 신회의 『단어壇語』에서도 거의 동일한 내용으로 재현된다. 이와 같은 체용관계에 관한 비유는 『단경』 이전에도, 《보성론》과 《불성론》에서의 태양과 광명의 비유(『여래장 경전 모음』 p.345, pp.355-357, pp.600-601), 《대승기신론》에서의 바닷물과 파도의 비유(같은 책 p.780)에서 그 선례를 찾을 수 있다.

8. 무념無念

8.1

"선지식 여러분, 법에는 단박과 점차[頓漸]가 없고, 사람에게 예리함과 둔함[利鈍]이 있을 뿐입니다. 미혹한 사람에게는 점차를 권하지만, 깨달은 사람은 단박에 닦습니다[頓修].[1] 자신의 본심本心을 아는 것이 본성本性을 보는 것입니다.[2] 깨닫고 나면 원래 차별이 없지만,[3] 깨닫지 못하면 오랜 겁 동안 윤회하는 것입니다."

善知識, 法無頓漸 人有利鈍. [明]<迷> 卽漸勸, 悟人頓修.

識自[本]<本心> 是 見本[住]<性>. 悟卽 元無差別, 不悟卽 長劫輪廻.

【주해】

1 뒤의 제24.1절에도 동일한 표현이 나온다. 여기에서 불교, 특히 선불교에서 왕왕 논란이 되어 온 돈·점頓漸의 문제를 점검하여 볼 필요가 있다.

⑴ 그런데 이 돈·점의 문제는, 용어의 뜻이나 서로 상대되는 개념이 다소 모호하다는 문제가 있다. 그래서 용어의 뜻부터 먼저 정리해 보자.

① 우선 깨달음[悟]에 대하여 돈·오를 적용하면, 깨달음이란 것은 점차 오는 것인가[점오], 단박에 오는 것인가[돈오]의 문제가

될 것이다. 둘째 수행[修]의 관점에서는 두 가지 측면이 있을 수 있다. 하나는 ② 깨달음에 이르는 데는 점차적인 수행을 거쳐야 하는가[점수], 점차적인 수행의 필요 없이 단박에 닦는가[돈수]이고, 다른 하나는 ③ 깨닫고 나서 다시 점차적인 수행을 요하는가[점수], 점차적인 수행의 필요 없이 깨달을 때에 단박에 닦아 마치는가[돈수]의 문제이다. 그리고 이것을 깨달음의 관점과 수행의 관점의 상호관계에까지 나아가 경우를 따진다면 그 수효는 매우 많아지고, 실제로 논란의 가능성이 있는 개념도 적지 않다.

(2) 그렇지만 현실적으로 우리나라에서 근래까지 논란되어 온 것은 돈오점수론과 돈오돈수론의 논쟁에 한정되었던 것으로 생각된다. 여기에서 '돈오'에 대해서는 서로 다툼이 없었으므로, 문제는 깨달음 후에 다시 점차적인 수행이 필요한가 라는 위 ③의 관점으로 비교적 단순하였다고 말할 수 있다.

그 외에 간혹 점수와 돈오가 간혹 대립되는 개념으로 논란되기도 하지만, 그 실질적인 대립은 점수와 돈오의 대립이 아니라 위 ②의 관점에서의 점수와 돈수의 대립, 다시 말하면 깨달음에 이르는 데에 점차적인 수행을 거쳐야 하는가, 점차적인 수행의 필요 없이 단박에 닦는가의 문제인 것으로 생각된다.

물론 그렇다고 위 ①의 관점에서의 대립, 즉 점오인가 돈오인가에 관하여 전혀 대립의 여지가 없는가 하면, 그렇지는 않다. 깨달음의 정의 중 '해오'를 제외하고 '증오'의 관점으로 한정한다고 하더라도, 아래에서 보는 것처럼 점오인가 돈오인가의 점도 일률적으로 규정할 수 있는 것은 아니라고 생각되기 때문이다.

이하에서는 이들 문제를, 대립되는 관점 상호간의 당·부당을 따지는 방식이 아니라, 불교의 이론에 의거하여 전체적인 개념을 알아 본 다음, 이와 상반되는 주장의 근거와 취지를 알아보는 방법으로 생각해 보고자 한다.

⑶ 거의 확립되어 있는 것으로 생각되는 불교이론에 의하면 불교가 본령으로 하는 깨달음, 소위 의식의 분별을 통하지 않고 진여를 체험하는 '증오'에는 세 가지가 있다 함은 다른 곳에서 밝힌 바와 같다(졸저 『불교는』 p.219). 이것은 원효 스님이 불성을 보는 것을 세 가지 문으로 나눈 것과 완전히 일치한다는 것도 앞에서 보았다. 요약한다면 ① 견도와 ② 아라한의 무학도 및 ③ 붓다의 지위에 드는 금강무간도의 셋이다.

어떤 중생의 어느 한 생만을 기준으로 하는 것이 아니라, 그의 모든 생을 기준으로 할 경우, 수행자가 수행을 완성하는 데는 반드시 두 단계의 깨달음을 갖게 된다. 두 단계라고 한 것은 위 ②의 아라한이 되는 깨달음의 경우, 소위 '이승'에서 전향한 것이 아니라, 처음부터 또는 아라한이 되기 전 대승으로 전향한 수행자라면 반드시 거쳐야 하는 깨달음은 아니기 때문이다. 또 이승의 경우라면 붓다가 되는 것을 수행의 목표가 아니기 때문에 위의 ①과 ②로써 수행은 완성되고 열반에 들게 되기 때문이다. 물론 아라한이 된 후 대승으로 전향한 수행자라면 위 세 가지의 깨달음을 모두 거쳐야 수행이 완성된다고 말할 수 있다.

여기에서 '중생의 어느 한 생만을 기준으로 하는 것이 아니라, 그의 모든 생을 기준으로 할 경우'라고 전제한 것은, 어떤 수행자가 최종적인 깨달음을 성취한 그 생만을 기준으로 본다면, 그 이전의 깨달음은 나타나지 않을 수도 있기 때문이다. 어떻든 어느 불교에서든 깨달음에 이르기 위하여는 오랜 동안 수행을 거쳐야 한다고 보는 것에는 이론이 없다. 붓다께서는 아라한이 되는 데에 만 7년이라는 세월을 필요한 것으로 말씀하셨지만(앞의 졸저 p.230), 이는 그 곳에서 언급한 최선의 여건을 갖출 것을 전제로 한 것이고, 대승에서는 붓다가 되는 데는 3아승지 겁이라는 세월이 필요하다고 말해지고 있을 정도이다. 그리고 그 증오로서의 깨달음은 그 어느 것이든 점차 오는 것이 아니라, 어느 한 순간 단박에 오는 것이라는 것을 부정하는 이론은 없다.

이러한 전제 아래 수행과 깨달음의 관계를 간략히 도표화한다면, '점수-돈오(견도)-점수…돈오(무학도)…점수-돈오(금강무간도)'로 표현할 수 있다. 중간에 '…'로 표시한 부분은 이승의 무학도는 거치지 않을 수도 있는 것임을 나타낸 것이다. 이것을 토대로 불교이론적으로 돈·점을 가려 말한다면, '점수'와 '돈오' 및 '점수돈오'가 일반적인 모습이라고 할 수 있겠지만, 다음의 몇 가지 점에서 반드시 그렇다고만 말할 수는 없다.

첫째 깨달음이라는 것이 한 번만으로 그치는 것이 아니라 적어도 두 번 이상 필요한데, 그 둘의 관계는 '돈'이 아니라 시간적 간격이 있다는 점에서는 '점'이라고 말할 수 있다. 다시 말해서 대승에서의 '견도…무학도-금강무간도'의 깨달음, 이승에서의 '견도-무학도'의 깨달음 상호간은 돈오가 아니라, 반드시 '점오'인 관계에 있다는 것이다.

둘째 '수-오'의 관점에서는 위에서 말한 것처럼 점수돈오라고 말할 수 있지만, 깨달음을 이룬 다음에 수행이 필요한가, 즉 '오-수'의 관점에서는 어떠한가? 대부분의 수행자가 목표로 하는 '견도'를 기준으로 말한다면 '돈오점수'가 된다고 말해야 하겠지만, 기준이 바뀌면 결론은 달라진다. 즉 이승의 입장에서 아라한이 되는 무학도의 관점에서, 또 대승의 입장에서 불지에 이르는 금강무간도의 관점에서라면 돈오돈수라고 말해야 옳다는 것이다. 이 경우에는 더 닦을 것이 없기 때문에 깨달음과 동시에 단박에 닦아 마치는 것이다(아라한의 경우 퇴전하는 경우가 있는지 논란의 대상이 되기도 하지만, 이것은 논외로 한다). 그렇지만 이것은 이론적으로 그렇다는 것이지, 아라한이나 붓다를 좀처럼 보기 어려운 말세에, 견도를 목표로 수행하는 것이 대부분이라고 이해하여야 할 현실 아래서, '돈오돈수'는 현실의 상황에 적절한 표현이라고 말하기는 어려울 것이다.

(4) 이상과 같이 보면『단경』이 표방하는 '돈수'나, 나아가 선불교가 표방하는 '돈오돈수'는 일반적으로 불교 이론과는 맞지 않는 것이라고 말할 수도 있다. 또 '돈오'라는 것도 이와 같은 불교이론과 일치하는 것이지만, 이『단경』에서 표방하는 것은 다른 의도가 있는 것이 아닐까 생각되기도 한다.

그렇다면 왜『단경』은 왜 이들을 표방하는 것일까? 기본적인 의도는 기존의 불교이론에 따르는 '북종'으로부터 남종을 차별화하려는 데 있는 것이 아닐까 한다. 그러나 차별화한다고 해도 이론적으로나 실천적으로 근거가 없다면, 오히려 상대로부터 공격당하기 좋을 것이다. 그렇다면 그 근거는 무엇일까?

우선 이론적으로는 여래장사상 내지 불성사상이 근거를 제공해 주고 있다. 단순화하여 말한다면, "일체의 중생은 모두 다 불성을 갖고 있고, 근원적으로 깨달음의 상태에 있다. 다만 현실적으로 아무런 실체가 없는 갖가지 번뇌에 사로 잡혀 자신의 불성을 깨닫지 못하고 실현하지 못하고 있을 뿐이다. 그러므로 한 순간에 마음을 전환하여 자신의 불성을 본다면 그것이 바로 붓다이고, 그러므로 더 닦을 것이 없다."라는 것이다. 무엇보다도 돈오돈수론은 이 불성사상에 기초함으로써 그 이론적 입지가 확보되는 것이다.

그리고 이와 같은 주장은 남종이 처하고 있는 당시의 시대적 사회적 배경에서 보다 더 실천적인 근거를 찾을 수 있었을 것이다. 말하자면 남종은 제도권의 수행자나 중앙의 귀족이 아닌, 변방의 민중들을 교화대상으로 삼고 있었다. 만약 그들에게 점차적이며 엄격한 장기간의 수행을 말한다면 따를 사람이 없을 것이다. 이것은 곧 자신들이 설 자리를 포기하는 것이다. 그들에게는 자신들이 희망을 가질 수 있는 이론을 제공하여야 하고, 좀 더 쉬운 방법으로 희망을 주어 인도하는 것이 무엇보다도 필요하였을 것이다. 이렇게 보면 '돈오'라는 것도 이론적으로 깨달음이 오는 순간의 즉각적임을 말하는 것이라기 보다는, 실천적으로 수행의 길고 짧음, 방편과 절차, 깨달음의 단계와 지위를 떠나 한 생각의 전환에 의하여 깨달음에 이를 수 있다는 쉬운 깨달음의 구조를 제시하고자 한 것이 아니었을까 한다.

그렇기 때문에 누구나 돈오하고 돈수할 수 있다. 그래서 이르기를, 「법에는 돈·점이 없고, 사람에게 예리함과 둔함[利鈍]이 있을 뿐」이라고 하고, 또 뒤의 제24.3절에서는, 「자신의 성품은 그릇됨도 없고 산란함도 없으며 어리석음도 없어, 생각생각마다 반야로 관조한다. 항상 법의 모양[法相]을 떠났는데, 무엇이 있어 세우겠는가? 자신의 성품을 단박에 닦으라[頓修]. 세우면 점차가 있으니, 그렇기 때문에 세우지 않는 것이다.」라고 한 것이다. 이것은 『단경』이 '돈오'와 '돈수'를 표방하면서도, 다음 분절에서 보는 것처럼 '돈·점'을 모두 세울 수도 있는 근거가 된다.

2 여기에서도 자신의 본심을 알아 본성을 깨닫는 것이 근본적인 문제이고, 돈·점은 사람의 근기에 관련된 부수적인 것일 뿐이므로, 집착할 것이 아니라는 분위기를 읽을 수 있다.

3 '깨닫고 나면 차별이 없다'는 것은 여래장사상의 당연한 귀결이 된다. 깨닫지 못한 중생에게 내재되어 있었던 여래는, 깨달음 후의 여래와 다른 것이 아니라는 것이다. 여래장사상의 경론에서 누누이 설명하는 것이다(졸역 『여래장 경전 모음』 p. 345 이하 및 p.697 이하 참조).

8.2

"선지식 여러분, 나 자신의 법문法門은 예로부터 돈점頓漸을 모두 세워서,[4] 무념無念을 종宗으로 삼고, 무상無相을 체體로 삼으며, 무주無住를 근본[本]으로 삼습니다.[5]

무엇을 상相이라고 합니까? 무상이란 모양[相]에서 모양을 떠나는 것[離相][6]입니다. 무념이란 생각[念]에서 생각하지 않는 것[不念][7]입니다. 무주란 사람의 본성으로서 생각생각이 머물지 않는 것[8]입니다. 앞 생각[前念]의 생각생각과 뒷 생각[後念]의 생각생각이 상속하여 단절됨이 없는 것이니, 만약 한 생각이라도 단절되면 법신[9]이 곧 육신[色身]에서 분리됩니다. 생각생각 할 때에 일체법에 머묾이 없는 것이니, 만약 한 생각이라도 머물면 생각생각이 머무는 것이므로 계박繫縛이라고 이름하고, 일체법에 생각생각이 머물지 않으면 곧 속박이 없는 것입니다. 그래서 무주를 근본으로 삼는 것입니다."[10]

善知識, 我自法門 從上已來 頓漸皆立, 無念[無]<爲>宗, 無相[無]<爲>體, 無住[無爲]<爲>本.

何[明]<名>爲相? 無相 於相而離相. 無念者 於念而不念. 無住者 爲人本性 念念不住. 前念念念 後念念念 相[讀]<續>無有斷絶, 若一念斷絶 法身卽是離色身. 念念時中 於一切法上無住, 一念若住 念念卽住 名[擊]<繫>縛, 於一切法上 念念不住 卽無縛也. [以]<是以>無住爲本.

【주해】

4 돈황본의 원문은 이와 같이 '頓漸皆立'으로 되어 있지만, 다른 판본들에는 모두 '頓漸'이란 글자 없이 '先立'이라 되어 있다. 그래서 대부분의 번역본들은 이 『단경』은 오직 '돈'의 입장이라고 하여 '頓漸'이 있는 것을 오기라고 보고 번역하고 있다.

그렇지만 『단경』이 표방하는 바가 돈교인 것은 분명하지만, 그렇다고 하여 '점'을 배척하고 있다고 말하기는 어렵다. '점'과 대비하여 말할 때(앞 분절과 뒤의 제24.1절)에는 시종, 법에는 돈·점이 없고 사람의 근기에 이·둔이 있을 뿐이라고 말하고 있기 때문이다. 그래서 『단경』은 '점'을 배척하는 것이 아니라, '돈'의 입장에서 '점'을 아우르고자 하는 것이라고 이해할 수 있다.

이와 같이 본다면 원문대로 읽는 것이 문장의 구조나 어조에도 맞을 뿐 아니라, 전체적인 문맥에도 맞는 것이 아닐까?

5 혜능은 그가 구결한 『금강경해의』의 서문에서, 「무릇 《금강경》은 무상을 종으로 삼고 무주를 체로 삼으며 묘유妙有를 용으로 삼는다[夫金剛經者 無相爲宗 無住爲體 妙有爲用].」라는 표현을 하고 있는데, 전체적인 취지는 『단경』과 같은 맥락에 있는 것으로 생각된다. 구체적인 의미는 이하에서 개별적으로 볼 것이다.

6 《금강경》이 설명하는 주제로서, 불교의 근본원리를 단적으로 나타내는 것이다.

모든 것이 연기하고 있는 법계에서 연기한 모든 법은 고정된 모양이 있을 수 없다. 그러니 불교라면 무상을 근본으로 하지 않을 수 없고, 만약 무상을 근본으로 하지 않는다면 그것은 불교일 수가 없다. 다만 여기에서 무상을 '체體'로 한다고 표현한 것은 같은 말의 반복을 피하고자 하는 표현의 기법일 뿐, '종宗'이나 '근본[本]'과 다른 어떤 의미가 있는 것은 아니라고 보아야 할 것이다.

본문에서 '모양에서 모양을 떠난다'라고 한 것은 외형적으로 견문각지見聞覺知되는 모양에 대해서, 그것이 실제로는 고정된 모양이 아님을 알고 본다는 것을 가리키는 취지이다.

7 무념이라는 말에는 '생각'이라고 번역한 '염念'이라는 글자가 포함되어 있는데, 이 무념과 다음의 무주를 설명하는 글에는 이 글자가 매우 많이 등장하고 있다. 그러므로 이 '염'이라는 글자의 뜻을 이해하지 않고서는 이 글의 뜻을 제대로 이해할 수 없다. 그런데 이 '염'에는 대략 네 가지의 용례가 있다.

(1) 첫째 이 '염'의 가장 기본적인 용례는 마음에 부수되는 심리작용[心所]의 하나로서, 감각기관이 받아들인 경계를 마음에 새겨서 잊지 않게 하는 작용을 하는 것이다. 이것은 '새김'이라고도 번역하는 것인데, 우리가 기억을 하고, 나아가 마음을 집중으로 이끄는 것은 이것의 역할이라고 말할 수 있다.

(2) 그런데 이것이 보다 중요한 의미를 갖는 것은 사마타 내지 위빠사나 수행의 수단으로서이다. 이것은 싸띠sati라고 부르는 것으로서, '마음챙김' 또는 '알아차림'이라고도 번역하는데, 자신에게 일어나는 물질적·정신적 현상의 일체를 알아차리는 것을 의미한다. 이것을 붓다께서는 열반에 이르는 유일한 길이라고 부르셨을 정도로 중요한 것이다(졸저『불교는』p.207). 팔정도의 하나인 바른 새김[정념正念]은 이것을 말하는 것이다.

(3) 다음은 우리 불교에서 전자보다 더 빈번히 오르내리는 것으

로서, '망념妄念'이라고 표현되는 개념이다. 이것은 불교이론서에는 등장하지 않는 것인데, 그 개념을 가장 자세히 설명하고 있는 것은 《대승기신론》이라고 생각된다.

　이 논서의 설명에 의하면, 각覺과 불각不覺은 이 념念이 있는가에 의해 가려지는 것으로, 「각覺의 뜻이라고 말한 것은 마음의 체[心體]가 생각[念]을 떠난 것을 말한다.」라고 하고(졸역『여래장경전 모음』p.775), 「불각의 뜻이라고 말한 것은, 진여법이 하나임을 여실히 알지 못하기 때문에 불각의 마음이 일어나 그 생각[念]이 있음을 말하는 것이다.」(같은 책 p.782)라고 하는 것이다.

　같은 논서는 이 생각이 일어나는 구조를, 인식대상이 우리에게 이르면[對至] 깨닫지 못하는 사이에 무명의 힘에 의하여 마음이 움직여 인식대상의 영상을 나타내어, 염정법을 분별해서 생각[念]이 끊어지지 않는다고 설명한다(같은 책 pp.787-788). 그래서 「일체의 중생은 깨달음이라고 이름하지 못하니, 본래부터 생각생각[念念]이 상속하여 일찍이 생각을 여읜 적이 없기 때문에 비롯함 없는 무명[無始無明]이라고 말한다. 만약 무념을 얻게 된다면 곧 심상心相의 생·주·이·멸을 알게 되니 무념과 평등하기 때문이다.」(같은 책 p.778)라고 말하고 있다.

　이러한 설명을 종합하면, 이 '생각[念]'은 무명에 빠져 있는 범부의 일반적인 인식현상 전반을 말하는 것으로서, 연기의 이치에 무지하여 감각기관과 마주친 인식대상을 존재로서 형성하여 분별하는 것을 가리키는 것임을 알 수 있다.

　(4) 마지막의 용례는 매우 짧은 시간을 말하는 '순간' 내지 '찰나'라는 뜻으로서 사용되는 것이다. 이 생각이라는 것은 매우 짧

은 시간에 일어났다가 사라지는 것이다. 상좌부불교의 이론에 의하면, 물질이 한번 생멸하는 순간에 이 생각이라는 것은 열일곱 번 생멸한다고 한다. 그래서 이 '생각' 내지 '염'은 매우 짧은 순간 또는 찰나를 가리키는 것으로 쓰이는 것이다.

　이들 용례 중 뒤의 세 가지는 모두 처음의 용례를 기초로 하고 있는 것이다. 그리고 네 번째의 용례는 세 번째의 것과 어느 정도 겹쳐서 쓰이고 있다. 그래서 본문의 이해에 가장 중요한 의미를 갖는 것은 두 번째와 세 번째의 용례라고 말할 수 있다. 그런데 이 두 가지는 같은 '염'이고 같은 어원에서 출발한 것이지만, 전혀 상반되는 의미로 쓰인다. 간단히 구별하자면 전자는 의도적으로 일으키는 심리작용이지만, 후자는 무의식적으로 일어나는 심리작용이고, 전자는 정념이지만, 후자는 망념이라고 표현되는 것이다. 그러므로 본문의 글은 물론, 이 '염'이라는 표현이 나오면, 이것이 어떤 의미로 쓰인 것인지 알아야만 그 글의 의미도 제대로 이해될 수 있다.

　그런데 양자는 이와 같이 전혀 상반되는 의미로 쓰이는데, 실제로도 완전히 다른 것인가 하면, 그렇지는 않다. 생각이 일어나는 순간 그 생각의 의미를 알지 못하고 그것에 집착하는 것이 망념이고, 그 생각의 의미를 알고 이를 그대로 알아차리는 것이 정념이다. 그러므로 두 가지는 별개인 것은 아니고, 만약 망념이 없다면 알아차릴 정념도 있을 수 없다는 특이한 관계에 있는 것이다.

　이 이치를 《대승기신론》은 불각의 뜻을 설명하는 곳에서 다음과 같이 말하고 있다. 「불각의 뜻이라고 말한 것은, 진여법이 하나임을 여실히 알지 못하기 때문에 불각의 마음이 일어나 그 생각

[念]이 있음을 말하는 것이다. 그러나 생각은 자상自相*이 없어서 본각을 여의지 않은 것이니, 마치 방향을 잃은 사람[迷人]은 방향에 의하기 때문에 혼미한 것이므로, 만약 방향을 떠난다면 곧 혼미함도 없는 것과 같다. 중생도 역시 그래서 각에 의지하기 때문에 혼미한 것이니, 만약 각의 성품을 떠난다면 곧 불각도 없는 것이다. 불각의 망상심妄想心이 있음으로써 이름과 뜻[名義]을 능히 알아서 진각眞覺이라고 말하는 것이니, 만약 불각의 마음을 떠난다면 곧 진각의 자상이라고 말할 만한 것도 없는 것이다.」 뒤의 『단경』(제8.4절)에서도 이것을 설명하여, 「만약 생각이 없다면 무념도 또한 세우지 않습니다.」라고 말하고 있다.

그래서 본문에서 무념을 「생각에서 생각하지 않는 것[於念而不念]」이라고 설명하는 것이다. 『단경』에서 이와 같이 '염'과 '불념'을 같은 평면에 두고 병행시켜 말하는 것은, 이것이 불교에서 그만큼 중요한 의미를 갖는 것이기도 하겠지만, 실은 북종과의 차별을 부각시키려는 의도도 없지 않아 보인다. 당시 북종에서는 수행의 요체를 생각을 여의는 것[離念]에 두고 있었다는 것이 그 계통의 자료인 『대승무생방편문大乘無生方便門』(작자 미상)에 나타나고 있다고 하기 때문이다.

* 자상 : 자신만의 고유한 모습이라는 뜻으로, 자성을 모습의 관점에서 파악한 것이다. 그러므로 연기한 모든 법에는 자성이 있을 수 없듯이, 자상도 있을 수 없다.

8 깨달음은 바른 새김[正念]의 연속에 의하여 가능하게 되는 것이다. 그런데 생각에 머문다는 것은 정념이 아니라 망념이므로, 생각에 머물러서는 깨달음에 이를 수 없다. 그러므로 생각생각이 연

속하되, 그 생각에 머물러서는 안된다. 그래서 무주를 근본으로 하지 않을 수 없는 것이다.

9 여러 가지 용례로 쓰이지만, 기본적으로는 궁극의 깨달음 그 자체를 신체로서 추상화한 것이다. 붓다[佛]·여래·깨달음[覺]·진여 등과 같은 뜻으로 쓰인다.

10 요약하면 법신 즉 깨달음은, 이념離念이 아니라 염염念念이 상속相續해야 하고, 그 염염상속하는 가운데 밖으로 상相을 분별하지 않고[無相] 안으로 망념을 일으키지 않아[無念] 안팎으로 머무름이 없어야 한다[無住]는 것을 의미한다. 이렇게 보면 무상·무념·무주를 함께 설명하는 것을 이해할 수 있고, 그래서 이 셋은 별개라고 볼 것이 아니다.

8.3

"선지식 여러분, 밖으로 일체의 모양을 떠나는 것이 무상입니다. 오직 모양을 떠나기만 하면 성품의 체는 청정한 것입니다. 그래서 무상을 체로 삼는 것입니다.

모든 경계 위에서 오염되지 않는 것을 무념이라고 이름합니다. 자신의 생각[念]에서 경계를 여의라는 것이지, 사물[法]에 대해 생각[念]을 내지 않아야 한다는 것이 아닙니다.[11] 백 가지 사물[12]을 생각치 않고 생각을 모두 제거해 버려서는 안 됩니다. 한 생각 끊어지면 곧 다른 곳에서 남[生]이 없게 됩니다.[13]

도를 배우는 자는 주의하여 법의 뜻을 알지 못해서는 안됩니다. 자신의 착오는 어쩔 수 없다고 해도 어찌 다시 다른 사람에게 미혹을 권하겠습니까? 스스로 미혹함을 보지 못하고, 또 경전의 가르침을 비방하는 것이 될 것입니다. 그래서 무념을 종으로 삼는 것입니다. 미혹한 사람이 경계 위에 생각을 두고 생각 위에서 문득 삿된 소견[邪見]을 일으키므로 말미암아, 일체의 번뇌[14] 망념이 이로부터 생깁니다."

善知識, 外[雜]<離>一切相 是無相. 但能離相 性體淸淨. [是是]<是>以無相爲體. 於一切[鏡]<境>上不染 名爲無念. 於自念上離[鏡]<境>不不於法上念生. 莫百物不思 念盡除却. 一念斷卽 無別處受生.

學道者用心 莫不[息]<識>法意. 自錯尙可 更勸他人迷? 不[白]<自>見迷, 又謗經法. 是以 立無念爲宗. 卽緣[名]<迷>人 於[鏡]<境>上有念 念上便[去]<起>邪見, 一切塵勞妄念 從此而生.

【주해】

11 이 부분의 해석에 이론이 있다. 원문은 「於自念上離境 '不不'於法上念生」으로 되어 있으므로 충분히 본문처럼 해석할 수 있고, 뒤이어 나오는 표현과 관련하여 보더라도(뒤의 주해 13 참조) 이 편이 의미도 있고, 문맥에도 부합한다고 생각된다. 그러나 후대본은 이 부분이 「(於自)念上常離諸境 '不'於法上生心」으로 되어 있어, 돈황본의 다른 해석본들도 모두 그처럼 '不不' 중 1자는 잘못 삽입된 것으로 보고, 이 대목을 「자신의 생각 위에서 경계를 떠나고 법에 대하여 생각이 일어나지 않는 것이다」라고 번역하고 있다.

12 갖가지 사물이라는 의미일 것이다.

13 이 부분의 해석에 논란이 있다. 돈황본의 원문은 본문처럼 「莫百物不思 念盡除却 一念斷卽 無別處受生」인데, 다른 판본들은 첫 글자 '莫'이 '若'으로, 열넷째 글자 '無'가 '死'로 되어 「'若'百物不思 念盡除却 一念斷卽 '死'別處受生」으로 되어 있다(다만 대승사본은 돈황본과 유사하게 「'若'百物不思 念盡除却 卽無別處受生」으로 되어 있음). 우리나라에서 간행된 돈황본들은 모두 앞 단락은 '莫'이 옳은 것으로 보고 있는데, 이 편이 '염염상속'을 강조하는 앞의 논리와 맞는 것으로 보인다.

그런데 뒷 단락의 경우에는, ① '無'든 '死'든 없어야 한다고 보는 견해도 있고(이 경우의 번역은, 「한 생각 끊어지면 곧 다른 곳에서 남을 받게 된다」로 됨), ② '死'자가 옳은 것으로 보는 견해도 있다. 다만 이 견해는 모두 이 글자까지를 앞에 붙여서 읽는데 번역은 달리 하여, 「한 생각 끊어지면 번뇌망념이 없어지는 것이니 또 다른 곳에 번뇌망념이 일어나게 되는 것이다」로 번역하거나, 또는 「한 생각 끊어지면 죽어서 다른 곳에 태어난다」로 번역한다.

그러나 이 부분이 무념과 염염상속을 강조하면서, 일념단절되면 법신이 육신에서 분리됨을 경계하는 흐름에 이어지고 있는 것을 생각하면, 「일념단절되면 별처別處에서 남을 받지 못하여」(염염)상속되지 못하(고 단절된다)는 것을 의미하는 것이라고 이해할 수 있고, 이것이 전후 문맥과도 완전히 일치하는 것이므로 원문대로 풀이하는 것이 옳지 않을까 한다.

14 번뇌를 비유하는 말이다. 어원상으로는 사람의 육근六根이 육'진'六塵을 감수하여 육식六識을 일으켜서 갖가지 '노'고勞苦를 발생시킨다는 것에서 나온 것이다.

8.4

"그러므로 이 가르침의 법문은 무념을 세워 종으로 삼는 것입니다. 세상 사람은 소견을 여의고 생각을 일으키지 않아야 합니다. 만약 생각이 없다면 무념도 또한 세우지 않습니다.[15]

무는 무엇이 없다는 것이고, 념은 무엇을 생각함일까요? 무는 두 가지 모양[二相][16]의 번뇌를 여의는 것이요, 념은 진여의 본성本性을 생각함입니다. 진여는 념의 본체요, 념은 진여의 작용입니다[眞如是念之體 念是眞如之用].[17] 성품이 생각을 일으켜 비록 보고 듣고 깨닫고 안다고 하더라도[見聞覺知],[18] 만 가지 경계에 오염되지 않고 항상 자재한 것입니다. 《유마경》에서 이르기를, 「밖으로 모든 법의 모양[法相]을 잘 분별하시되, 안으로 제일의第一義에서 움직이지 않으신다.」[19]라고 하였습니다."

然此教門 立無念爲宗. 世人離見 不起於念. 若無有念 無念 亦不立.

無者 無何事, 念者[何]<念何>物? 無者 離二相諸塵勞, [眞]<念者 念眞如本性. 眞>如是念之體, 念是 眞如之用. [姓]<性>起念 雖卽見聞覺[之]<知>, 不染萬[鏡]<境> 而常[白]<自>在. 維摩經云, 「外能善分別諸法相, 內於第一義而不動.」

【주해】

15 앞의 제8.2절에서 본 것처럼 망념과 정념은 전혀 별개인 것이 아니라는 것이다.

16 '법계는 한 모양[法界一相]'을 전제로 한 표현으로, 진실은 둘이 아니고 두 가지 모양이 있을 수 없다는 취지일 것이다. 그래서 《대지도론》(제95권)〈25-727상〉에서는, 「둘이 아닌 것을 하나의 공한 모양이라고 이름한다[不二名一空相].」라고 하였다.

모든 번뇌는 법계가 한 모양임을 알고 보지 못해서 일어나는 것이다.

17 앞에서 본 《대승기신론》에서, 「생각은 자상自相이 없어서 본각을 여의지 않은 것이니, 마치 방향을 잃은 사람[迷人]은 방향에 의하기 때문에 혼미한 것이므로, 만약 방향을 떠난다면 곧 혼미함도 없는 것과 같다. 중생도 역시 그래서 각에 의지하기 때문에 혼미한 것이니, 만약 각의 성품을 떠난다면 곧 불각도 없는 것이다.」라고 말한 것을 상기하면 쉽게 이해할 수 있는 표현이다.

여래장사상에서는 일체 중생은 모두 다 불성을 갖고 있다고 하고, 불성이란 진여라는 것이므로, 일체 중생의 마음은 진여라고 말할 수 있다. 그래서 《대승기신론》에서는 대승의 법을 '중생심'이라고 정의하고(앞의 책 p.769), 이 중생의 마음을 '심진여'라고 표현(같은 책 p.771)하는 것이다. 그런데 생각은 이 마음에서 일어나는 것이므로, 진여와 망념은 별개가 아니다. 생각은 본각=각=진여에 의지하는 것이므로, 생각은 진여의 작용이고, 진여는 생각의 체가 되는 것이다.

18 본다[見]는 것은 육근六根 중 눈[眼]의 작용을, 듣는다[聞]는 것은 귀[耳]의 작용을, 깨닫는다[覺]는 것은 코[鼻]·혀[舌]·몸[身]의

작용을, 안다[知]는 것은 정신[意]의 작용을 각각 가리키는 것이므로, 마음이 객관 세계와 접촉하는 것을 총체적으로 표현하는 말이다.

19 《유마경》 제1 불국품의 게송(14-537하)에서, 「붓다의 법력法力은 모든 중생 초월해[法王法力超群生] 항상 법의 재물 베푸시고[常以法財施一切], 온갖 법의 모양 잘 분별하시되[能善分別諸法相] 제일의에서 움직이지 않으신다[於第一義而不動]」라고 한 대목인데, '밖으로' 와 '안으로' 라는 표현이 추가되었다.

'제일의' 란 제일의제라고 하는데, 진제眞諦 또는 승의제勝義諦라고도 말하는 것이다. 이것은 깨달음에 의해 체득되는 진실 그 자체, 즉 진여를 가리키는 것이다. 그래서 《승만경》에서는 제일의제를 '멸제' 라고 정의한다(졸역『여래장 경전 모음』p.131).

9. 좌선坐禪

9.1

"선지식 여러분, 이 법문에서 좌선은 원래 마음에도 집착하지 않고 또한 깨끗함에도 집착하지 않으며, 또한 움직임[動]도 말하지 않습니다.[1]

만약 마음을 본다[看心]고 말한다면, 마음은 원래 허망한 것이고, 허망함은 허깨비와 같기 때문에[2] 볼 것[所看]이 없는 것입니다.

만약 깨끗함을 본다[看淨]고 말한다면, 사람의 성품은 본래 깨끗하지만 망념 때문에 진여를 덮어 가린 것이므로, 망념을 여의면 본래 성품대로 깨끗한 것입니다. 그런 자기 성품[自性][3]의 본래 깨끗함[本淨][4]을 보지 아니하고 마음을 일으켜 깨끗함을 본다고 하면 도리어 깨끗하다는 허망[淨妄]이 생깁니다. 허망은 있는 곳[處所]이 없으므로,[5] 본다[看]는 그것이 도리어 허망한 것임을 알아야 합니다. 깨끗함은 형상이 없는데도 도리어 깨끗하다는 모

善[諸]<知>識, 此法門中 [座]<坐>禪 元不著心 亦不著淨, 亦不言動.
若言看心, 心元是妄 妄如幻故, 無所看也.
若言看淨, 人[姓]<性>本淨 爲妄念故 蓋覆眞如, 離妄念本[姓]<性>淨.
不見 自[姓]<性>本淨 [心起]<起心>看淨 却生淨妄.
妄無處所, 故知看者[看却]<却>是妄也.
淨無形相 却立淨相 言是功夫, 作此見者

양을 세워 이것이 공부라고 말한다면, 이러한 소견을 짓는 자는 자신의 본성을 장애하고 도리어 깨끗함에 속박되게 됩니다.[6]

[章]<障>自本[姓]<性> 却被淨縛.

만약 부동不動[7]이라는 것이 모든 사람의 허물을 보지 않는 것이라면, 이는 성품이 움직이지 않는 것입니다. 그러나 미혹한 사람은 자기의 몸은 부동하나 입만 열면 곧 사람들의 옳고 그름을 말하니, 도와는 위배되는 것[8]입니다.

若不動者 [見]<不見>一切人過患, 是性不動. 迷人自身不動 開口卽說 人是非, 與道違背.

그러니 마음을 보고 깨끗함을 본다[看心看淨]는 것은 도리어 도를 장애하는 인연이 됩니다."

看心看淨 却是 障道因緣.

【주해】

1 이것은 당시 북종에서 좌선을, 앉아서 움직이지 않으면서[坐不動] 마음을 보고 청정함을 보도록[看心看淨] 하라고 가르치고 있음이 잘못임을 정면으로 반박하는 것이다. 『단경』에는 북종의 선법이 구체적으로 설명되고 있지 않지만, 신회가 남긴 자료를 통하여 그 개요를 엿볼 수 있다. 예컨대 『신회어록』에는, 「만약 어떤 좌선하는 자가 마음을 모아 선정에 들고[凝心入定] 마음을 멈추어 깨끗함을 보며[住心看淨], 마음을 일으켜 밖을 비추려고 하고[起心外照] 마음을 거두어 안으로 깨달으려고 한다면[攝心內證] 이것은 보

리를 장애하는 것이고 아직 보리와 상응하지 못한다. 무엇에 의해 해탈할 수 있겠는가? 해탈과 보리가 만약 이와 같은 것이라면, 사리불이 숲 속에서 좌선할 때 유마힐로부터 꾸지람을 받지 않았어야 할 것이니, 꾸짖어 말하기를, "삼계에서 몸과 마음[身意]을 나타내지 않는 것을 좌선[宴坐]이라고 하는 것이다."라고 하였다. 다만 일체시에 보되 망념이 없어야 하는 것[見無念]이니, 몸의 모양[身相]을 보지 않는 것을 바른 선정[正定]이라고 하고, 마음의 모양[心相]을 보지 않는 것을 바른 지혜[正慧]라고 한다.」라고 하고 있다.

이런 뜻에서 보면 본문처럼 '움직임'이라고 표현하는 것보다는 흥성사본처럼 '움직이지 않음[不動]'이라고 표현하는 편이 나아 보인다. 이하의 글에서는 이것은 '간심', '간정', '부동'의 셋으로 나누어 개별적으로 비판한다.

2 제1부에서도 보았듯이 모든 중생이 갖고 있는 불성, 즉 중생의 마음은 그 자성이 청정하고 변이하지 않으며 불생불멸이지만, 온갖 번뇌는 본래 허망한 것으로서 체성體性이 없다('객진'이라고 하는 표현은 이 뜻을 나타내는 것이다)는 것이 여래장사상의 일관된 논리이다. 그 대표적인 설명이 《보성론》에서 인용하는 《대방등대집경》 제11권<13-68상>의 아래와 같은 글(졸역『여래장 경전 모음』pp.337-338)이다.

「대해혜大海慧여, 보살마하살 역시 이와 같아서, 일체 중생의 자성 청정하고 광명이 맑은 마음이 객진번뇌로 오염된 것을 여실하게 알고 본다. 대해혜여, 모든 보살 등은 이러한 마음을 일으킨다. "그 모든 번뇌는 중생의 자성청정심을 오염시키지 못한다. 이 모든 번뇌의 객진客塵은 허망하게 분별하는 마음이 일으키는 것이다."라고. 그래서 그 모든 보살은 다시 이 마음을 일으킨다. "나는 지금 필경 모든 중생들을 객진의 모든 번뇌의 때[垢]로부터 멀리 여의게 할 것이니, 이를 위하여 법을 말하리라."라고. 이와 같이 보살은 겁약한 마음[怯弱心]을 일으키지 않고 더욱 일체 중생에 대하여 증상한 힘[增上力]을 일으켜서, "내가 반드시 필경 해탈을 얻게 하리라."라고 한다. 보살은 이 때 다시 이러한 마음을 일으킨다. "이 모든 번뇌는 조그만 체[少體]도 없는 것이다."라고. 보살은 이 때 다시 이러한 마음을 일으킨다. "모든 번뇌는 체가 없고, 모든 번뇌는 여리고 얇으며[羸薄], 이 모든 번뇌는 머무는 곳[住處]이 없다."라고. 이와 같이 해서 보살은 모든 번뇌는 허망하게 분별해서 있는 것이고, 사견의 생각[邪見念]에 의지하여 있는 것으로, 바른 견해[正見]로써는 모든 번뇌의 때는 일어날 수 없는 것이라는 것을 여실하게 안다.」

그런데 이 자성청정한 마음은 보려고 한다고 해서 볼 수 있는 것이 아니다. 그래서 《대승기신론》에서는, 「소위 마음의 성품[心性]은 불생불멸이지만, 일체의 모든 법이 오직 망념妄念에 의지하여 차별이 있게 된 것이므로, 만약 망념을 여읜다면 곧 일체 경계의 모습은 없는 것이다. … 진여라고 말한 것도 또한 모습이 없으니, 말하자면 언설의 궁극이므로 말로 인하여 말을 버리는 것[因言遣言]이다.」(위의 책 p.772)라고 말하는 것이다.

반면 감각기관이 외적 대상을 상대해 일으킨 인식이라는 것을 우리는 보통 우리의 마음이라고 생각하지만, 이것은 무명에 의해 실상이 아닌 것을 분별하는 것이므로 진실이 아닌 망념일 뿐이다.

그러므로 그 '허망함은 허깨비와 같기 때문에 볼 것이 없는 것'이다. 그래서 '조그만 체도 없다'고 하고, '객진'이라고 이름하는 것이다. 그러니 어찌 마음을 보는 것을 수행으로 삼을 수 있겠는가?

3 자신의 마음 또는 자신의 불성을 가리키는 것이다.『단경』에서는 자신의 성품 내지 자신의 마음을 표현할 때 '자성' 내지 '자심'이라고 해서 거의 전부 '자自'라는 관형어를 붙여 표현하고, 그 외에도 '자自'라는 글자가 매우 많이 쓰인다.『단경』에서 단일한 글자로서는 아마 가장 많이 쓰인 글자가 아닐까 한다. 의도적인 것이라고 보지 않을 수 없다.

그 이유가 없지 않다고 생각된다. 당시에도 오늘날처럼, 내면으로 수행하여 깨달음을 구하라는 본래의 뜻으로 불교를 받아들이는 것이 아니라, 밖으로 붓다를 찾아 복을 구하고 정토 왕생을 구하는 세태가 만연해 있었기 때문이라는 것이다. 그래서 이 '자'라는 글자를 통해서, 밖에서 붓다를 구하는 것이 아니라, 스스로 수행해서 자신에게서 깨달음을 구하는 것이 불교라는 것을 강조하고 있다. 이러한 시각이『단경』의 글 전체를 관통하고 있으니, 눈여겨 볼 필요가 있다.

4 위의 주해 2에서도 본 것처럼 여래장사상에서 이 자기의 성품은 본래 청정하고 또 항상 청정하다고 한다. 이것은 진여를 가리키는 것이므로, 항상 청정할 수밖에 없는 것이다. 그래서 이것을 '자성청정심'이라고 표현하고, 중생이 객진번뇌에 오염되어 있을 때에도 이 성품은 변함 없이 청정하다고 해서, 허공에 비유하기도 하는데, 보다 자세한 의미는 뒤의 제14.1절의 주해 4를 보라.

5 허망은 있는 곳이 없음을 설명하는 경전의 글도 적지 않은데, 대

표적으로 인용되는 두 가지를 들어보겠다.

하나는 《원각경》* 문수보살장<17-913중>에서,「이 무명無明은 실제로 체가 있는 것이 아니다. 마치 꿈 속에 있는 사람이 꿈을 꿀 때 없지 않았지만, 꿈을 깨고 나서는 얻을 것이 없었음을 아는 것과 같고, 뭇 허공의 꽃[空華]*이 허공에서 사라지지만 정히 사라진 곳이 있다고 말할 수 없는 것과 같으니, 왜냐 하면 생겨난 곳이 없었기 때문이다[如衆空華 滅於虛空 不可說言 有定滅處, 何以故 無生處故].」라고 한 것이다.

다음은 흔히 연야달다演若達多의 비유라고 부르는 《수능엄경》 제4권<19-121중>의 글이다.「"너는 어찌 듣지 못했는가? 실라벌성*의 연야달다가 홀연 새벽에 거울에 얼굴을 비춰보고는, 거울 속의 머리는 미목眉目이 보기 좋다고 사랑하면서, 자기 머리에는 면목이 보이지 않음을 자책하여 도깨비가 되었다고 하여 무단히 미쳐 날뛰었다니 어떻게 생각하느냐? 이 사람이 무엇 때문에 무단히 미쳐 날뛰었느냐?" 부루나가 말하기를, "이 사람은 마음이 미친 것이지 다른 이유는 없습니다." … 이와 같이 미혹함의 원인은 미혹함으로 스스로 있는 것이니, 미혹함이 원인이 없는 줄 알면 허망도 의지할 것이 없는 것이다. 오히려 생겨남이 없었는데 무엇이 멸하려고 하겠느냐? … 연야달다가 어찌 무슨 원인이 있어 스스로 머리를 두려워하여 날뛰었겠느냐? 홀연 광증狂症이 없어지면 머리가 밖에서 얻어지는 것이 아니고, 설령 광증이 없어지지 않은들 어찌 머리를 잃어버린 것이겠느냐? 부루나여, 허망의 성품은 이와 같은 것이다."」

* 원각경 : 온 명칭은 《대방광원각大方廣圓覺수다라요의경》으로,

당 나라 대에 불타다라가 번역(1권)한 것이 전해지고 있는데, 범본이 발견되지 않아 위경이라는 논란도 있는 경전이다. 우리나라의 전문 강원에서 《금강경》, 《수능엄경》, 《대승기신론》과, 함께 4교과의 하나로서 강의되는 중요한 경전이다.

* 허공의 꽃 : 소위 '공화空華'라고 하는 것으로서, 눈병을 앓거나 눈에 티가 있을 때 공중에 환영처럼 있어 보이는 꽃. 거북의 털[龜毛], 토끼의 뿔[兎角], 석녀의 아이 등과 같이 실재하지 않는 사물을 가리키는 표현으로 흔히 쓰인다.

* 실라벌성 : 붓다 재세시 중인도 코살라Kosala국의 수도인 슈라바스티Śrāvastī를 말하는 것으로, 사위성이라고도 한역한다. 제21.1절의 주해 4 참조.

6 달마의 『이입사행론』(56단)에는, 선정에 속박됨[縛定]에 대한 다음과 같은 설명이 있다. 「마음을 모아 선정에 들어서 움직이지 않음은, 선정에 속박되는 것으로 쓸데없는 짓이다. 가령 네 가지 선정에 이르러 모두 어느 단계에서 고요하게 되었다 하더라도 다시 산란해지는 법이니 귀하게 여길 것이 아니다. 이것은 지은 법[作法]이므로 결국 파괴될 법이고 궁극의 법이 아니다. 만약 본성은 고요함도 산란함도 없다는 것을 알 수 있다면 바로 자재하게 되는 것이다. 고요함이나 산란함에 지배되지 않아야 바로 예리한 근성을 가진 사람이다.」

7 불교에서 외형적인 부동은 무의미하다. 부동을 말한다면 좌부동坐不動이나 뒤이어 나오는 신부동身不動이 아니라, 제일의에서의 부동(앞의 제8.4절) 내지 성품의 부동[性不動]이어야 한다는 것이다.

그런데 '성품'이나 '제일의'라는 것은 무엇인가? 그것을 불교가 추구하는 바의 진실, 즉 진여 내지 열반이고, 나아가 이를 알고 볼 수 있는 지혜를 말하는 것이다. 그러므로 이것은 '부동'보다는 오히려 '동', 즉 염염상속하는 가운데 이를 있는 그대로 알아차리는 가운데에서 드러나는 것이라고도 말할 수 있다. 이것이 기존의 수행과 차별되는 붓다의 위대한 발견이었다는 것은, 다른 곳에서 밝힌 바 있다. 다시 말해서 지혜와 분리된 선정은 불교에서는 그 의미를 얻지 못하는 것이다. 그러니 이 '부동'을 잘못 이해하여 외형적인 부동에 집착한다면 도를 장애하는 인연이 되는 것이다.

신라의 의상義湘 대사께서는 그의 법성게法性偈 끝 구절에서,「구래로부터 부동함을 이름해서 붓다라고 한다[舊來不動名爲佛]」라고 노래하셨다.

8 뒤의 제22절의 게송과 제26.2절에서도 같은 뜻을 강조하고 있다.

9.2

"지금 이미 이와 같으니, 이 법문 중에 무엇을 좌선이라고 이름하겠습니까? 이 법문 중에서는 일체에 걸림이 없음[無礙]이니, 밖으로 일체 경계 위에서 생각을 버리지 않는 것[念不去][9]이 좌坐요, 안으로 본성本性을 보아 산란하지 않음[不亂]이 선禪입니다.

무엇을 선정이라고 이름합니까? 밖으로 모양[相]을 떠남을 선禪이라 하고, 안으로 산란하지 않음을 정定이라 합니다. 밖에 만약 모양이 있더라도 안으로 성품이 산란하지 않으면 본래대로 스스로 깨끗하고 집중된[定] 것입니다. 단지 경계에 접촉함으로 말미암아 접촉하면 곧 산란하지만, 모양을 여의어 산란하지 않으면 곧 정定입니다. 밖으로 모양을 여읨이 곧 선이요, 안으로 산란하지 않음이 곧 정이니, 밖으로 선禪하고 안으로 정定하므로[外禪內定] 선정이라고 이름합니다.

《유마경》에서는, 「즉시 활연豁然하여 본심本心을 회복하였다」라고 하였고,《보살계》에서는,「본원本源의 자기 성품은

今[記汝]<旣如>是, 此法門中 何名[座]<坐>禪? 此法門中 一切無礙, 外於一切境界 上 念不去 爲[座]<坐>, [見]<內見>本[姓]<性>不亂 爲禪.
何名爲禪定? 外[雜]<離>相曰禪, 內不亂曰定. 外若有相 內[姓]<性>不亂 本自淨自定. 只緣境觸 觸卽亂, 離相不亂 卽定.

外離相卽禪, [內外]<內>不亂卽定, 外禪內定 故名禪定.

維摩經云, 「卽[是]<時>豁然 還得本心」, 菩薩戒云, 「本源[白

9. 좌선　161

청정한 것이다」라고 하였습니다.[10]

　선지식 여러분, 자기 성품이 스스로 깨끗함을 보아 스스로 닦고 스스로 지어야 합니다. 자신의 성품이 법신이고, 자기의 행이 붓다의 행[佛行]이며, 스스로 지어 스스로 불도佛道를 이루는 것입니다."[11]

姓]<自性>淸淨」.
善知識,　見自[姓]<性>自淨 自修自作. 自[姓]<性>法身, 自行佛行, 自作自成佛道.

【주해】

9 이제 혜능 대사께서 강조하시는 것이 무엇인지, 거의 윤곽이 드러났다. 이 분절에 이르러 다시 한 번 그 취지를 정리하고 있다.

　그런데 여기에서도 해석본들 사이에 이해가 엇갈리는 부분이 등장한다. 그것은 본문에서 「밖으로 일체 경계 위에서 생각을 버리지 않는 것이 '좌'」라고 번역한 「外於一切境界上 念不'去' 爲坐」의 대목 중 「念不去」 부분이다. 돈황본 이후의 다른 판본에는 이 대목이 「밖으로 일체의 선악 경계에 대하여 마음의 생각이 일어나지 않는 것을 좌라고 이름한다[外於一切善惡境界 心念不'起' 名爲坐].」로 되어 있다. 그래서 돈황본의 다른 해석본들 모두 이 「念不去」의 '念'은 망념을 가리키는 것으로 보고, '去'를 '起'의 오자로 보고 수정하여 풀이하고 있다.

　그러나 앞의 제8.3절 「莫百物不思 念盡除却 一念斷卽 無別處受生」의 이해에서 본 것처럼, 여기에서의 '念'도 반드시 망념으로 보아야 할 필요는 없다. 선정보다는 지혜에 더욱 중점을 두면서 기존의 수행법과 차별화를 의도하고 있는 글의 흐름으로 볼 때, 이 염은 오히려 소위 진여 본성에 대한 '염', 즉 진여의 작용인 '염' 으로 보는 것이 자연스럽다. 그래서 뒤이은 본문에서 선정이란, 망념을 일으키지 않는 것이 아니라, 대상과의 접촉에 의하여 망념 이 일어나 산란할 수 있지만, 밖으로 모양을 여의어 집착하지 않 고 안으로 성품이 산란하지 않은 것을 말한다고 하는 것이다.

그렇다면 이 '염'은 위 제8.3절에서와 같이 '일으키지 않아야 할[不起]' 것이 아니라, '버리지 않아야 할[不去]' 것이고, 따라서 원문대로 이해하는 것이 충분히 가능하다. 또 뒤의 제15.4분절에 이르면 드러나겠지만, 가령 이것을 망념으로 본다고 하더라도 마 찬가지로 이것은 버려야 할 것은 아니다.

10 경전 두 가지의 글을 인용한 것은 선정 수행의 요체가 이 자성 청정한 마음을 보는 데 있음을 증명하고, 나아가 마지막 결론으로 스스로 자신의 청정한 성품을 보아 불도를 이루도록 맺으려는 취 지인 것으로 보인다.

전자의 글은 《유마경》(상권) 제3 제자품弟子品<14-541상> 에서, 「그 때 유마힐이 삼매에 들어 이 비구들로 하여금 그들이 일 찍이 5백 붓다께서 계신 곳에서 온갖 덕의 뿌리[德本]를 심어 위 없는 보리에 회향廻向*했던 과거생의 일을 알게 하니, 그들은 즉 시 활연하여 본심을 회복하였다.」고 말한 것을 가리킨다. 글 중에 '활연'이라 함은 활짝 열리는 모양을 나타낸 것인데, 의심과 미혹이 깨끗이 풀리는 모양을 가리키는 것이다.

후자의 글은 제1부에 나온 《범망경梵網經》 하권<24-1003하> 에서 세존께서, 「나는 지금 이 대중들을 위하여 십무진장계품十無

盡藏戒品을 거듭 말한다. 이는 일체 중생의 계로서, 본원의 자기 성품은 청정한 것이다.」라고 말씀하신 것을 가리킨다.

* 회향 : 스스로 쌓은 공덕 내지 선근 등을 다른 중생을 위하여 되돌리는 것.

11 여래장사상에 기초하여 결론을 맺고 있다.

앞에서 본 5조 홍인의 『수심요론』<48-378하>에서도, 「경전에서 이르기를, 중생이 마음을 알아 스스로 제도한다[衆生識心自度]고 하였다. 붓다께서는 중생을 제도하실 수 없다. 만약 붓다께서 중생을 제도하실 수 있다고 한다면, 과거에 모든 붓다께서 항하의 모래와 같이 한량없었는데 어째서 우리들이 성불하지 못했겠는가?」라고 말하고 있다.

10. 삼신三身

10.1

"선지식 여러분, 모두 자기 몸으로 더불어 무상계[1]를 받아야 합니다. 동시에 저의 입을 따라 말하십시오.[2] 여러분들로 하여금 자신의 삼신불三身佛[3]을 보도록 하겠습니다.

'내 육신 속의 청정한 법신불에게 귀의합니다.

내 육신 속의 천백억 화신불에게 귀의합니다.

내 육신 속 당래원만當來圓滿[4] 보신불에게 귀의합니다.'

【이상 삼창三唱함】

육신은 집이므로[5] 귀의할 곳이라고 말할 수 없습니다. 앞의 삼신三身은 자신의 법성[6]에 있습니다. 세상 사람이 다 가졌지만, 미혹하여 보지 못하고 밖으로 삼신의 여래를 찾고, 자기 육신 속 세 가지 성품의 붓다[三性佛]는 보지 못하고 있습니다.

선지식들은 들으십시오. 여러분들에게

善知識, 惣須自體與受無相戒. 一時逐惠能口道. 令善知識見 自三身佛.

'於自色身　歸[衣]<依>淸淨法身佛.

於自色身　歸[衣]<依>千百億化身佛.

於自色身 歸[衣]<依>當來圓滿報身佛.'

【已上三唱】

色身是舍宅 不可言歸. 向者三身 在自法性. 世人盡有, 爲[名]<迷>不見 外覓[三]<三身>如來, 不見 自色身中三性佛. 善知識 聽. 汝善知

말하여, 여러분들로 하여금 자신의 육신 속에 자신의 법성法性이 삼신불을 가졌음을 보게 해 주겠습니다. 이 삼신불은 본성에서 생기는 것입니다."	識說, 令善知識 [衣]<於>自色身 見 自法性 有三身佛. 此三身佛 從性上生.

【주해】

1 이미 말한 바 있듯이 여기서부터 제13절까지는 무상계의 수계 의식을 겸한 설법이다. 그 구체적인 내용은 귀의삼신불, 사홍서원, 무상참회, 무상삼귀의의 순서로 되어 있다.

　그런데 이후의 다른 판본은 먼저 5분법신향五分法身香*을 전하고, 그 다음도 순서를 달리하여 무상참회, 사홍서원, 무상삼귀의, 귀의삼신불을 설하는 순서로 진행되고 있다. 돈황본에는 없는 오분법신향을 전하는 부분(원대본은 송대본과 달리, 오분법신향을 설하는 인연까지 자세히 부가하고 있는데, 이 부분은 생략하고 공통적인 부분만)을 아래에 옮겨 둔다.

　「"선지식 여러분이 이 자리에 함께 하고 있는 것은 모두 인연이 있었기 때문입니다. 이제 모두 무릎을 꿇고 앉으십시오. 먼저 자기 성품의 5분법신향을 전하고 다음에 무상참회를 드리겠습니다." 대중들이 무릎을 꿇고 앉자 대사께서 말씀하셨습니다.

　"첫째는 계향戒香이니, 곧 자기 마음속에 그릇됨과 악이 없고, 질투도 없으며, 탐욕과 성냄이 없고, 빼앗고 해침이 없는 것을 계향이라고 이름합니다.

둘째는 정향定香이니, 곧 여러 선악 경계의 모습을 보더라도 자기 마음이 산란하지 않는 것을 정향이라고 이름합니다.

셋째는 혜향慧香이니, 자기 마음에 걸림이 없고, 항상 지혜로써 자기 성품을 관조하여 어떠한 악도 짓지 않고, 비록 모든 선을 닦으면서도 마음이 집착하지 않으며, 윗사람을 존경하고 아랫사람을 생각하며 외롭고 가난한 사람을 불쌍히 여기는 것을 혜향이라고 이름합니다.

넷째는 해탈향解脫香이니, 곧 자기 마음이 반연하는 대상이 없어, 선도 생각하지 않고 악도 생각하지 않으며, 자재하여 걸림이 없는 것을 해탈향이라고 이름합니다.

다섯째는 해탈지견향解脫知見香이니, 자기 마음에 이미 반연할 바의 선악이 없지만, 공에 빠져 고요함만 지키지 않고, 모름지기 널리 배우고 많이 들어서 자기의 본심을 알고 모든 붓다의 이치를 통달하되, 그 빛을 감추어[和光] 사물을 접함에 아상과 인상이 없고 바로 보리에 이르러 참 성품[眞性]이 바뀌지 않는 것을 해탈지견향이라고 이름합니다.

선지식 여러분, 이 향은 각자 안에서 배이는[內薰] 것이므로 밖에서 찾아서는 안 됩니다."

* 오분법신향 : 열반을 증득한 성인이 계, 정, 혜, 해탈, 해탈지견의 다섯 가지 덕을 갖추고 있음을 향에 비유한 것. 사찰에서 아침 저녁의 예불의식은 이 다섯 가지 향을 올리는 것으로 시작한다고 한다. 후대의 판본에서 이 부분을 삽입한 것은 당시의 불교 의례를 감안한 것으로 생각된다.

2 아래의 원주에서 「已上三唱」이라 하여 세 번 복창하게 하고 있

는 수계방식은 지금의 보살계 수계의식과 거의 같다고 한다.

3 이 삼신이라는 것은 불신佛身 관념의 발전에 따라 등장한 것이다. 붓다 재세시에는 별다른 불신 관념이 필요 없었지만, 붓다께서 입멸하시고 나자 중생의 제도를 위해 입멸하신 붓다를 대신하는 신앙대상으로서의 붓다를 내세울 필요가 있었을 것임은 짐작하기 어렵지 않다. 이러한 필요에서 처음에는 육신을 가진 붓다와, 육신을 초월하여 붓다께서 실현한 깨달음 자체를 상징하는 붓다라는 두 가지의 불신 개념이 성립된다. 이것은 말하자면 색신과 법신의 이신관이라고 할 수 있다.

그러던 것이 다시 삼신관으로 발전하게 되는데, 이 삼신관은 경전이나, 종파나 학파에 따라 용어와 개념이 반드시 일치하지 않는다. 법신·응신·화신의 삼신관(응신과 화신은 같은 개념으로 쓰이기도 하지만, 다른 개념으로 쓰이기도 함)도 있고, 법신·보신·응신의 삼신관도 있으며, 자성신·수용신·변화신의 삼신관도 있는 등 여러 가지인데, 이 『단경』에서 말하는 법신·보신·화신의 삼신이 가장 일반적인 것이라고 말할 수 있다. 그렇지만 이 일반적인 삼신관에서도 그 삼신 각각이 모두 통일된 개념으로 이해되고 있는 것은 아니다. 여기에서 이 불신의 개념을 모두 정리하기는 어려우므로, 그 중 가장 일반적으로 이해되고 있는 위 법신·보신·화신의 개념을 우선 정리해 두고자 한다.

먼저 법신은 붓다께서 깨달으신 궁극의 진리 그 자체를 말한다. 비록 신체라는 이름을 쓰고 있지만, 형체가 없는 것으로, 진실 그 자체를 추상화한 것이다. 또는 이 법신을 궁극의 진리가 갖고 있는 온갖 청정한 법의 집합으로 이해하기도 하는데, 이 경우에는 이 '법신'을 이러한 법法의 무리[身]라는 뜻으로 이해하는 것이다.

보신은 붓다가 되기 전에 지은 한량없는 수행과 원력의 과보로서 받은, 온갖 공덕을 갖춘 이상적인 인격체로서의 불신을 말한다. 범부의 눈으로는 볼 수 없고, 견도를 한 지상地上의 성인에게만 신체를 나타낸다고 한다.

화신은 중생을 구제하기 위해 변화하여 나타난 불신으로, 중생의 원에 응하여 나타나므로 응신應身이라고도 한다. 석가모니와 같은 역사적인 붓다는 모두 화신에 해당한다. 그리고 이 화신은 붓다의 몸으로뿐만 아니라 온갖 모습으로 변화하여 나타난다고 설명된다.

그런데 이 『단경』에서는 삼신불을 이와 같은 객관적 개념으로서가 아니라, 자기의 본성에 구족되어 있는 불신으로서 설명하고 있다는 점에서 독창적인 특색을 보이는데, 이는 후대에서 더욱 인용되고 발전된다.

4 '당래'라 함은 장래를 뜻하는데, 보신은 과보로서의 불신이므로 인위因位에 대하여 장래의 의미가 있음을 반영한 것이다. '원만'은 보신의 과보의 공덕이 원만함을 의미한다.

5 '집'이라는 것은 주인이 아니라는 의미이다. 뒤의 제21.2절에도 육신은 집, 마음은 땅, 불성은 주인이라는 비유가 나온다.

6 원래 '법성dharmatā'은 현상[法]의 근본적인 성품이라는 뜻으로, 연기를 뜻하는 말이다. 그래서 이것은 모든 법의 진실한 성품을 가리키는 법계, 진여 등과 같은 뜻으로 사용된다. 따라서 여기에서는 진여를 뜻하는 자신의 불성을 가리키는 것이고, 『단경』에서 자주 사용되는 자신의 '성품'과 같은 뜻으로 사용된 것이다.

10.2

"무엇을 청정 법신불이라고 이름합니까?

선지식 여러분, 세상 사람의 성품은 본래 스스로 깨끗하고 만 가지 법[萬法]이 자신의 성품[自性]에 있습니다. 일체의 악한 일[惡事]을 생각하면 곧 악을 행하게 되고, 일체의 선한 일[善事]을 생각하면 문득 선행善行을 닦게 됩니다. 이와 같이 일체의 법이 모두 다 자신의 성품에 있고, 자신의 성품은 항상 청정하다는 것을 알아야 합니다.

해와 달은 항상 밝지만 단지 구름에 덮여 가리게 되면 위는 밝아도 그 아래는 어두워서 일월성신日月星辰을 분명히 볼 수 없는 것입니다.[7] 그러다가 홀연히 지혜의 바람[惠風][8]이 불어 구름과 안개를 모두 다 걷어 버리면 삼라만상이 일시에 모두 나타납니다.

세상 사람의 성품의 청정함도 마치 맑은 하늘과 같고, 반야[惠]는 해와 같고 지혜[智]는 달과 같습니다.[9] 지혜와 반야는 항상 밝지만, 밖으로 경계에 집착하여 망념

何名　淸淨[身]<法身>佛?

善知識, 世人 性本自淨　萬法在自[姓]<性>. 思量一切[事]<惡事>　卽行[衣]<於>惡, 思量一切善事 便修於善行. 知　如是一切法盡在自[姓]<性>,　自[姓]<性>常淸淨.

日月常[名]<明>　只爲雲覆蓋　上[名]<明>下暗 不能了見 日月[西]<星>辰. 忽遇惠風吹散 卷盡雲霧 萬像參羅 一時皆現.

世人性淨　猶如淸天, 惠如日 智如月. 智惠常[名]<明>, 於外[看敬]<著境> 妄念浮雲

의 뜬구름이 덮어 가려 자신의 성품이 밝아질 수 없는 것입니다. 그러므로 선지식을 만나 참된 법[眞法]을 열고 미망迷妄을 불어 물리치면, 안팎이 밝게 사무쳐[內外明徹]¹⁰ 자기 성품 가운데 만 가지 법이 모두 나타나게 됩니다. 일체의 법이 스스로 성품 가운데 있는 것을 이름해서 청정법신불이라고 하는 것입니다.

자기에게 귀의한다[自歸依]는 것은, 선하지 못한 행[不善行]을 없애는 것, 이것을 귀의라고 이름합니다."¹¹

蓋覆 自[姓]<性>不能明. 故遇善知識 開眞法 吹却[名]<迷>妄, 內外[名]<明>徹於自[姓]<性>中 萬法皆見. 一切法自在[姓]<性> 名爲淸淨法身佛.

自歸[衣]<依>者, 除不善行 是名歸[衣]<依>.

【주해】

7 5조 홍인의 『수심요론修心要論』 서두<48-377상>에, 「(문) 자기의 마음이 본래 청정함을 어떻게 아는가? (답)《십지경十地經》에 이르기를, 중생의 몸 가운데 금강과 같은 불성이 있으니, 마치 태양과 같이 그 체가 밝고 원만하며 광대무변하지만, 단지 오음의 검은 구름에 덮여 있는 것이, 마치 병 속의 등불이 비추지 못하는 것과 같다.」라는 표현이 있는데, 본문은 같은 맥락의 비유이다.

8 80권본《화엄경》제51권 여래출현품如來出現品<10-272중>에서, 「여래도 또한 그와 같아 큰 지혜의 바람[智風]이 있으니 이름이 능멸能滅이라, 능히 일체의 큰 보살들의 번뇌의 습기習氣*를 소멸시

킨다.」라고 한 표현에서 유사한 용례를 찾을 수 있다.

다만 같이 '지혜의 바람'이라고 번역되었지만 뜻에는 차이가 있다. 왜냐 하면 같이 지혜라고 번역되면서도, '지智'는 근본지와 후득지 전반을 포함하는 개념으로 널리 쓰이지만, '혜惠=慧'는 단독으로 쓰일 때에는 근본지만을 한정하여 가리키는 뉘앙스가 있기 때문이다. 그러므로 '혜惠=慧'와 '지智'가 서로 병립하여 대비되는 방법으로 쓰이고 있을 때에는 '혜惠=慧'는 근본지, '지智'는 후득지의 의미로 쓰인다. 그래서 이 경우에는 전자는 '반야', 후자는 '지혜'라고 번역하여 구분하는 것이 바람직하다.

본문의 '지혜의 바람[惠風]'과 예문으로 든 《화엄경》의 '지혜의 바람[智風]'은 두 용어가 병립하고 있는 것은 아니고 각각 단독으로 사용되고 있지만, 전자는 법신을 드러나게 하는 것이라는 점에서 반야의 의미이고, 후자는 보살을 교화하는 것이라는 점에서 후득의 지혜를 가리키는 취지이므로, 의미에 차이가 있다는 것이다.

* 습기 : 익힌 기운이라는 뜻. 업이나 번뇌가 일어났다가 사라진 후 남게 되는 힘 내지 공능을 말하는 것으로서, 유식론에서는 이것이 장차 다시 업과 번뇌를 일으키는 종자가 된다고 한다.

9 바로 이것이 반야와 지혜가 대비되어 사용된 예이다. 반야는 근본이고, 지혜는 근본된 반야에 기초하여 얻어진 후득의 지혜라는 점에서, 태양과 그 태양의 빛을 받아 반사해서 빛을 내는 달과 유사하다고 할 수 있다.

10 이 '안팎이 밝게 사무친다'라고 하는 '내외명철'은, 안[내]과 밖[외]이 서로 밝게[명] 통하여 뚫려서[철] 안팎의 구분이 없어졌다는 뜻이다. 주관과 객관의 분립이 허물어져 분별이 멈추었음

을 나타내는 것인데, 깨달음의 징표로서 사용되어 온 표현이다.

뒤의 제18.2절에서도,「자기 성품의 마음의 땅[心地]에서 지혜로써 관조하여 안팎이 밝게 사무치면[內外明徹] 자기의 본심을 알게 되고, 만약 본심을 알면 이것이 곧 해탈」이라고 하고 있고, 또 제21.2절에서도,「자기의 마음의 땅 위의 깨달은 성품의 여래가 큰 지혜를 놓아서 그 광명이 환히 비추어 육문六門이 청정해져서, 욕계의 여섯 하늘을 비추어 부수고, 아래로 비추어 삼독三毒*을 만약 제거한다면, 지옥이 일시에 소멸하고 안팎이 밝게 사무쳐[內外明徹] 서방과 다르지 않을 것」이라고 하고 있다.

《수능엄경》 제10권<19-154중>에서,「··· 보는 것과 듣는 것이 서로 통하여 시방세계와 신심身心이 수정[吠琉璃]처럼 내외명철하리니 이를 식음識陰이 다하였다고 하는 것이다. ··· 식음이 다하면 곧 너의 현전現前의 모든 감각기관[根]을 호용互用*하리니 ··· 원명정심圓明精心이 그 중에서 피어서 마치 깨끗한 유리 속에 보배 달을 담은 듯하고[如淨琉璃 內含寶月] ··· 여래의 묘장엄해에 들어가 보리를 원만하여 얻을 것 없음[無所得]에 돌아갈 것이다.」라고 한 것은 유명한 글이다.

또《화엄경》 제39권 십지품十地品<10-209중>에는, 대마니주大摩尼珠가 다른 보배들을 뛰어넘는 열 가지 성품 중의 하나로서, 안팎이 밝게 사무친 것을 들면서, 보살의 방편과 신통이 안팎으로 밝게 사무친 것이 모든 성인을 뛰어넘는 열 가지 일의 하나로서 드는 용례를 보인다.

* 삼독 : 탐욕·진에·우치라는 세 가지 근본번뇌를 가리킨다.
* 근을 호용 : 육근의 경계가 소멸하여, 눈으로 듣기도 하고, 귀로 보

기도 하는 등 여섯 감각기관의 인식 경계가 사라진다는 것을 의미한다.

11 앞 문장과의 연결이 부자연스러워 보인다. 그래서인지 후대의 다른 판본들은 모두 이 부분이 아래와 같이 자세하게 되어 있다. 「선지식 여러분, 자신의 마음이 자신의 성품에 귀의하는 것이 진정한 붓다[眞佛]에게 귀의하는 것입니다. 자기에게 귀의하는 것[自歸依者]이란 자기 성품 가운데 있는 불선심不善心, 질투심, 교만심, 오아심吾我心, 광망심誑妄心, 경인심輕人心, 만인심慢人心, 사견심邪見心, 공고심貢高心과 일체시 중에서의 선하지 못한 행을 모두 없애고, 항상 자기의 허물을 보고 남의 좋고 나쁨을 말하지 아니하는 것이 바로 자기에게 귀의하는 것입니다. 항상 마음을 낮추어[下心] 널리 공경을 행하면 곧 성품을 보아 통달하고 다시는 걸림이 없을 것이니, 이것이 자기에게 귀의하는 것입니다.」

10.3

"무엇을 천백억[12] 화신불이라고 이름합니까?

생각하고 헤아리지 않으면[不思量] 성품은 공적空寂하지만, 생각하고 헤아리면 곧 스스로 변화[自化]합니다.[13] 악한 법을 사량하면 변화하여 지옥이 되고, 선한 법을 사량하면 변화하여 천당이 됩니다. 미워하고 해침[毒害]은 변화하여 축생이 되고, 자비는 변화하여 보살이 됩니다. 지혜는 변화하여 상계上界가 되고, 어리석음[愚癡]은 변화하여 하계下方로 됩니다.[14]

자기 성품의 변화가 매우 많은데도 미혹한 사람은 스스로 알고 보지 못합니다. 한 생각이 선하면 지혜가 생겨납니다. (이것을 자기 성품의 화신불이라고 이름하는 것입니다.)"[15]

何名爲 千百億化身佛?

不思量 性卽空寂, 思量 卽是自化. 思量惡法 化爲地獄, 思量善法 化爲天堂. 毒害 化爲畜生, 慈悲 化爲菩薩. 智惠 化爲上界, 愚癡 化爲下方.

自[姓]<性>變化 甚[名]<多> 迷人自不知見. 一念善 [知]<智>惠卽生.
(此名 自性化身佛.)

【주해】

12 화신은 앞서 언급한 것처럼 붓다 뿐만 아니라 온갖 사물로 변화하여 나타날 수 있음을 나타낸다.

13 '생각하고 헤아리지 않아 성품은 공적'한 것, 곧 생각이 일어나기 전의 자기의 성품이 붓다이고 법신이며 여래임을 전제로, 생각하여 변화한 것은 모두 화신불이라는 독특한 설명이다. 이것은 기존의 삼신관에서는 찾아보기 어려운 것이지만, 일체의 중생에게 모두 불성이 있고, 그 모든 중생의 마음이 여래임을 상기한다면 충분히 가능한 설명이다.

14 보통 삼계三界 중 색계色界와 무색계無色界를 상계라 하고, 욕계欲界를 하계라 한다. 그러나 윤회하는 육도 중에서 구분할 경우에는 욕계 중 하늘(=욕계6천)과 인간은 상계, 삼악도는 하계로 분류하기도 한다.

15 후대의 판본에는 이 자리에, 본문의 괄호 속의 표현「이것을 자기 성품의 화신불이라고 이름하는 것입니다.」와, 다음 분절 처음의 괄호 속의 표현「무엇을 원만 보신불이라고 이름합니까?」가 들어 있지만, 돈황본 중에는 어떤 판본에도 이 표현이 없다. 이 표현이 없으면, 화신불을 맺는 부분과 보신불의 물음을 일으키는 부분이 없게 되어, 글의 구조에 문제가 생긴다. 필사의 기초가 된 돈황본 판본 중 이 둘을 묶은 1행이 필사과정에서 누락되었을 가능성이 없지 않다. 그래서 이것이 누락된 것으로 보고 괄호로 보충하였다.

10.4

"(무엇을 원만 보신불이라고 이름합니까?)[16]

하나의 등불이 능히 천 년의 어둠을 없애고, 하나의 지혜가 능히 만 년의 어리석음을 소멸시킵니다.[17]

과거[前]를 생각치 말고 항상 뒤[後][18]를 생각하십시오. 항상 뒷생각[後念]이 선한 것을 보신이라고 이름합니다. 한 생각 악함의 과보가 천 년의 선을 그치게 하고, 한 생각 선함의 과보가 천 년의 악을 소멸하게 합니다. 항상함이 없는 때로부터[無常已來][19] 뒷생각이 선한 것을 보신이라고 이름합니다."

(何名 圓滿報身佛?)
一燈 能除千年闇,
一智 能滅萬年愚.

莫思向前 常思於後.
常後念善 名爲報身.
一念惡報 却千年善[心]<止>, 一念善報 却千年惡滅.
無常已來 後念善 名爲報身.

【주해】

16 앞 분절에서 본 것처럼 돈황본에는 없는 것을 보충한 것이다.

17 보신불이라는 것은 자신의 성품[佛]으로부터 일어난 생각이 선함에 의해 응당 받게 되는 과보[報]임을 시사하기 위해 동원된 비유라고 생각되는데, 기존의 경전에도 등장하는 비유이다.

예컨대 《대보적경大寶積經》 제112권<11-634중>에는, 「"비유컨대 천 년 동안 어두웠던 방이 일찍이 밝음을 보지 못했는데 만약 등불을 켰다면 네 생각에는 어떠냐? 어둠이 생각하기를, 내가 여기에 오래 머물렀으니 가고 싶지 않다고 하겠느냐?" "세존이시여, 그렇지 않습니다. 만약 등불을 켰다면 이 어둠은 힘이 없어 떠나고 싶지 않아도 반드시 사라지고 맙니다." "가섭이여, 그러하다. 백천만 겁 동안 오래 익혀 맺어진 업[久習結業]도 하나의 진실[一實]로 관찰하면 모두 소멸된다. 그 등불의 밝음은 성스러운 지혜이고, 그 캄캄한 어둠은 모든 맺어진 업이다."」라고 한 글이 있고,

또 80권본《화엄경》제78권<10-432하>에는, 「비유하면 하나의 등불이 어두운 방에 들어가면, 백천 년의 어둠은 모두 다 부서지는 것과 같이, 보살마하살의 보리심의 등불도 역시 이와 같이 중생의 마음의 방 안에 들어가면 백천만억 불가설 겁의 모든 업과 번뇌의 갖가지 어두운 장애는 모두 다 없어지고 만다.」라고 한 글 등이 보인다.

18 여기에서의 '뒤'는 지나간 '앞'(=과거)에 상대되는 뒤이므로 현재를 뜻하는 것이라고 해석하는 것이 일반적이다. 자기의 성품 즉 법신에서 일어나는 '현재 생각의 선함'에 의해 받는 과보가 보신불이라는 취지이다.

19 원문이 흔히 볼 수 없는 '無常已來'로 되어 있어 해석이 어려운 대목이다. 그래서 일부 돈황본의 해석본들은, 이것이 흔히 쓰이는 '無始已來'라는 표현의 오기로 보고 번역하기도 한다.

참고로 후대본의 이 부분 표현을 보면, 흥성사본에는 「直至無常 念念自見 不失本念 名爲報身」(국내 번역본은 「그대로 죽음

에 이르기까지 일념일념으로 스스로 명심하면서 본디의 마음을 잃지 않는 것을 일컬어 보신이라 한다」라고 번역하고 있음)」이라고 되어 있고, 대승사본에는「直至無上(곧바로 위 없음에 이르러) 念念自見 不失本念 名爲報身」이라고 되어 있으며, 원대본에는「直至無上菩提(곧바로 무상보리에 이르러) 念念自見 不失本念 名爲報身」이라고 되어 있다.

10.5

"법신에서부터 생각하고 헤아리는 것[從法身思量]이 곧 화신이고, 생각생각이 선한 것이 곧 보신입니다.[20]

  스스로 깨닫고 스스로 닦는 것[自悟自修]을 곧 귀의라고 이름합니다. 가죽과 살[皮肉]은 육신이라 집이므로, 귀의할 곳이 아닙니다.[21]

  단지 삼신을 깨닫기만 하면 곧 큰 뜻[大意]을 알게 됩니다."

從法身思量 卽是化身, 念念善 卽是報身.

自悟自修 卽名歸[衣]<依>也. 皮肉是色身 是舍宅, 不在歸依也.

但悟三身 卽識大[億]<意>.

【주해】

20 삼신불에게 귀의하는 것이 무엇인지를, 지금까지 설명해 온 '삼신불'과 '귀의'라는 두 가지 관점에서 결론내리면서, 마지막 문장에서 이 뜻을 깨닫기만 하면 큰 뜻을 알게 된다고 요약한다.

  처음 '법신에서부터 생각하고 헤아리는 것'이라는 표현의 의미에 대해 번역본들 사이에 이해가 엇갈리고 있지만, 뜻하는 바는 명백하다고 생각된다. 모든 중생이 갖고 있는 자기의 마음이 법신이다. 이 마음의 성품은 자성이 청정하고, 갖지 아니한 법 없이 모두 구족하고 있다. 생각하고 헤아리지 않으면 이 성품은 공적空寂해서 그대로 법신이지만, 여기 '법신에서부터 생각하고 헤아리면'

곧 스스로 변화해서 화신불이 된다. 이 생각하고 헤아림이 선하면 모든 번뇌와 어둠을 모두 다 사라지게 하고 원만한 보신불이 되는 것이다. 이와 같이 삼신은 모두 자기 마음에 있는 것이다. 그러므로 이 자기의 성품을 스스로 닦고 스스로 깨달을 것이지, 밖으로 삼신을 찾아서는 안된다는 것이다.

그런데 이 자기의 마음, 성품, 불성이란 무엇이라고 했던가?

21 위와 같은 관점에서 귀의의 뜻을 정리하고 있다.

11. 네 가지 서원 [四願]

11.1

"이제 이미 삼신불에게 스스로 귀의하였으니, 선지식들과 더불어 사홍서원[四弘大願][1]을 일으키겠습니다. 선지식 여러분, 다 함께 저를 따라 말하십시오.

今旣自歸依 三身佛已, 與善知識 發四弘大願. 善知識, 一時 逐惠能道.

가없는 중생 다 건네기 서원합니다
가없는 번뇌 다 끊기 서원합니다
가없는 법문 다 배우기 서원합니다
위 없는 불도 이루기 서원합니다"
【삼창三唱함】

'衆生無邊誓願度,
煩惱無邊誓願斷,
法門無邊誓願學,
無上佛道誓願成'
【三唱】

【주해】

1 네 가지 큰 서원이라는 뜻. 법회에서 빠짐없이 송하는 중요한 의식 내용의 하나이다.

그 원형은 《소품小品반야바라밀경》(제8권)<8-575상>에서, 「나는 스스로 건넘을 얻었으니 아직 건너지 못한 자를 건네 주어야 하고[我自得度 當度未度者], 나는 스스로 벗어남을 얻었으니 아직 벗어나지 못한 자를 벗어나게 해 주어야 하며[我自得脫 當脫未脫

者], 나는 스스로 안온함을 얻었으니 아직 안온하지 못한 자를 안온하게 하여야 하고[我自得安 當安未安者], 나는 스스로 멸도하였으니 아직 멸도하지 못한 자를 멸도하게 하여야 한다[我自滅度 當度未滅度者].」라고 하고, 《마하반야바라밀경》(제19권)<8-358하>에 있는 유사한 표현의 글에서 찾을 수 있다.

이것이 《대승본생심지관경大乘本生心地觀經》(제7권)<3-325중>에서, 「선남자여, 일체의 보살은 다시 네 가지 서원[四願]이 있어 중생을 성숙하고 삼보를 주지住持하여 바다가 마를 때까지 끝내 물러서지 않는다. 무엇이 네 가지인가? 첫째 일체 중생을 제도하기 서원하는 것[誓度一切衆生]이고, 둘째 일체 번뇌를 끊기 서원하는 것[誓斷一切煩惱]이며, 셋째 일체 법문을 배우기 서원하는 것[誓學一切法門]이고, 넷째 일체 불과佛果를 증득하기 서원하는 것[誓證一切佛果]이다.」라고 하는 글로 발전하였다가, 천태지의에 이르러 본문의 네 가지가 사홍서원으로 확립된 것으로 생각된다.

지의는 그의 『석선바라밀차제법문釋禪波羅蜜次第法門』 제1권의 상上에서, 「무엇이 보살의 발심의 모습인가? 소위 보리심을 발하는 것이다. 보리심이란 곧 보살이 중도의 지혜로 제법의 실상을 바르게 관찰하고 일체의 중생을 불쌍히 여겨 대비심을 일으키고 사홍서원을 발하는 것이다. 사홍서원이란, 첫째 아직 제도되지 못한 중생으로 하여금 제도되게 하는 것이니[未度者令度], 중생무변서원도라고도 한다. 둘째 불법을 알지 못하는 중생으로 하여금 알게 하는 것이니[未解者令解], 번뇌무수無數서원단이라고도 한다. 셋째 편안하지 못한 중생을 편안하게 해 주는 것이니[未安者令安], 법문무진서원지誓願知라고도 한다. 넷째는 열반을 증득하지 못한 중생으로 하여금 증득하도록 해 주는 것이니[未得涅槃令得涅槃], 무상불도서원성이라고도 한다.」라고 하였다.

위 내용 중 「未度者令度, 未解者令解, 未安者令安, 未涅槃者令得涅槃」은 《법화경》(제3권) 제5 약초유품藥草喩品<9-19중>의 글에서 따온 표현일 것이다.

11.2

"선지식 여러분, 가없는 중생을 다 건네기[度]² 서원한다는 것은, 제가 건네는 것이 아닙니다. 선지식들의 마음 속 중생이 각자 자기 몸에 있는 자기의 성품으로 스스로 제도하는[自性自度] 것입니다.³

무엇을 자기의 성품으로 스스로 제도하는 것이라고 이름합니까? 자기 육신 중의 사견, 번뇌, 어리석음, 미망에 스스로 본각本覺의 성품이 있으므로,⁴ 바른 견해[正見]⁵로써 제도하는 것입니다. 이미 바른 견해를 깨달았으니 반야의 지혜가 어리석음과 미망을 제거해 버리므로, 중생이 각자 스스로 제도하는 것입니다.

삿됨[邪]이 오면 바름[正]으로 제도하고, 미혹[迷]이 오면 깨달음[悟]으로 제도하며, 어리석음[愚]이 오면 지혜[智]로 제도하고, 악이 오면 선으로 제도하며, 번뇌가 오면 보리로 제도합니다. 이렇게 제도하는 것을 참된 제도[眞度]라고 이름합니다."

善知識, 衆生無邊誓願度, 不是惠能度. 善知識 心中衆生 各於自身 自[姓]性自度.

何名 自[姓]性自度? 自色身中 邪見煩惱 愚癡[名]迷妄 自有本覺性, 將正見度. 旣悟正見 般若之智 除却愚癡迷妄, 衆生 各各自度.

邪[見]來正度, 迷來悟度, 愚來智度, 惡來善度, 煩惱來菩[薩]提度.

如是度者 是名眞度.

【주해】

2 제1절에서 본 바라밀의 의역어 '도피안度彼岸'의 '도度'로서, 건너다는 뜻인데, 제도濟度한다는 말로도 옮길 수 있다.

3 앞서 본 5조 홍인의 『수심요론』에서, 「경전에서 이르기를, 중생이 마음을 알아 스스로 제도한다[衆生識心自度]고 하였다. 붓다께서는 중생을 제도하실 수 없다. 만약 붓다께서 중생을 제도하실 수 있다고 한다면, 과거에 모든 붓다께서 항하의 모래와 같이 한량없었는데 어째서 우리들이 성불하지 못했겠는가?」라고 한 것과 같은 맥락이라고 하겠다.

4 「자기 육신 중의 사견, 번뇌, 어리석음, 미망에 스스로 본각本覺의 성품이 있다」는 것은 이제까지 보아 온 이치가 그대로 적용된 표현이다.

요약하자면 일체의 중생은 모두 불성을 갖고 있다. 이 불성=진여=본각을 깨닫지 못하기 때문에 무명에 의하여 깨닫지 못하는 사이에 생각이 일어나고, 이것에 집착하기 때문에 갖가지 번뇌가 일어난다. '자기 육신 중의 사견, 번뇌, 어리석음, 미망'이란 이 번뇌와 그 기초가 되는 무명의 다른 이름이다. 그렇지만 이 번뇌와 무명은 자상이 없고, 조그만 체도 없는 것으로, 그 실제의 모습은 본각이다. 만약 본각이 없다면 무명과 번뇌도 없다. 그래서 생각은 진여의 작용이고, 진여는 생각의 체라고 하였다.

그러니 「자기 육신 중의 사견, 번뇌, 어리석음, 미망에 스스로 본각本覺의 성품이 있다」는 정도가 아니라, 「자기 육신 중의 사견, 번뇌, 어리석음, 미망」의 진실한 성품이 바로 본각인 것이다. 그래서 뒤의 제15.2절에 이르면 '곧 번뇌가 보리[卽煩惱是菩提]'라고까지 말하는 것이다.

5 팔정도의 하나인 '바른 견해'를 가리키는 것이지만, 여기에서 말하는 취지는, 무엇을 가리켜 바른 견해라고 하는가의 관점이다. 자기의 마음에 있는 본각의 성품, 곧 불성이 있음을 자각하고, 그것으로써 스스로 제도해야 한다는 것을 아는 것, 그것이 바른 견해라는 것을 말하고자 하는 것이다.

11.3

"가없는 번뇌를 다 끊기 서원한다는 것은, 자기 마음으로 허망을 없애는 것입니다.

　가없는 법문을 다 배우기 서원한다는 것은, 위 없는 바른 법[無上正法]을 배우는 것입니다.

　위 없는 불도를 이루기 서원한다는 것은, 항상 하심행下心行⁶으로 일체를 공경하고 미혹한 집착을 멀리 여의어서, 깨닫는 지혜[覺智]가 반야를 내어 미망迷妄을 없애버리면, 곧 불도가 이루어지고 서원의 힘[誓願力]이 행하여졌음을 스스로 깨달을 것입니다."⁷

煩惱無邊誓願斷, 自心 除虛妄.

法門無邊誓願學, 學無上正法.

無上佛道誓願成, 常下心行 恭敬一切 遠離迷執, 覺[知]智生般若 除却迷妄, 卽自悟 佛道成 行誓願力.

【주해】

6 '하심下心'으로 행한다는 것인데, 이 하심은 자기를 낮추는 마음을 말한다. 불교에서 이것을 중시하는 것은 도덕적인 측면보다는 불교적 원리에 의거해서이다. 오온의 상속 외에 개체적인 자아란 없다는 것이므로, 거만함은 물론 스스로를 높일 근거가 없다. 오히려 거만이나 교만은 깨달음에 이르는데 유익하지 않은[不善] 번

뇌일 뿐이라는 것이다.

이러한 불교의 근본원리에서 더 나아가 여래장사상에 입각하게 되면, 일체의 중생에게는 불성이 있으므로, 모든 중생을 붓다라고 생각해야 한다. 거만이 발붙일 근거가 없는 셈이다. 나에게 있는 불성은, 거만의 근거가 되는 것이 아니라, 하열한 마음을 버리고 정진하는 마음—나에게도 불성이 있으므로, 정진하면 붓다를 이룰 수 있다는 마음—을 갖는 근거로 될 뿐이다. 이것이 여래장사상에서 천명하는 것임은 이미 앞에서도 보았다.

경전에서 이것을 극단적으로 나타내고 있는 것이 《법화경》(제6권) 제20 상불경보살품常不輕菩薩品<9-50하>의 글이다. 여기에서 세존께서는,「한 보살비구가 있었으니 이름이 상불경보살이었다. 득대세보살이여, 무슨 인연으로 이름을 상불경이라 하였는가 하면 이 비구가 만나는 이는, 비구거나 비구니거나 우바새거나 우바이거나 모두 예배하고 찬탄하면서, "나는 당신들을 깊이 공경하고 감히 교만하게 가벼이 여기지 않습니다. 왜냐 하면 당신들은 모두 보살도를 행하여 장차 붓다를 이룰 것이기 때문입니다."라고 말하였다. … 사부대중 가운데 성내는 마음을 내어 깨끗치 못한 이가 있어 나쁜 말로 욕설을 하면서, "이 무지한 비구야, 어디서 왔길래 스스로 '내가 당신들을 가벼이 여기지 않습니다.'라고 말하고, 우리들에게 장차 성불할 것이라고 수기授記를 주느냐? 우리들은 그런 허망한 수기는 필요 없다."라고 말하였다. 이렇게 여러 해를 지나면서 항상 욕설을 먹어도 화를 내지 않고 항상 "당신들은 장차 붓다를 이룰 것입니다."라고 말하였다. … 득대세보살이여 어떻게 생각하느냐? 그 때의 상불경보살이 어찌 다른 사람이겠는가? 바로 나 자신이었다.」라고 말씀하시고 있다.

7 이 부분의 원문 「卽自悟佛道成行誓願力」은 해석하기 쉽지 않다. 그래서 번역본들마다 번역이 다르고, 끊어 읽는 곳도 다르다. 소개하자면 「곧 스스로 깨쳐 불도를 이루어 맹세코 바라는 힘을 행하는 것이다」(성철, 청화), 「곧바로 스스로 깨달아 불도를 이루는 것이니 서원의 힘이 실행된 것이다」(정성본), 「곧 스스로 깨달아 불도를 이루어 서원의 힘을 행하는 것이다」(지묵), 「곧 스스로 불도를 깨닫는 것이며, 서원의 힘을 이루어 행하는 것이다」(정유진) 등이다.

12. 참회懺悔

"이제 이미 사홍서원을 일으켜 마쳤으니, 선지식들에게 무상참회無相懺悔[1]를 주어 삼세三世의 죄업의 장애[罪障]을 소멸케 하겠습니다."

대사께서 말씀하셨다.

"선지식 여러분, 앞의 생각[前念]과 뒤의 생각[後念] 및 지금의 생각[今念]이 순간순간 어리석음과 미혹[愚迷]에 물들지 않고, 지난날의 악한 행위[惡行]를 일시에 영원히 끊어 자기의 성품에서 만약 제거한다면 곧 이것이 참회입니다. 앞의 생각과 뒤의 생각과 지금의 생각이 순간순간 어리석음에 물들지 말고, 지난날의 속이는 마음[矯誑心]을 없애 버리십시오. 영원히 끊는 것[永斷]을 자기 성품의 참회라고 합니다. 앞의 생각과 뒤의 생각 및 지금의 생각이 순간순간 질투[妬疽]에 물들지 말고 지난날의 질투심을 없애 버리십시오. 자기의 성품에서 없앤다면 곧 이것이 참회입니다.[2]

【이상 삼창함】

선지식 여러분, 무엇을 참회라고 이름

今旣發 四弘誓願訖, 與善知識 無相懺悔[三]<滅三>世罪障"

大師言.

"善知識, 前念後念及今念 [念]<念念>不被愚迷染, 從前惡行一時永斷 自[姓]<性>若除 卽是懺悔. 前念後念 及今念 念念[被]<不被>愚癡染, 除却從前矯誑心. 永斷 名爲自性懺. 前念後念[及]<及今念> 念念不被[疽妬]<妬疽>染 除却從前 疾[垢]<妬>心. 自性若除 卽是懺.

【已上三唱】

善知識, 何名懺悔?

합니까? 참懺이란 종신終身토록 짓지 않는 것[終身不作]이요, 회悔란 과거의 그릇됨을 아는 것입니다.³ 악업이 늘 마음에서 떠나지 않는다면, 모든 붓다 앞에서 입으로 말하여도 이익이 없습니다. 나의 이 법문 중에서는 영원히 끊고 짓지 않음[永斷不作]을 이름하여 참회라고 합니다."

[者]<懺者> 終身不作, 悔者 知於前非. 惡[葉]<業> 恒不離心, 諸佛前 口說無益. 我此法門中 永斷不作 名爲懺悔.

【주해】

1 외형적 참회가 아닌 근원적인 참회를 의미한다. 아래의 설법에 의하면 자기의 성품을 깨달아 근원적으로 죄업이 일어나지 못하게 하는 참회를 말하는 것이다. 이러한 의미의 무상참회는, 2조 혜가와 3조 승찬 사이의 참회에 관한 문답을 연상케 한다. 『경덕전등록』 제3권 혜가 대사 편에 아래와 같이 기록되어 있다.

「어떤 거사 하나가 40세가 넘었음 직한데 대사께 와서 성명도 말하지 않은 채 절을 하고 말했다. "제자가 몸에 풍질風疾을 앓고 있습니다. 화상께서 참회시켜 주시기를 청합니다."

대사께서 말씀하셨다. "죄를 가져오너라[將罪來], 그대를 참회시켜 주겠다[與汝懺]."

거사가 한참 후에 말하였다. "죄를 찾아도 찾을 수가 없습니다[覓罪不可得]."

대사께서 말씀하셨다. "내가 그대의 죄를 모두 참회하여 주었다. 이제 불법승 삼보에 의지하여 머물라."

거사가 다시 물었다. "지금 스님을 보니 승보는 알겠으나, 어떤 것이 붓다이고 법인지 모르겠습니다."

대사께서 말씀하셨다. "마음이 바로 붓다이고 마음이 바로 법이니, 붓다와 법은 둘이 아니다[是心是佛 是心是法 法佛無二]. 승보도 또한 그러하다."

거사가 말하였다. "오늘에야 비로소 죄의 성품은 안팎과 중간에 있지 않고, 마음도 그와 같아 법과 붓다가 둘이 아님을 비로소 알았습니다."

대사께서 깊은 법기法器로 아시고 곧 머리를 깎아 주며 말씀하셨다. "그대는 나의 보배이다. 이름을 승찬이라고 하라."」

이 문답은 달마와 혜가 사이의 안심安心법문*과 매우 유사한 구조로 되어 있음을 알 수 있다.

* 안심법문 : 제29.1절의 혜가에 관한 주해를 보라.

2 자기의 성품을 깨달아 근원적으로 죄업이 일어나지 못하게 하는 것이 진실한 참회이다. 이 절의 끝에서 적절히 요약하였듯이 자기 성품의 붓다를 깨달아 과거의 그릇됨을 영원히 끊고 장차 악업을 짓지 않는 것이 바로 참회라는 것이다.

《불설관보현보살행법경佛說觀普賢菩薩行法經》<9-393중>에 나오는 다음의 게송은 이러한 참회의 의미를 적절히 드러낸 것이라고 하겠다.

「일체 업장業障의 바다는[一切業障海]
모두 다 망상에서 생긴 것[皆從妄想生]
만약 참회를 하고자 한다면[若欲懺悔者]

고요히 앉아 실상을 생각하라[端坐念實相]
모든 죄는 서리와 이슬처럼[衆罪如霜露]
지혜의 태양이 능히 사라지게 하리니[慧日能消除]
그러므로 응당 지극한 마음으로[是故應至心]
여섯 가지 정에 대한 뿌리*를 참회하라[懺悔六情根]」
* 여섯 가지 감각기관을 가리키는 것이다.

3 불교의 제법분류*에서 '참'이나 '회'는 심왕과 함께 일어나는 부수적 심리작용[=소위 심소心所]으로서, 행온에 속하는 것이다. 그 중에서도 전자는 선善심소*에 속하고, 후자는 부정不定심소*에 속한다.

상식적인 용어를 사용하였기 때문에 이렇게 성격이 다른 심리작용이 병립되어 쓰였는데, 불교적으로 표현한다면 '참괴慚愧'가 되었어야 할 것이 아닌가 한다. '참'과 '괴'의 차이에 대해서는 대략 두 가지 주장이 있다. 하나는 스스로에 대해 부끄러워하는 것이 '참', 남에 대하여 부끄러워 하는 것이 '괴'라는 설과, 현선賢善을 존중하는 것이 '참', 폭악暴惡을 거부하는 것이 '괴'라는 설이다. 그리고 '회'라는 것은 이미 지은 업을 후회하는 것을 말한다.

그러나 여기에서는 이러한 불교이론상의 개념을 떠나 불성에 입각하여 '참'과 '회'를 해석하려는 것이다.

* 제법분류 : 불교이론에서 모든 법을 성질의 차이에 따라 나누어 그 의미와 작용을 분석하고 규정하는 것을 말한다. 《구사론》의 5위* 75법, 《성유식론》의 5위 100법의 분류가 대표적인 것이다 (졸역 『주석 성유식론』 pp.221-222 참조).

* 5위 : 모든 법을 유위법과 무위법*으로 나눈 다음, 유위법을 색

법·심법·심소법·불상응행법*의 네 가지로 나누므로, 모두 크게 다섯 가지로 분류됨을 말하는 것이다.

* 유위법과 무위법 : 모든 것이 연기하고 있는 법계에서 조건에 의하여 생멸하는 현상은 그 어떤 것도 전후 동일성을 가진 존재가 될 수 없다. 그런데 그렇게만 안다면 진실과 부합하기는 하겠지만, 현상에 대한 개념적 규정은 불가능하고, 이러한 개념적 규정을 전제로 한 언어도 통용될 여지가 없게 된다. 나아가 이러한 상황에서는 이 세상의 현실이 괴로움이고, 그 괴로움은 어떤 구조로 일어나며, 그 괴로움이 소멸된 경지가 있다는 것과, 그에 이르는 길을 논하는 것도 불가능하게 된다. 불교 또한 설 여지가 없게 된다. 그래서 현실에서는 모든 현상을 성질에 따라 개념화하는 것이 불가피하다.

　이러한 관점에서 고정된 모습이 없는 현상의 단면, 또는 미세한 변화상을 배제한 외형을 취하여 개념화 내지 존재화하는 것을 유위라고 하고, 이렇게 개념화되지 않은 채 있는 그대로를 무위라고 한다. 어떠한 법이 존재화하여 유위법이 되면, 이것은 필연적으로 생겨나서[生] 머물고[住] 변화하다가[異] 소멸하는[滅] 성질을 갖게 되는데, 이것을 유위법의 4상相이라고 하고, 이와 같은 4상을 갖지 않는 것을 무위법이라고 한다.

* 불상응행법 : 색법(=물질)도 아니고, 심법(=심왕. 식온을 가리킴)도 아니며, 그렇다고 심법과 함께 작용(=상응행)하는 것(=심소)도 아닌 법이라는 뜻이다. 이것에 속하는 것으로는 수명의 근거가 되는 명근命根, 유위법의 4상인 생·주·이·멸, 언설의 근거가 되는 명名·구句·문文 등을 든다.

* 선심소 : 선한 마음과 함께 작용하는 심리작용을 말한다.
* 부정심소 : 무엇이 부정(=일정하지 않음)인가에 대해 논란이 있지만, 기본적으로는 선심과도 함께 작용할 수 있고, 불선심과도 함께 작용할 수 있어 함께 작용하는 마음이 일정하지 않기 때문에 '부정'심소라고 한다.

13. 삼귀의[三歸]

13.1

"이제 이미 참회를 마쳤으니, 선지식들에게 무상삼귀의계無相三歸依戒[1]를 드리겠습니다."

대사께서 말씀하셨다.

"선지식 여러분,

'깨달음의 양족존[覺兩足尊][2]에게 귀의합니다.

바름의 이욕존[正離欲尊][3]에게 귀의합니다.

청정함의 중중존[淨衆中尊][4]에게 귀의합니다.

지금부터는 붓다를 스승으로 삼고, 다시는 다른 삿되고 미혹한 외도에 귀의하지 않겠사오니, 바라건대 자신의 삼보[自三寶]는 자비로 증명[5]하소서!'라고 하십시오.

선지식 여러분, 저는 선지식들에게 삼보에 귀의할 것을 권합니다. 붓다란 깨달음[覺]이고, 법이란 바름[正]이며, 승이란 청

今旣懺悔已, 與善知識 [受]<授>無相三歸依戒"

大師言.

"善[智]<知>識,

'歸[衣]<依> 覺兩足尊.

歸[衣]<依> 正離[欲]<欲尊>.

歸[衣]<依> 淨衆中尊.

從今已後, 稱佛爲師 更不歸[衣]<依> 餘邪[名]<迷>外道, 願自三寶 慈悲[燈名]<證明>!'

善知識, 惠能勸[善善]<善>知識 歸依三寶. 佛者覺也, 法

정함[淨]입니다."　　　　　　　　　　者正也, 僧者淨也.

【주해】

1 삼귀의는 불·법·승의 삼보에 귀의하는 것인데, 실질적으로는 붓다 및 붓다를 성취하는 무학의 법[佛], 열반의 법[法], 승가 및 승가를 성취하는 유학·무학의 법[僧]에 귀의하는 것을 뜻한다는 것이 전통적인 해석(《구사론》 제14권 참조)이다. 삼귀의계는 이러한 삼보에 귀의하여 불교 교단의 일원이 되는 수계의식을 말한다.

　그러나 무상삼귀의계라고 함은 이러한 외형적인 수계의식을 말하는 것이 아니고, 삼보라고 함도 외재하는 삼보를 말하는 것이 아니라는 것이 혜능의 시각이다. 삼보의 기본이 되는 붓다가 외부에 있는 것이 아니라 우리 내부에 있다. 그렇다면 귀의대상인 삼보는 외부에 있는 삼보가 아니라, 우리 내부에 있는 삼보가 되어야 한다는 것이다.

　그러면 우리 내부에 있는 삼보는 무엇인가? 그것은 바로 우리가 갖고 있는 불성이라는 깨달음[覺]의 성품, 이를 실현하는 법의 올바름[正]과 수행의 청정함[淨]이 그것이라는 것이다. 앞에서부터 일관되어 온 무상계의 일환임을 알 수 있다.

2 붓다의 별칭의 하나이다. 인지의 자량資糧이자 과지의 공덕인 지혜와 자비의 둘 모두를 원만하게 구족[兩足]한 가장 존귀한 분이라는 뜻을 가진다. 지혜와 자비의 둘을 드는 것은 전자는 자리를, 후자를 이타를 대표하는 공덕이기 때문이다. 여러 경전에서(예컨대

《법화경》 제1권 방편품 등)에서 붓다를 가리키는 표현으로 등장한다.

3   욕망을 떠난 가장 존귀한 것이라는 뜻. 법보를 이욕존으로 부르는 것은, 붓다의 가르침이 욕망을 여읜 열반으로 인도하는 진실된 가르침이기 때문이다.

4   다수가 모인 공동체[衆] 중 가장 존중받을 만한 것이라는 뜻. 승가가 인간의 공동체 중 가장 존중받을 만한 이상적인 집단이라는 의미이다.

5   원래 수계의식에는 3인의 수계법사 외에 7인의 증명법사를 세워 수계를 증명한다고 한다. 그렇지만 여기의 무상계에서는 스스로 맹서하고 스스로 받는, 소위 자서자수自誓自受의 방식을 취하므로, 증명에 있어서도 수계법사나 증명법사 없이 자신의 삼보로써 증명하는 것이다.

13.2

"자기 마음이 깨달음에 귀의하여 삿됨과 미혹이 나지 않고 욕망이 적고 만족함을 알아[少欲知足]⁶ 재물과 물질을 떠남을 양족존이라고 이름합니다. 자기 마음이 바름에 귀의하여 생각생각 삿됨이 없으므로 곧 애착이 없으니, 애착이 없는 것을 이욕존이라고 이름합니다. 자기 마음이 청정함에 귀의하여 온갖 번뇌와 망념이 비록 자기 성품에 있더라도, 자기 성품이 그에 물들어 집착하지 않음을 중중존이라고 이름합니다.⁷

범부는 이것을 알지 못하고 날이면 날마다 삼귀의계를 받습니다. 그러나 만약 붓다에게 귀의한다고 한다면, 붓다는 어느 곳에 있습니까? 만약 붓다를 보지 못한다면 곧 귀의할 대상이 없을 것이고, 이미 귀의할 대상이 없다면 그 말이 도리어 허망합니다.

선지식 여러분, 각자 스스로 관찰하여 마음을 그릇되이 쓰지 마십시오. 경전 중에 단지「스스로 붓다에게 귀의한다[自歸依佛]」⁸고 말했지, 다른 붓다에게 귀의한

自心 歸依覺 邪[名]<迷>不生 少欲知足 離財離色 名兩足尊. 自心 歸正 念念無邪故 卽無愛着, 以無愛着 名離欲尊. 自心 歸淨 一切塵勞妄念 雖在[自自姓姓]<自性, 自性> 不染着 名衆中尊.

凡夫[解]<不解> 從日至日 受三歸[衣]<依>戒. 若言歸佛, 佛在何處? 若不見佛 卽無所歸, 旣無所歸 言却是妄.

善知識, 各自觀察 莫錯用意. 經中 只卽言 「自歸依佛」, 不言歸他佛.

다고 말하지 않았습니다. 자기 성품에 귀　　自[姓]<性>不歸　無
의하지 아니하면 귀의할 곳이 없습니다."　　[所]<所歸>處.

【주해】

6　원문은 '소욕지족少欲知足'이다. 노자의 도덕경(44, 46장)에도 나오는 것으로 보아 불교와 관계 없이 옛날부터 동양에 널리 퍼져 있었던 가치관이다. 불교에서도 여러 경전에 등장하는데, 그 중 대표적인 것은 세존께서 열반에 임하여 제자들에게 설하셨다는 《불설반열반약설교계경略說敎誡經》(보통 《불유교경佛遺敎經》이라 약칭함)의 글이라고 생각된다. 다소 길지만 그대로 인용한다.

「너희들 비구들은 마땅히 알아야 하리니, 욕망이 많은 사람은 이익을 구하는 일이 많으므로 고뇌도 또한 많고, 욕망이 적은 사람[少欲之人]은 구하는 것도 없고 바라는 것도 없으므로 이러한 근심이 없다. 너희들은 욕망을 적게 함을 오히려 마땅히 닦고 익혀야 한다. 하물며 소욕은 능히 온갖 공덕을 내기까지 함에 있어서랴. 욕망이 적은 사람은 아첨으로 남의 뜻을 구하는 일도 없고, 또 여러 감각기관에 이끌리지도 아니한다. 소욕을 행하는 사람은 마음이 평탄하여 근심이나 두려움이 없어서 일을 대함에 여유가 있고 항상 부족함이 없다. 소욕을 가진 사람은 곧 열반에 있는 것이다. 이것을 소욕이라고 이름한다.

너희들 비구가 온갖 고뇌를 벗어나려거든 응당 만족을 아는 것[知足]을 관찰하라. 만족을 아는 법은 바로 풍부하고 즐겁고 편안한 곳이다. 만족을 아는 사람은 땅 위에 누워 있더라도 오히려 안락하고, 만족을 모르는 사람은 천당에 있더라도 또한 마음에 맞지 아니한다. 만족을 모르는 사람은 비록 부유하더라도 가난하고, 만족을 아는 사람은 비록 가난하더라도 부유하다. 만족을 모르는 사람은 항상 오욕五欲에 이끌려서, 만족을 아는 사람의 연민하는 대상이 된다. 이것을 지족이라고 이름한다.」

　이와 같이 소욕은 문자적으로는 욕망이 아직 남아 있는 것을 뜻하지만, 불교에서는 '구하는 것도 없고 바라는 것도 없어[無求無欲]' 욕망이 남아 있지 않은 것을 의미한다.

7　자신의 삼보인 깨달음·바름·청정함을 양족존·이욕존·중중존과의 관련 하에 해석하는 것이다. 깊이 새길 만한 해석이라고 생각된다.

8　삼귀의를 설하는 가운데 원문처럼 '自歸依佛'이라는 표현이 보이는 것으로는 《화엄경》(60권본) 제6권 정행품淨行品<9-430하>에 다음과 같은 게송이 있다. 「스스로 붓다께 귀의할 때는 중생들이 큰 도를 몸소 이해해 위 없는 보리의 마음 내었으면 마땅히 이와 같이 원해야 하네[自歸於佛 當願衆生 體解大道 發無上意]. 스스로 가르침에 귀의할 때는 중생들이 경장에 깊이 들어가 지혜가 바다와 같아졌으면 마땅히 이와 같이 원해야 하네[自歸於法 當願衆生 深入經藏 智慧如海]. 스스로 스님께 귀의할 때는 중생들이 대중을 잘 통솔해 온갖 일에 장애가 없어졌으면 마땅히 이와 같이 원해야 하네[自歸於僧 當願衆生 統理大衆 一切無礙].」

　그렇지만 본문의 뜻에 상응하는 경전의 글은 앞에서 본 《디가 니까야》(제2권) 제16 《대반열반경》에서 붓다께서, 「아난다여,

그러므로 여기서 그대들은 자신을 섬으로 삼고 자신을 귀의처로 삼아 머물고, 남을 귀의처로 삼아 머물지 말라. 법을 섬으로 삼고 법을 귀의처로 삼아 머물지, 다른 것을 귀의처로 삼아 머물지 말라.」고 말씀하신 것이 적절한 것이 아닐까 한다. 이것을 《장아함경》(제2권) 제2 유행경<1-15중>에서는 「자기에게 귀의하고 가르침에 귀의할 것이지, 남에게 귀의하지 말라[當自歸依 歸依於法, 勿他歸依]」고 표현하였는데, 여기에서 말한 '자귀의'와 같은 의미이기 때문이다.

다만 본문은 '自歸依佛'이라고 되어 있어, 본문의 취지에 적합하게 번역하기 어렵다. 그 취지를 드러내자면 '歸依自佛'이 되거나, 아니면 위 경전처럼 단순히 '自歸依'라고 되는 편이 좋았을 것이다.

14. 성품의 공 [性空]

14.1

"이제 이미 삼보에 스스로 귀의하여 모두 각각 지극한 마음[至心]일 것이니, 선지식들에게 마하반야바라밀법을 설하겠습니다.[1] 선지식 여러분, 비록 생각들은 하지만 잘 알지 못하므로 제가 설명드릴 것이니 각자 잘 들으십시오.

마하반야바라밀이란 인도의 범어로, 당나라 말로는 큰 지혜로 저 언덕에 이른다[大智惠彼岸到]는 뜻입니다. 이 법은 모름지기 행하여야 하는 것이지, 입으로 외는 데 있지 않습니다.[2] 입으로만 외고 행하지 않으면 허깨비와 같고[如幻] 변화된 것과 같고[如化], 닦고 행하는 자의 법신은 붓다와 같습니다.[3]

무엇을 마하摩訶라고 이름합니까? 마하라는 것은 크다는 것입니다. 마음의 크기[心量]가 넓고 커서 마치 허공과도 같습니다.[4] 그러나 마음을 집중시켜 앉아만 있지 마십시오.[5] 그러면 곧 무기無記에 떨어

今旣自歸[衣]<依>三寶 總各各至心, 與善知識 說摩訶般若波羅蜜法. 善知識, 雖念不解 惠能與說 各各聽.

摩訶般若波羅蜜者 西國梵語, 唐言 大智惠 彼岸到. 此法須行, 不在[口]<口念>. 口念不行 [如]<如幻>如化, 修行者法身 與佛等也.

何名 [摩摩訶訶]<摩訶? 摩訶>者是大. 心量廣大 猶如虛空. 莫定心[座]<坐>. 卽落無[旣]

질 것입니다. 허공[空]⁶은 일월성신日月星辰과 산하 대지, 일체의 초목, 악인과 선인을 능히 담고, 악법과 선법, 천당과 지옥도 모두 다 허공[空] 중에 있습니다. 세상 사람의 성품의 공함[世人性空]도 또한 이와 같습니다."

<記>. 空能含 日月星辰　大地山[何]
<河> 一切草木 惡人善人, 惡法善法 天堂地獄　盡在空中.
世人性空 亦復如是.

【주해】

1 이제 비로소 설법의 주제인 마하반야바라밀법을 설명한다. 2단락으로 나누어 설해지는데, 이 절에서는 마하를, 다음 절에서 반야바라밀을 설명한다.
2 '큰 지혜로 저 언덕에 이른다'는 것은 지혜의 실현에 의하지 아니하면 이루어질 수 없다. 불교행사에서 마하반야바라밀을 설하는 《반야심경》을 입으로 열심히 외는 것을 염두에 둔 설명이라고 생각된다. 그렇게 아무리 열심히 왼다 하더라도 마하반야를 체득하지 않고서는 결코 저 언덕에 이를 수는 없다. 이와 같이 모든 가치를 외형적인 것이 아니라 내면에서 찾아야 한다는 것이 『단경』의 일관된 입장이다.
3 외형적인 것을 추구하는 것은 아무런 실익이 없고, 내면의 지혜를 닦고 행하는 자의 마음은 붓다와 같다는 것이다. 글에서 닦고 행하는 자의 '법신'이라고 한 것은, 닦고 행하는 자의 마음이 그의 성품의 법신임을 가리키는 취지일 것이다.

그리고 본문에서 '허깨비와 같고 변화된 것과 같다'는 것은, 불교에서 유위법은 아무런 실체가 없다는 것을 비유하는 많은 표현들 중의 하나이다. '허깨비[幻]'라는 것은 요술쟁이[幻術師]가 요술을 부려 만들어 낸 것이라는 뜻이고, '변화된 것[化]'이라는 것은 어떤 것에서부터 임시로 변화된 것으로 곧 소멸할 운명에 있는 것이라는 뜻이다.

가장 대표적인 용례를 든다면 아무래도, 「일체의 유위법은 꿈·허깨비·거품·그림자와 같고 이슬과도 같으며 또한 번개와도 같으니 응당 이와 같이 관찰해야 한다[一切有爲法 如夢幻泡影 如露亦如電 應作如是觀]」라고 한 《금강경》 말미에 나오는 게송의 글이 아닐까 한다.

4 마음은 하지 못하는 것이 없고 담지 못하는 것이 없다는 뜻에서 본문과 같이 왕왕 허공에 비유된다. 그렇지만 단지 이것만이라면 그다지 큰 의미가 있는 것이라고 할 수 없다.

그런데 여래장사상에서는 여기에서 더 나아가 깊은 뜻을 부여한다. 그것은 허공은 태어나지도 않고 소멸하지도 않아 상주하는 것이면서 변이하지 않고, 무한하여 존재하지 않는 데가 없으면서 일체 제법의 존재를 방해하지 않고 받아들이되, 그것에 물들지 않는다는 특성을 갖는데, 이것이 마음의 성품과 동일하다는 것이다. 곧 마음은 태어나지도 않고 소멸하지도 않아 상주하는 것이고, 범부에게서나 성인에게서나 변이하지 않으며, 일체의 모든 법을 받아들이되, 그것에 물들지 않고 청정하다는 것이다. 그래서 여래장사상에서는 이 마음의 제 성품이 본래 청정하다고 해서 흔히 '자성청정심'이라고 부른다.

이것을 가리키는 경론의 글을 먼저 살펴보면, 우선 《대방등대

집경』 제18권 허공장보살품 중<13-124하>에서는 다음과 같이 말한다(표현은 다소 다르지만 편의상 졸역 『여래장 경전 모음』 pp. 327-328의 글을 인용한다).

「모든 선남자들이여, 번뇌는 본래 체가 없고[本無體], 진실한 성품[眞性]은 본래 밝고 청정하다[本明淨]. 일체의 번뇌는 여리고 얇고[羸薄], 비파사나는 큰 세력이 있다[有大勢力]. 일체의 번뇌는 객진客塵이고, 자성청정심은 근본根本이다. 일체의 번뇌는 허망하게 분별하는 것[虛妄分別]이고, 자성청정심은 여실하게 분별하지 않는 것[如實不分別]이다.

모든 불자들이여, 비유하면 대지는 물에 의지하여 머물고, 물은 바람에 의지하여 머물며, 바람은 허공에 의지하여 머물지만, 그 허공은 의지하여 머물 곳이 없는 것과 같다. 모든 선남자들이여, 이와 같이 사대, 곧 지대·수대·풍대·공대의 이 사대 중에서 오직 허공대虛空大만이 가장 뛰어난 것이고 큰 힘이 있는 것이며 견고한 것이고 움직이지 않는 것이며[不動] 짓지 않는 것이고[不作] 흩어지지 않는 것이며[不散] 나지도 않고 멸하지도 않아서 저절로 머무는 것[自然而住]이다. 모든 선남자들이여, 그들 세 가지 대大는 생멸과 상응하여 진실한 체성이 없이 찰나도 머물지 않는다. 모든 불자들이여, 이 세 가지 대는 변이變異하고 무상한 것이지만, 모든 불자들이여, 허공계는 항상하고 변이하지 않는다.

모든 불자들이여, 이와 같이 음·계·입*은 업과 번뇌에 의지하여 머물고, 모든 번뇌와 업은 바르지 못한 사유에 의지하여 머물며, 바르지 못한 사유는 불성인 자성청정심에 의지하여 머문다. 이 뜻 때문에 경전 중에서 자성청정한 마음[自性淸淨心]과 객진번뇌의 오염[客塵煩惱染]을 말하는 것이다.

모든 선남자들이여, 모든 사념邪念, 모든 번뇌와 업, 모든 음·계·입, 이와 같은 모든 법은 인因과 연緣이 화합하는 데서 생겨나고, 모든 인과 연이 무너져 흩어지면 멸하는 것이다. 모든 선남자들이여, 그 자성청정심은 인因도 없고 연緣도 없기 때문에 화합이 없고 나지도 않고 멸하지도 않는 것이다. 모든 선남자들이여, 허공의 계界와 같이 자성청정심도 역시 그러하고, 풍대의 계와 같이 바르지 못한 사유[不正思惟]도 역시 그러하며, 수대의 계와 같이 모든 업과 번뇌도 역시 그러하고, 지대의 계와 같이 음·계·입도 역시 그러한 것이다. 그래서 말하기를, 일체의 모든 법은 모두 근본이 없고 모두 견고한 알맹이[堅實]가 없으며, 머묾이 없어[無住] 머묾 없음을 근본으로 하고, 근본이 청정하여 근본 없음[無根]을 근본[本]으로 한다고 하는 것이다.」

다음《불성론》제2권(위의 졸역 pp.555-556)에서는,「별다름이 없는 성품이라 함은, 범부와 성인 및 모든 붓다의 무분별의 심성心性은 과실과 공덕과 구경청정한 곳*에서 평등하게 두루 가득한 것이, 비유하면 허공과 같고, 또 흙·은·금으로 된 그릇과 같다는 것이다. 이 셋은 비록 다르지만, 그 성품은 같이 모두가 공이다. 공한 곳[空處]이 다르지 않기 때문에 별다름이 없는 성품이라고 이름한다.」고 말하고,

나아가《무상의경》의 다음과 같은 글<16-469하>을 인용하여,「아난이여, 이 여래계가 세 가지 지위 중 일체처에서 평등하여 모두 다 걸림이 없고 본래 적정함은, 비유하면 허공은 일체의 물질의 종류가 덮을 수도 없고 막을 수도 없지만, 흙이나 은이나

금으로 된 그릇에서도 허공의 처소는 평등하여 모두 다 걸림이 없는 것과 같다.」라고 말한 것과 같다고 하고(같은 책 pp.649-650), 그래서「한 중생도 여래의 법신 밖으로 벗어난 것이 없는 것은, 하나의 물질도 허공 밖으로 벗어난 것이 없는 것과 같기 때문이다.」(위의 책 p.664)"라고 말한다.

이러한 글을 보면 우리는 다시 혼란에 빠질 수 있다. '자성청정심', 곧 '마음'이라고 표현되는 상주불변의 주체가 있다는 것인가? 불교의 근본원리와 어긋나는 것이 아닐까? 《승만경》에서는, 「자성청정한 마음이면서 오염이 있는 것은 알기 어려운 것이다. 두 가지 알기 어려운 법이 있으니, 자성청정한 마음이 알기 어렵고, 그 마음이 번뇌로 물드는 것 역시 알기 어려움을 말하는 것이다. 이와 같은 두 가지 법은 그대와 큰 법을 성취한 보살마하살들만이 듣고 받을 수 있고, 모든 나머지 성문들은 오직 붓다의 말을 믿을 뿐이다.」(같은 책 p.141)라고까지 말한다.

그렇지만 결코 그와 같은 주체를 인정하는 것이 아니다. 본문의 끝에서도 언급되고 있듯이 이것은 '(세상 사람의) 성품의 공함'을 말하는 것이다. 여러 번 설명되었듯이, 이 마음을 불성을 말하는 것이고, 불성이란 두 가지 공으로 나타나는 진여를 가리키는 것임을 상기할 필요가 있다. 이 진여는 있지 아니한 곳이 없는 것이 마치 허공과 같다. 염·정의 모든 법의 진실한 성품이 곧 진여이다. 그러니 법이 있는 곳이라면 진여가 있기 마련이다. 마치 물질이 있는 곳이라면 허공이 있기 마련인 것과 같다. 모든 법의 진실한 성품 곧 그것이 진여이기 때문이다. 그런데 모든 법의 진실한 성품이 진여라는 것은 곧 공(=두 가지의 공)을 말하는 것이다. 요약한다면 마음(≒허공)=불성=(두 가지의) 공=진여라는 도식이 성립되는 것이다.

이 점에서 마음은 허공과 같다는 비유가 성립되는 것이다. 이것은 진여가 모든 법의 진실한 성품이라는 것이지, 진여, 공, 불성, 마음 등이 모든 법의 본체라는 것은 아니다. 본체론적 사고는 항상 경계되어야 한다는 것이 불교적 시각이다. 모든 물질이 있는 곳에는 허공이 있으므로 이것은 모든 물질이 자리할 수 있는 기반이 되지만, 그렇다고 이것이 모든 물질의 본체라고 이해할 것은 아니다.

* 음·계·입 : 오온·십팔계·십이입을 약칭한 것이다. 다른 곳(졸역 『불교는』 pp.37-38)에서 본 바와 같이, 중생에게 일어나는 일체의 법을 망라하여 가리키는 취지이다.

* 과실과 공덕과 구경청정한 곳 : 같은 책에서 '과실'이라 함은 범부, '공덕'이라 함은 유학의 성인, '구경청정한 곳'이라 함은 붓다의 지위를 말하는 것이라고 설명되어 있다.

5 뒤 이어 설명되듯이 이 마음은 지혜를 실현하는 기반이 된다는 점에서 존재의의가 있다. 선정만으로는 깨달음에 이를 수 없다는 불교적 시각의 거듭된 표현이다. '무기에 떨어진다'는 것은 앞의 제7.3절에서 본 것처럼 寂·遮·寂寂에 치우쳐서 무기공에 떨어진다고 설명한 것을 가리키는 것이다.

6 모든 것을 담는다는 '허공'을 원문의 앞 뒤에서 모두 '공空'으로 표현하고 있는 것에 유념할 대목이다. 이것이 바로 아래에서 '세상 사람의 성품의 공함'과도 연결되는 것이다. 혜능도 마음을 상주하는 주체로 잘못 이해할 것을 경계하고 있는 것이다.

14.2

"성품이 만법을 담고 있음이 큰 것이니, 만법이 모두 자기의 성품입니다. 모든 사람과 비인非人,[7] 악함과 선함, 악법과 선법을 보되, 모두 다 버리지도 않고 그에 물들어 집착하지도 않는 것이 마치 허공과 같으므로 크다고 이름하는 것입니다. 이것이 바로 마하행摩訶行[8]입니다.

 미혹한 사람은 입으로만 외고, 지혜로운 사람은 마음으로 행합니다. 또 어떤 미혹한 사람[9]은 마음을 비우고 생각하지 않는 것을 크다고 이름하나, 이것은 또한 그렇지 않습니다. 마음의 크기는 넓고 크지만, 행하지 않으면 작은 것입니다. 입으로만 공空을 말하지 마십시오. 이 행을 닦지 아니하면 나의 제자가 아닙니다."[10]

性含萬法 是大, 萬法盡是自[姓]<性>. 見一切人及非人 惡[知]<之>與善 惡法善法, 盡皆不捨 不可染着 [由]<猶>如虛空 名之爲大, 此是摩訶行. 迷人口念, 智者[心]<心行>. 又有[名]<迷>人 空心不思 名之爲大, 此亦不是. 心量廣大, 不行是[少]<小>. 莫口空說. 不修此行 非我弟子.

【주해】

7 중생, 즉 정신작용[情識]을 가진 것 중 인간이 아닌 것을 총칭하는 것이다.

8 마하의 행, 마하의 실천이라는 의미인데, 여기에서 마하는 마음

과 동의어로 사용된다.
9 북종의 사람들을 가리키는 취지일 것이다.
10 경전에 자주 등장하는 세존의 말투를 본받은 것이다. 뒤의 제32.1절에도 같은 표현이 나온다.

15. 반야般若

15.1

"무엇을 반야라고 이름합니까?

반야는 지혜입니다.[1] 일체시에 생각생각마다 어리석지 않고 항상 지혜를 행하는 것을 곧 반야행般若行[2]이라고 이름합니다. 한 생각 어리석으면 곧 반야는 끊어지고, 한 생각 지혜로우면 곧 반야는 일어납니다. 마음 속이 항상 어리석으면서 '나는 반야를 닦는다'고 하지만, 반야는 형상形相이 없습니다. 지혜의 성품[智惠性]이 바로 그것입니다."

何名般若?

般若是智惠. [一]
<一切>時中 念念不愚 常行智惠 卽名般若行. 一念愚 卽般若絶, 一念智 卽般若生. 心中常愚 '我[修]<修般若>', 般若無形相. 智惠性卽是.

【주해】

1 여러 번 설명한 것처럼 의식의 분별을 통하지 않고 현상의 실상을 알고 보는 무분별지를 가리키는 것이다.

여기에서 참고로 세 가지 반야[三種般若]에 대하여 언급해 둔다. 이것은 초기 경전에는 등장하지 않지만, 대승의 경론에서는 간혹 등장하기 때문이다. 세 가지 반야란 수 나라의 혜원慧遠이 쓴 『대승의장大乘義章』에, 반야에는 세 가지가 있다고 한 것을 말한다.

첫째는 문자반야文字般若라고 하는 것으로, 반야를 설명하는 경론을 말한다. 둘째는 관조반야觀照般若라고 하는 것으로, 지혜로 제법의 실상을 관조하는 작용을 말한다. 셋째는 실상반야實相般若라고 하는 것으로서, 반야로서 관조되어진 제법의 실상을 말하는 것이다. 이 삼종반야 중에서는 관조반야가 반야의 체라고 설명한다. 반야는 제법의 실상을 알고 보는 지혜를 말하는 것이기 때문이다.

2 앞의 마하행과 마찬가지로, 반야의 행, 반야의 실천이라는 의미이다.

15.2

"무엇을 바라밀波羅蜜이라고 이름합니까? 이것은 인도 범어의 음으로, 당 나라 말로 저 언덕에 이른다는 것입니다. 그 뜻은 생멸生滅을 떠난다는 것입니다.[3] 경계에 집착하면 생멸이 일어나는 것이 물에 파랑이 있는 것[水有波浪]과 같으니, 곧 이 언덕[此岸]입니다. 경계를 여의면 생멸이 없는 것은 물이 길이 흐르는 것[水永長流][4]과 같으니, 곧 저 언덕에 이른다고 이름하고, 그래서 바라밀이라고 이름합니다.[5]

미혹한 사람은 입으로만 외고, 지혜로운 사람은 마음으로 행합니다. 욀 때는 망령됨[妄]이 있게 되니, 망령됨이 있다면 곧 진실이 있는 것[眞有]이 아니고, 생각생각마다 행한다면 이것을 진실이 있다고 이름합니다.[6] 이 법을 깨닫는 사람은 반야법을 깨닫는 것이고 반야행을 닦는 것입니다. 닦지 않으면 곧 범부이고, 한 생각 수행하면 법신이 곧 붓다와 같습니다.

선지식 여러분, 번뇌가 곧 보리이니,[7] 앞의 생각에 미혹하면 곧 범부요, 뒤의 생각에 깨달으면 곧 붓다입니다."

何名波羅蜜? 此是西國梵音, [言]<唐言>彼岸到. 解義離生滅. 着[竟]<境>生滅[去]<起> 如水有波浪, 卽是於此岸. 離境 無生滅 如水永長流, 故卽名到[被]<彼>岸, 故名波羅蜜.

迷人口念, 智者心行. 當念時[有有妄妄]<有妄, 有妄>卽非眞有, 念念若行是名眞有.

悟此法者 悟般若法 修般若行. 不修卽凡, 一念修行 法身等佛.

善知識, 卽煩惱是菩[提捉]<提>, 前念迷 卽凡, 後念悟 卽佛.

【주해】

3 저 언덕[彼岸], 곧 열반은 생멸을 떠난 것이다.

4 송대본은 「물이 항상 통하여 흐르는 것[水常通流]」이라고 표현하고 있는데, 의미가 좀더 분명해 보인다.

5 여기에서 '경계에 집착[著境] – 생멸이 일어남[生滅起] – 물에 파랑이 있음[水有波浪] – 이 언덕[此岸]'과, '경계를 여읨[離境] – 생멸이 없음[無生滅] – 물이 길이 흐름[水永長流] – 저 언덕에 이름[到彼岸]'을 대비한 것은, 앞의 제8.2절의 무념 법문과 동일한 맥락에 있음을 알 수 있다. 물에 파랑이 있는 것과 물이 길게 흐르는 것을 대비한 것은, 흔히 깨달음을 상징하는 달은, 끊이지 않고 지속하여 흐르는 강물에는 그대로 비치어 나타나지만, 조금이라도 파랑이 있으면 일그러져 나타날 수 없음을 비유한 것으로 이해할 수 있을 것이다.

6 갑자기 등장하는 '진유眞有'라는 표현 때문에 이 부분의 이해가 쉽지 않아, 번역본들마다 해석에 차이를 보인다. 본문은 이 내용이 반야를 설명하는 곳에 위치해 있고, 바로 앞에서 '망령됨이 있다[有妄]'이 있다고 한 것과 댓구를 이루는 것으로 보고, '진眞'이 반야 내지 반야로 상징되는 '진실'을 뜻하는 것이라고 보고 번역한 것이다.

다른 번역본의 번역을 소개하면, 「생각할 때 망상이 있으면 그 망상이 있는 것은 곧 진실로 있는 것이 아니다. 생각생각마다 행한다면 이것을 진실이 있다고 한다.」(성철, 청화, 지묵), 「한 생각이 일어날 때 망념이 생기지만, 그 망념은 진실로 있는 것이 아니다. 한 생각 한 생각 반야를 실천하는 것이 곧 진실로 있는 것이다.」(정성본),「마음 속에 망상을 가지고 이것을 외울 때, 이 망상의 존재는 진실한 존재가 아니다. 계속되는 생각 안에서 바라밀을 수행하면, 이것을 진실한 존재라 부른다.」(얌폴스키),「생각할 때 망념이 일어나 망념이 있으면 진실로 존재하는 것이 아니다. 생각생각마다 만약 반야바라밀을 실천한다면 이것이 진실로 존재하는 것이다.」(정유진) 등으로 되어 있다.

　참고로 송대본은「미혹한 사람은 입으로만 외니, 외는 그 때에 망령됨이 있고 그릇됨이 있다. 생각생각마다 행한다면 이것을 참된 성품이라 한다[迷人口念, 當念之時 有妄有非. 念念若行 是名眞性].」라고 되어 있다(원대본에는 이에 해당하는 부분이 없다).

7 '번뇌가 곧 보리[卽煩惱是菩提]'라는 이 표현은 매우 역설적인 표현이지만, 이제 그다지 역설적으로 보이지 않으리라고 생각된다.

　앞에서 계속 보아 왔듯이 모든 법의 진실한 모습이 바로 진여이다. 이것은 번뇌라는 잡염법이라고 해서 예외가 아니다. 잡염법이든 청정법이든 어떠한 법이 있다면, 그 법에는 반드시 진실한 모습이 있다. 모든 법의 이 진실, 이것을 진여라고 하고, 이것을 깨달아 알고 보는 것이 깨달음, 즉 보리이며, 이것을 깨달아 아는 지혜가 반야이다. 만약 아무런 법도 없다면 진실이라는 것도 있을 수 없다. 그래서《대승기신론》에서 이르기를,「불각의 망상심妄想心이 있음으로써 이름과 뜻[名義]을 능히 알아서 진각眞覺이라고 말하지만, 만약 불각의 마음을 떠난다면 곧 진각의 자상이라고 말할 만한 것도 없다.」고 하고, 또「만약 망념을 여읜다면 곧 일체 경계의 모습도 없고, … 진여라고 말한 것도 또한 모습이 없다.」라고 한 것이다.

'번뇌가 곧 보리'라는 이 표현은 그냥 역설적이기만 한 것이 아니라, 이러한 진실을 담고 있는 표현이다. 불교에는 이러한 표현이 많은데, 예컨대 생사가 곧 열반이라든지, 중생이 곧 붓다라고 하는 말도 같은 취지이다. 《제법무행경諸法無行經》 하권<15-759하>에 있는 다음의 게송은 이 뜻을 적절하게 보여주고 있다.

「탐욕이 열반이고[貪欲是涅槃]
성냄과 어리석음 또한 이와 같다[恚癡亦如是]
이러한 세 가지 가운데[如此三事中]
한량없는 불도가 있으니[有無量佛道]
만약 어떤 사람이[若有人分別]
이 세 가지를 분별한다면[貪欲瞋恚癡]
이 사람은 붓다와 멀어진 것이[是人去佛遠]
비유해서 하늘과 땅 같다[譬如天與地]
보리와 탐욕[菩提與貪欲]
이들은 하나이지 둘이 아니다[是一而非二] …
탐욕의 진실한 성품이[貪欲之實性]
바로 불법의 성품이고[卽是佛法性]
불법의 진실한 성품도[佛法之實性]
또한 탐욕의 성품이니[亦是貪欲性]
이 두 가지 법은 한 모습으로[是二法一相]
이른바 무상無相이다[所謂是無相]」

그래서 《유마경》(중권<14-549중>)에서는, 「일체의 번뇌는 여래의 종자이다[一切煩惱爲如來種]. 비유하면 큰 바다로 들어가지 아니하면 가치를 말할 수 없는 보배 구슬을 얻을 수 없는 것과 같다. 이와 같이 번뇌의 큰 바다에 들어가지 아니하면 일체지一切智의 보배를 얻을 수 없다.」라고 말한 것이다. 그렇기 때문에 번뇌를 없애거나 끊어서 보리를 얻는 것이 아니라, 번뇌로 나아가[卽煩惱] 그 번뇌의 진실을 깨닫는 것이 바로 보리라는 것[是菩提]이다. 그래서 이 문장 바로 다음에서 「미혹하면 곧 범부요, 깨달으면 곧 붓다」라고 말하고 있다.

　이러한 의미는 뒤의 제24.2절에서 지성智誠과의 대화 중에서도 나타난다. 혜능이 지성에게 염탐꾼[細作]이 아니냐고 추궁함에 대하여 지성이, "말하지 않았을 때는 그렇겠습니다만, 이미 말씀드렸으니 이제는 아닙니다."라고 하자, "번뇌가 곧 보리인 것도 그와 같다."라고 한 것이 그것이다.

15.3

"선지식 여러분, 마하반야바라밀은 가장 존귀하고 가장 높으며 제일이고,[8] 머묾도 없고 감도 없으며 옴도 없습니다. 삼세의 모든 붓다께서 이 가운데서 나와, 큰 지혜로써 저 언덕에 이르러 오음五陰의 번뇌의 티끌[塵勞]을 쳐부수셨으니, 가장 존귀하고 가장 높으며 제일인 것입니다.

 최상임을 찬탄하고 최상승법을 수행하면 결정코 붓다를 이루어,[9] 감도 없고 머묾도 없으며 래왕함도 없을 것이니, 이것은 선정과 지혜가 평등한 것이고 일체법에 물들지 않는 것입니다. 삼세의 모든 붓다께서 그 가운데서 삼독三毒[10]을 변화시켜 계·정·혜로 만드셨습니다."[11]

善知識, 摩訶般若波羅蜜 最尊最上第一, 無住無去無來. 三世諸佛 從中出, 將大[知]<智>惠 到彼岸 打破五陰煩惱塵勞, 最尊最上第一. 讚[最最上上]<最上最上>乘法修行 定成佛, 無去無住無來往, 是定惠等 不染一切法. 三世諸佛 從中 變三毒 爲戒定惠.

【주해】

8 이 부분을 포함하여 반야바라밀을 설명하는 이 분절의 표현 대부분이 아래와 같은 《금강경》의 표현과 유사하다. 그것은 이 분절에서의 반야바라밀이라는 것이 위 경전의 그것과 다름이 없기 때문일 것이다.

「어떤 사람이 모두 다 수지하여 독송한다면 이 사람은 최상이고 제일이며 희유한 법을 성취할 것이라는 것을 알아야 한다.」(제4.7.3분절)

「만약 어떤 사람이 여래가 오거나 가거나 앉거나 눕거나 한다고 말한다면, 이 사람은 내가 말한 뜻을 이해하지 못한 것이다. 왜냐하면 여래란 온 곳이 없고 가는 곳도 없으니, 그래서 여래라고 하기 때문이다.」(제4.24분절)

「일체의 모든 붓다와 그 붓다의 아뇩다라삼먁삼보리법이 모두 이 경전에서 나오기 때문이다.」(제4.3.2분절)

「요컨대 이 경에는 생각할 수 없고 헤아릴 수 없으며 가이 없는 공덕이 있는 것이니, 여래께서 대승의 마음을 일으킨 사람을 위하여 설하신 것이고 최상승의 마음을 일으킨 사람을 위하여 설하신 것이다.」(제4.10.3분절)

9 《수능엄경》제7권에서, 「최상승을 구하면 결정코 성불함이, 비유해서 먼지를 순풍에 날리는 것과 같다[求最上乘 決定成佛, 譬如以塵 揚于順風]」라고 한 표현을 생각하게 한다.

10 탐욕·진에·우치라는 세 가지 근본번뇌를 가리킨다 함은 앞에서 이미 보았다.

11 달마의 저술로 알려져 있는 『오성론悟性論』(실제로는 신수의 저술이라는 설이 있음)에, 「대승의 마음을 일으킴으로써 삼계를 뛰어넘는다. 삼계란 탐·진·치이다. 탐·진·치를 뒤집어 계·정·혜로 만드는 것을 곧 삼계를 뛰어넘는 것이라고 이름한다[返貪嗔癡 爲戒定慧 卽名超三界]」라는 말이 나오는데, 여기에서 착안한 것이 아닐까 한다.

15.4

"선지식 여러분, 나의 이 법문은 팔만 사천의 지혜[12]를 좇습니다. 왜냐 하면 세상에는 팔만 사천의 번뇌가 있기 때문[13]입니다.

만약 번뇌가 없다면 반야가 항상 있어 자기의 성품을 떠나지 않을 것입니다. 이 법을 깨달은 사람은 곧 무념無念이 되어 억념함도 없고[無憶][14] 집착함도 없습니다[無着]. 온갖 망령됨[雜妄]을 버리지 말 것이니,[15] 곧 이것이 진여의 성품[眞如性]이기 때문입니다. 지혜로써 관조觀照[16]하고 일체법을 취하지도 버리지도 않는다면,[17] 곧 견성見性하여 불도佛道를 이룰 것입니다."

善知識, 我此法門 從八萬四千智惠. 何以故 爲世有 八萬四千塵勞.
若無塵勞 般若常在 不離自[姓]<性>. 悟此法者 卽是無念 無[億]<憶>無着.
莫去[誰]<雜>妄, 卽自是眞如[姓]<性>. 用[知]<智>惠觀照 於一切法 不取不捨, 卽見[姓]<性> 成佛道.

【주해】

12 붓다의 법문의 수를 흔히 8만4천 법문이라고 한다. 위 숫자는 불교에서 많은 수효를 상징적으로 표현하는 데 왕왕 사용된다. 그러나 여기에서의 본문처럼 중생의 번뇌에 8만4천 가지가 있으므로 이를 대치하기 위하여 같은 수의 법문이 있는 것이라고 설명하

기도 한다.

경전상으로는 《화엄경》 제14권 현수품賢首品<10-74하>에서, 「8만4천의 모든 법문, 모든 붓다께서는 이로써 중생을 제도하신다[八萬四千諸法門 諸佛以此度衆生]」라고 한 게송이 보이고, 제80권 입법계품入法界品<10-444상>에서, 「8만4천의 번뇌 다르지만, 모두 그 다스리는 법 듣게 하신다[八萬四千煩惱異 皆令聞說彼治法]」라고 한 게송이 있고,

또 《유마경》(하권) 제11 보살행품<14-553하>에, 「아난아, 이 네 가지 마[四魔]*와 8만4천의 모든 번뇌문이 있어, 모든 중생들은 그것으로 피로하다 하지만, 모든 붓다께서는 곧 이 법으로써 불사佛事를 지으니, 이를 일체 제불의 법문에 들어감이라고 이름한다.」라고 한 글도 있다.

이들은 아마 초기 경전인 《장로게》(제92송) 중에서 아난이, 「8만2천(의 가르침)은 붓다로부터 받은 것이고, 2천은 비구들로부터 받은 것이니, 나는 8만4천 가지의 이러한 법들을 전개하노라」라고 한 것에서 인용한 것이 아닐까 한다.

* 네 가지 마 : 번뇌마, 음마陰魔, 사마死魔, 타화자재천마의 네 가지를 말한다. 처음은 번뇌를, 둘째는 오온을, 셋째는 죽음을, 넷째는 타화자재천의 온갖 쾌락을 가리키는 것이다.

13 중생의 번뇌에 8만4천 가지가 있다고 한다. 그 산출법은 여러 가지로 설명되고 있는데, 번거로워 설명을 생략한다.

14 억념憶念한다는 것은 '기억하여 생각한다'는 것인데, 마음 속에 간직하여 잊지 않는 것을 말하는 것이다. 마음 속에 간직해서 잊지 못하는 것은 분별이고 망념이며 집착일 것이다. 그래서 《유마

경》(상권) 제4 보살품<14-542중>에서 유마힐은 다음과 같이 말한다.

「보리란 몸으로도 얻을 수 없고 마음으로도 얻을 수 없다. 적멸寂滅이 보리니 온갖 모양을 없앤 연고요, 관찰하지 않음[不觀]이 보리니 모든 연緣을 떠난 연고며, 행하지 않음[不行]이 보리니 억념함이 없는 연고요[無憶念故], 끊음[斷]이 보리니 온갖 소견을 버린 연고며, 떠남[離]이 보리니 온갖 망상을 떠난 연고이다.」

15 이 부분의 원문은 '莫去雜妄'인데, 이것이 또 다른 돈황본인 돈박본에는 '莫起雜妄'이라고 되어 있다. 그래서 이 돈박본을 저본으로 한 해석본은 물론, 스타인본을 저본으로 한 해석본들 모두 '莫去雜妄'은 '莫起雜妄'의 오기로 보고 번역하고 있지만, 이는 의문이다.

이것은 앞의 제8.3절에서 '莫百物不思 念盡除却'이라고 한 표현이나, 제9.2절에서 '念不去'라고 한 표현과 서로 통하는 표현이다. 비록 망념이라고 해도 이 '염'을 버리려고 하지 말라는 것이다. 바로 이것이 북종과의 차별화를 의도하는 이 『단경』의 일관된 입장인 것이다.

이 점은 이 '莫去雜妄'이란 표현이, 앞의 제15.2절에서 「번뇌가 곧 보리니, 앞의 생각에 미혹하면 곧 범부요, 뒤의 생각에 깨달으면 곧 붓다입니다」라고 하고, 또 이 분절의 모두에서 「나의 이 법문은 팔만 사천의 지혜를 좇습니다. 왜냐 하면 세상에는 팔만 사천의 번뇌가 있기 때문입니다.」라고 하였으며, 그리고 바로 다음 문장에서 「(지혜를 써서 관조하고) 일체법을 취하지도 버리지도 않는다면, (곧 견성하여 불도를 이루는 것입니다)」라고 하는 글로 이어지고 있는 것을 고려하면 더욱 분명하다.

그러므로 뒤의 글에서 '취하지도 않는다'는 것은 앞의 문장에서 「(이 법을 깨달은 사람은 곧) 무념이 되어 억념함도 없고 집착도 없다」라고 한 것을 가리키고, '버리지도 않는다'는 것은 바로 이 「온갖 망령됨을 버리지 말 것」이라고 한 것을 가리키는 것이다. 따라서 본문과 같이 이해하는 것도 충분히 가능하고, 오히려 돈박본의 표현이 단순한 생각으로 '去'를 '起'의 오자로 보고 필사할 때 잘못 고쳐 옮겼을 가능성이 있는 것이라고 생각되는 것이다.

영가현각도 그의 『증도가』 첫머리에서, 「배움을 끊은 무위의 한가한 도인은[絶學無爲閒道人] 망상을 없애지도 않고 참을 구하지도 않는다[不除妄想不求眞]. 무명의 진실한 성품이 곧 불성이고[無明實性卽佛性] 허깨비 같은 공한 몸이 곧 법신이다[幻化空身卽法身]」라고 하였다.

16 앞서 본 삼종 반야 중 '관조반야'를 떠올린다면 이 표현을 사용한 것이 쉽게 이해될 것이다.

17 위의 주해 15의 뒷 부분을 보라.

16. 근기根機

16.1

"선지식 여러분, 만약 매우 깊은 법계[甚深法界]¹에 들고자 하고 반야삼매般若三昧²에 들고자 한다면 반야바라밀행을 바르게 닦으십시오. 단지 《금강반야바라밀경》 한 권만 지니면³ 곧 견성하고 반야삼매에 들게 됩니다. 응당 이 사람의 공덕은 한량이 없을 것이라고 알아야 합니다. 경전 중에서 분명히 찬탄하였으니, 다 갖추어 말할 수 없습니다.⁴

이것은 최상승법이고 큰 지혜를 가진 상근기[上根]의 사람을 위하여 설한 것⁵입니다. 작은 근기[小根]와 지혜를 가진 사람은 만약 법⁶을 들으면 마음에 믿음을 내지 않습니다.⁷ 무엇 때문일까요? 비유하면 큰 용이 큰 비를 내리는 것과 같습니다.⁸ 그 큰 비가 염부제閻浮提⁹에 내리면 마치 풀잎이 떠다니는 것과 같겠지만,¹⁰ 만약 큰 바다에 내린다면 증감이 없습니다.¹¹ 만약 대승의 사람이 《금강경》 설하는 것

善知識, 若欲入甚深法界 入般若三昧者, 直修 般若波羅蜜行. 但持 金剛般若波羅蜜經一卷 卽得見性 入般若三昧. 當知此人功德無量. 經中分[名]<明>讚嘆, 不能具說.

此是最上乘法 爲大智上根人說. [少]<小>根智人 若聞法, 心不生信. 何以故? 譬如大龍 若下大雨. 雨[衣]<於>閻浮提 如漂草葉, 若下大雨 雨[放]<於>大海 不增不減.

若大乘者 聞說金剛

을 듣는다면 마음이 열리고[心開] 깨달아 알 것입니다[悟解].

그러므로 본성本性에는 스스로 반야의 지혜가 있어서, 스스로 지혜를 써서 관조하고 문자에 의지하지 않음을 알아야 합니다. 비유하면 그 빗물이 하늘에서 있었던 것이 아님과 같습니다. 원래 이것은 용왕이 강과 바다에서 이 물을 몸으로 끌어, 일체의 중생과 일체의 초목, 일체의 유정·무정들을 모두 다 적셔 윤택하게 하고[蒙潤], 그 모든 물의 온갖 흐름은 다시 큰 바다로 들어가면, 바다는 모든 물을 받아들여 합쳐서 한 몸[一體]으로 되는 것입니다.[12] 중생의 본성의 반야의 지혜도 또한 이와 같습니다."

經 心開悟解.

故知 本性 自有般若之智, 自用[知]<智>惠 觀照 不假文字. 譬如其雨水 不從[無]<天>有. 元是龍王 於江海中 將身引此水, 令一切衆生 一切草木 一切有情無情 悉皆[像]<蒙>潤, 諸水衆流 却入大海, 海納衆水 合爲一體. 衆生本性般若之智 亦復如是.

【주해】

1   원래 '법계dharma-dhātu'는 법의 계, 법의 요소 등의 뜻이지만, 여기에서 '법계'는 있는 그대로의 진실의 세계라는 의미로 사용된 것(졸저 『불교는』 p.126 참조)이다. 따라서 '심심법계'라 함은 매우 심오한 진실의 세계라는 뜻이다. 더 이상 다른 진실이 남아 있지 않은 최종적이고 궁극적인 진실의 세계를 가리키는 것으로 이

해하면 될 것이다.

2 항상 반야가 작용하고 있는 삼매를 말한다. 뒤의 제18.2절에서 다시 나오는 개념인데, 진여삼매나 일행삼매와 다르지 않다.

3 여기에서 경전을 지닌다는 것은 마음가짐과 행동 등의 모든 면에서 경전의 뜻을 체현하는 것을 가리키는 것이지, 물리적인 소지를 뜻하는 것은 아닐 것이다. 뒤의 제25.1절에서 항상 《법화경》을 외우지만 마음이 미혹한 법달에게 경전을 지님[持經]의 뜻을, 「내 마음이 바르고 집중된 것[吾心正定]」이라고 하고, 또 제18.1절에서 「삼세의 모든 붓다와 12부의 경전이, 사람의 성품 가운데 본래 스스로 갖추어져 있다」라고 하는 표현이 나오는데, 본문의 '경전을 지님'의 의미를 이해하는 데 바탕으로 삼아야 할 것이다.

육조는 그의 금강경해의 서문에서 '경전을 지님'의 뜻을 다음과 같이 분명히 밝힌 바 있다. 「… 이 한 권의 경전은 모든 중생들의 성품 중에 본래 있음에도, 스스로 보지 못하는 것은 다만 문자만을 외우기 때문이다. 만약 본심을 깨달으면 비로소 이 경전이 문자에 있지 않음을 알 것이다[若悟本心 始知此經 不在文字]. 다만 자기의 성품을 밝게 요달하면 모든 붓다께서 이 경전으로부터 나옴을 믿으리라. 요즈음 세상 사람들이 몸 밖에서 붓다를 찾고 밖을 향하여 경전을 구하므로 마음 안에서 발견하지 못하고 마음 안에 경전을 갖지 못할 것을 두려워하신 까닭에, 이 구결을 지어서 모든 학도자들이 안으로 마음의 경전을 가져서 청정한 불심이 수량을 지나서 가히 생각으로 헤아릴 수 없음을 요연히 보게 하노라.」

지은이가 미상인 다음과 같은 게송이 널리 알려져 있다.

「나에게 한 권의 경전 있으니[我有一卷經]

종이와 먹으로 된 것이 아니다[不因紙墨成]

펼치면 한 글자도 없지만[展開無一字]

항상 큰 광명을 비춘다[常放大光明]」

4 앞에서도 본 것처럼 《금강경》에서, 「어떤 사람이 모두 다 수지하여 독송한다면 이 사람은 최상이고 제일이며 희유한 법을 성취할 것임을 알아야 한다. 이 경전이 있는 곳은 곧 붓다와 존중받는 제자들이 계시는 곳과 같다.」(제4.7.3절)라고 하고, 「어떤 선남자 선여인이 항하의 모래수와 같은 신명身命으로써 보시한다고 하더라도, 만약 다시 어떤 사람이 이 경전 중에서 사구게 따위만이라도 설해 준다면, 이 복이 앞의 복보다 더 뛰어나다.」(제4.7.5절)라는 등의 찬사가 여러 차례 나오는 외에, 가장 단적으로 「선남자 선여인이 이후의 말세에 이 경전을 수지하고 독송하여 얻는 공덕을 내가 모두 다 말한다면, 혹 어떤 사람이 듣고 마음이 어지러워 여우처럼 믿지 아니할 것이다. 이 경전은 뜻도 불가사의하고 그 과보 또한 불가사의함을 알아야 한다.」(제4.10.3절)라고 설하고 있다.

5 《금강경》에서 이미, 「여래께서 대승의 마음을 일으킨 사람을 위하여 설하신 것이고, 최상승의 마음을 일으킨 사람을 위하여 설하신 것이다.」(위의 제4.10.3절)라고 설하고 있음은 앞에서 이미 보았다.

6 이 법, 즉 《금강경》의 가르침을 말하는 것이다. 나아가 이 경전의 가르침에 기초한 이 『단경』의 가르침을 시사하는 것이기도 할 것이다.

7 역시 《금강경》에서, 「작은 법[小法]을 즐기는 사람은 아견·인견·

중생견·수자견*에 집착하므로 이 경전을 듣고 지니거나 독송하거나 다른 사람에게 해설해 주지도 못한다.」(위의 제4.10.3절)라 하고, 「어떤 사람이 이 경전을 듣고 놀라지 않고 겁내지 않고 두려워하지 않는다면 이 사람은 매우 희유한 사람이라고 알아야 한다.」(제4.7.7절)라고 하고 있다.

* 앞에서 본 아상·인상·중생상·수자상과 같은 것이다.

8 용왕이 큰 비를 내리고 바다는 이를 모두 받아들이는 것은, 여러 경전에 등장하는 비유이다. 예컨대 《화엄경》 제39권 십지품十地品<10-207상>에, 「비유하면 큰 바다가 능히 받아들이고 능히 거두어 간직할 수 있음과 같다. 하나의 대용왕이 내리 쏟는 큰 비나, 둘이나 셋 내지 한량없는 모든 용왕들이 순식간에 한꺼번에 비를 내리 쏟더라도 모두 능히 받아들이고 능히 거두어 간직할 수 있다. 왜냐 하면 한량없고 광대한 그릇이기 때문이다. 법운지法雲地*에 머무는 보살도 역시 이와 같다.」라고 하는 것 등이다.

* 법운지 : 대승보살 중 붓다 직전인 제10지 보살의 지위를 가리키는 명칭.

9 사바세계의 중생들이 사는 땅을 말한다.

이 '염부제'의 위치를 알아보기 위하여 《구사론》(제11권) 분별세품分別世品에 따라 불교의 세계관을 요약해 보면 다음과 같다. ① 세계의 맨 아래에는 풍륜風輪이 있고, 그 위에 차례대로 수륜水輪과 금륜金輪이 있다. ② 금륜 위에 아홉의 큰 산이 있는데, 중앙에 수미산이라고 흔히 부르는 묘고산왕妙高山王이 있고, 그 주위에 7개의 내산內山이 있으며, 그 바깥에 네 개의 큰 대륙[四大洲]이 있고, 그 바깥을 바퀴 모양의 철륜위산鐵輪圍山이 에워싸고 있다. ③ 산과 산 사이에는 여덟 개의 바다가 있는데, 수미산과 내산 사이에는 7개의 내해가 있고, 내산과 철륜위산 사이에 하나의 외해가 있다. ④ 외해 중에 있는 사대주 중 동쪽에는 비제하주(일명 승신주), 서쪽에는 구타니주(일명 우화주), 북쪽에는 구로주, 남쪽에는 섬부주贍部洲가 있는데, 섬부주의 다른 이름이 염부제이다. 이 남쪽의 섬부주가 우리 사바세계의 중생들이 사는 곳으로, 그 가운데 있는 무열뇌지無熱惱池라는 못 가에는 크고 단 과일이 맺히는 섬부jambu 나무 숲이 있어 이름이 섬부주jambu-dvīpa가 되었다.

10 《승사유범천소문경勝思惟梵天所問經》 제6권<15-91중>에 나오는 다음과 같은 비유에서 착안된 것으로 보인다. 「모든 대용왕이 염부제에 비를 내리지 않는 이유는 인색이나 시샘[吝妒]이 있어서가 아니라 오직 그 곳이 감당할 수가 없기 때문이다. 왜냐 하면 큰 용이 내리는 비는 마치 차축車軸과 같아 염부제에서 수용할 수 없는 것이다. 만약 그 비가 내리면 염부제의 성읍이나 마을, 산림이나 연못 등이 표류하는 것이, 마치 모두 대추나무 잎이 떠다니듯 할 것[如漂棗葉]이다. 그렇기 때문에 큰 용은 염부제에 큰 비를 내리지 않는 것이다. 이와 같이 가섭아, 이 모든 보살들이 다른 중생에게 법의 비[法雨]를 내리지 않는 것도 역시 인색이나 시샘은 없지만, 오직 그 그릇이 이러한 법을 감당하여 받을 수 없기 때문이다.」

다만 비유의 취지는 다소 다르다. 위 경전의 비유는 감당할 수 없는 중생에게는 의도적으로 경전을 말하지 않는다는 취지이지만, 본문은 작은 근기와 지혜를 가진 자는 법을 말해 주어도 감당할 수 없기 때문에 받아들이지 못하고, 오직 감당할 수 있는 상근기의 대승인만이 받아들인다는 취지이다. 여기에서도 남종의 우수함을 드러내고자 하는 뜻이 엿보인다.

11 북본《열반경》제32권 사자후보살품<12-558하>에서, 열반경을 큰 바다에 비유하는 가운데,「(큰 바다는) 일체의 강 줄기와 큰 비가 유입되어도 증감하지 않는다[不增不減]. … 증감하지 않는 것은, 한계가 없기 때문이고 시종이 없기 때문이며, 물질이 아니기 때문이고 지은 것이 아니기 때문이며, 상주하기 때문이고 생멸하지 않기 때문이며, 일체 중생이 모두 평등하기 때문이고 일체 법성이 같은 성품이기 때문이니, 이것을 증감이 없다고 이름한다.」라고 하는 대목이 있다.

또《화엄경》제50권 여래출현품<10-271하>에서도,「큰 바다는 항상 백 개의 강에서 흘러 온 한량없는 큰 물을 빨아들이지만, 증감이 없다.」라고 하고 있다.

12《화엄경》제41권 십정품+定品<10-222하>에서,「마치 네 개의 큰 강이 일체의 염부제의 땅을 윤택하게 하고, 이미 윤택한 후에는 큰 바다로 들어가는 것과 같이, 보살마하살도 또한 그러하다. 네 개의 지혜의 강[四智河]으로 하늘과 사람, 사문과 바라문을 윤택하게 하여 두루 아뇩다라삼먁삼보리의 지혜의 큰 바다로 들어가게 한다.」라고 하는 글에서 착안된 것이 아닐까 한다. 모든 지혜는 아뇩다라삼먁삼보리, 즉 궁극의 보리에서 나온 것이고, 다시 이 보리로 돌아가는 것이라는 취지이다.

16.2

"근기가 작은 사람[小根之人]은 단박에 깨닫는 이 돈교頓敎를 들으면, 마치 대지의 근성根性 작은 초목草木이 만약 큰 비를 한 바탕[一沃] 맞으면 모두 다 저절로 넘어져서 능히 자라나지 못하는 것과 같이, 근기가 작은 사람도 또한 이와 같습니다.[13]

반야의 지혜를 가진 것은 큰 지혜를 가진 사람과 역시 차별이 없는데도, 무엇 때문에 법을 듣고도 곧 깨닫지 못하는 것일까요? 사견의 장애가 무겁고 번뇌의 뿌리가 깊기 때문입니다. 마치 큰 구름이 태양을 가리고 덮어서, 바람이 불지 않으면 태양은 나타날 수 없는 것과 같습니다.[14] 반야의 지혜 역시 크고 작음이 없지만, 일체의 중생에게 스스로 미혹한 마음이 있어서 밖으로 붓다를 닦고 구하기 때문에 아직 자기의 성품을 깨닫지 못합니다.[15]

곧 이러한 소근기의 사람일지라도 이 돈교를 듣고, 밖으로 닦는 것을 믿지 아니하고 오직 자기의 마음에서 자기의 본성으로 하여금 항상 정견을 일으키게 한다면, 번

[少]<小>根之人 聞說此頓敎, 猶如大地草木根性自[少]<小>者 若被大雨一沃 悉皆自[到]<倒> 不能增長, [少]<小>根之人 亦復如是.
有般若之[智之]<智> 與大智之人 亦無差別, 因何聞法 卽不悟? 緣邪見障重 煩惱根深. 猶如大雲 蓋覆於日, 不得風吹 日無能現. 般若之智 亦無大小, 爲一切衆生 自有迷心 外修覓佛 [來]<未>悟自性.
卽是小根人 聞其頓敎, 不信外修 但於自心 令自本性 常起正見, 煩惱塵勞衆生

뇌와 진로塵勞의 중생도 당장에 모두 깨달을 수 있으니, 마치 큰 바다가 온갖 물의 흐름을 받아들여 적은 물이나 큰 물이나 합쳐서 한 몸으로 만드는 것과 같습니다.

　곧 이것이 곧 견성이니, 안팎에 머물지 아니하고 오고감에 자유로워 능히 집착하는 마음을 없애고 통달해서 걸림이 없게 됩니다. 마음으로 이 행을 닦는다면 곧 반야바라밀경과 근본적으로 차별이 없는 것입니다."

當時盡悟, 猶如大海
納於衆流 小水大水
合爲一體.

卽是見性, 內外不住
來去自由 能除執心
通達無礙.
心修此行 卽與般若
波羅蜜經 本無差別.

【주해】

13 앞에 나온 법운지를 설명하는 《화엄경》 제39권의 십지품에서도, 「비유하면 사가라 용왕이 내리는 큰 비는 큰 바다를 제외하고는 다른 어느 곳도 안전하게 받아들여 간직할 수가 없다. 여래의 비밀한 곳간인 큰 법의 밝음과 큰 법의 비춤과 큰 법의 비[如來秘密藏 大法明 大法照 大法雨]도 또한 그러하여 오직 제10지 보살을 제외하고는, 나머지 모든 중생은 성문 독각이나 제9지 보살까지도 모두 안전하게 받아들여 간직하지 못한다.」고 한다.

14 앞의 10.2절에서도 같은 표현이 있었다.

15 오직 자기 마음에서 찾아야 한다는 『단경』의 사상이 다시 한번 드러나는 장면이다.

'밖으로 붓다를 닦고 구함[外修覓佛]'의 헛됨에 대하여는 경전에 몇 가지 비유가 있는데, 대표적인 것은 앞(제9.1절)에서 본 연야달다의 비유와,《법화경》제4권 오백제자수기품의 옷 속에 매어 둔 구슬[의리계주衣裏繫珠]의 비유<9-29상>이다.

후자의 경문은,「어떤 사람이 친구의 집에 갔다가 술에 취하여 누웠는데, 친구는 관청일로 집을 나가게 되어 값을 헤아릴 수 없는 보배구슬을 친구의 옷 속에 매어 주고 갔습니다. 그 사람은 취하여 전혀 알지 못하고 깨어난 뒤 길을 떠나 다른 나라를 두루 다니면서 의식衣食을 위하여 부지런히 애써 일하느라고 고생이 매우 심하였고, 조금이라도 소득이 있으면 만족하여 했습니다. 오랜 뒤에 친구를 다시 만났더니 이렇게 말했습니다. "애닯다 이 사람아, 어찌 의식 때문에 이 지경이 되었는가? 내가 예전에 자네가 편안히 즐기며 지낼 수 있도록 값을 헤아릴 수 없는 보배구슬을 자네의 옷 속에 매어 주어서 지금도 그대로 있거늘, 이를 알지 못하고 이렇게 고생하면서 궁색한 생활을 하였으니 심히 어리석도다. 지금이라도 이 보배를 팔아서 필요한 것을 구한다면 항상 만사가 뜻대로 부족함이 없으리라."」라고 되어 있다.

17. 견성見性

"일체 경서經書와 문자, 소승과 대승, 12부의 경전[1]은 모두 사람으로 말미암아 존재하게 된 것입니다. 지혜의 성품으로 인하여 그래서 건립할 수 있었던 것입니다. 내가 만약 없다면, 지혜 있는 사람이나 일체의 만법도 본래 또한 있을 수 없습니다. 그러므로 만법은 본래 사람에서부터 일어난 것이고, 일체 경서經書도 사람이 말해서 있게 된 것임을 알아야 합니다.[2]

사람 가운데는 어리석음도 있고 지혜로움도 있으니, 어리석으면 소인小人이 되고 지혜로우면 대인大人이 됩니다. 미혹한 사람은 지혜로운 사람에게 묻고, 지혜로운 사람은 어리석은 사람에게 법을 설해 주어, 어리석은 사람으로 하여금 깨달아 알게 해서 마음이 열리게 합니다. 미혹한 사람이 만약 깨달아서 마음이 열린다면, 큰 지혜를 가진 사람과 다름이 없게 됩니다. 그러므로 깨닫지 못하면 곧 붓다라 해도 중생이고, 한 생각에 깨닫는다면 곧 중생이 붓다임을 알아야 합니다.[3]

一切經書及文字 小大二乘 十二部經 皆[因]<因人>置. 因智惠性故 [故然]<故>能建立. 我若無, 智人一切萬法 本[无]<亦>不有. 故知 萬法 [本]<本從>人興, 一切經書 因人說有.

緣在人中 [有有]<有>愚有智, 愚爲[少]<小>故 智爲大人. [問迷人]<迷人問>於智者, 智人與愚人說法, 令使愚者悟解[染]<心>開. 迷人若悟心開, 與大智人無別. 故知不悟 卽佛是衆生, 一念若悟 卽衆生[不是]<是>佛.

그러므로 일체 만법이 모두 다 자신의 마음 가운데 있는 것임을 알아야 합니다.[4] 그런데도 어찌 자기의 마음에서 단박에 진여의 본성을 보지 못합니까? 《보살계경》에 이르기를, 「내 본원의 자기 성품은 청정한 것이다.」[5]라고 하였습니다. 마음을 알아 성품을 보면 스스로 불도佛道를 이루고, 즉시 활연하여 본심을 회복합니다.」

故知一切萬法 盡在自身心中. 何不從於自心 頓[現]<見>眞如本[姓]<性>? 菩薩戒[云經]<經云>,「我本[願]<源>自[姓]<性> 淸淨.」識心見性 自成佛道, 卽時豁然 還得本心.

【주해】

1 붓다 일대의 가르침을 경문의 형식과 내용에 따라 아래와 같은 열두 가지로 구분한 것을 말한다.

① 수다라修多羅 Ⓢsutra Ⓟsutta. 가장 보편적인 형식으로, 산문으로 법을 설한 것을 말한다. 계경契經이라고도 번역하는데, 한문에서는 이 산문을 흔히 '장행長行'이라고 표현한다.

② 기야祇夜 Ⓟgeyya. 응송應頌 또는 중송重頌이라고 하는데, 앞에서 설한 장행의 글에 응應하여 그 뜻을 거듭[重] 밝히는 게송을 말한다.

③ 가타伽陀 Ⓟgāthā. 고기송孤起頌 또는 풍송諷誦이라고 하는데, 산문의 글과 관계 없이 독립하여 쓰여진 게송을 말한다.

④ 인연因緣. 설법이나 교화의 인연을 설한 것.

⑤ 본사本事. 붓다 제자의 과거세의 내력이나 인연을 설한 것.

⑥ 본생本生. 붓다 자신의 전생의 수행을 설한 것.

⑦ 미증유未曾有. 보통 사람들이 경험할 수 없는 불가사의한 일을 설한 것.

⑧ 비유譬喩. 우화나 비유 등으로 가르침을 설한 것.

⑨ 논의論議. 법리의 논의와 문답 등을 기록한 것.

⑩ 자설自說. 묻는 사람 없이 붓다 스스로 설하신 것.

⑪ 방광方廣. 깊고 넓게 뜻을 심화하여 진리를 설한 것. 방등方等이라고도 부른다.

⑫ 수기授記. 장차 성불하리라는 기별을 주는 것을 설한 것.

앞의 셋은 경문의 형식에 의해 분류된 것이고, 뒤의 아홉은 그에 실린 내용에 의해 분류된 것이다.

2 이 곳 전후의 설법은 현대적인 표현에 의한다면 매우 인본주의적인 사고를 나타내고 있다고 말할 수 있다. 이것은 여래장사상의 연장에 있는 것으로서, 자신의 내면에서 깨달음을 구하도록 촉구하고자 하는 취지일 것이다.

3 역시 여래장사상의 표현이다. 그래서《화엄경》(60권본) 제10권 야마천궁보살설게품夜摩天宮菩薩說偈品<9-465하>의 게송 중에서도,「마음과 붓다와 중생, 이 셋은 차별이 없다[心佛及衆生 是三無差別]」라고 하였다. 뒤의 제21.2절과 제31.1절에도 같은 취지의 말이 나온다.

4 《화엄경》제19권 야마궁중게찬품夜摩宮中偈讚品<10-102하>에,「만약 사람이 삼세의 일체의 붓다를 알고자 한다면 법계의 성품을 관찰해야 하니 일체는 마음이 만든 것임을[若人欲了知 三世一

切佛 應觀法界性 一切唯心造]이라고 한 유명한 게송이 있고, 또 제54권 이세간품離世間品<10-288하>에는, 「삼계는 오직 마음이고 삼세는 오직 마음임을 알아야 한다[知三界唯心 三世唯心]」고 하였으며,

또 《대승기신론》에서도, 「법이라고 말한 것은 중생심을 말하는 것이니, 이 마음이 곧 일체 세간법과 출세간법을 포함한다[是心則攝 一切世間法出世間法].」(졸역『여래장 경전 모음』p.769)라고 하고 있는데, 모두 같은 의미일 것이다.

그 표현은 유식唯識적이지만, 여기에서의 마음은 자신의 마음을 가리키는 것이므로, 본문의 의도는 유식의 이치를 표명하려는 것보다는 자신의 불성을 강조하려는 데에 있는 것으로 생각된다.

5 앞의 제9.2절에서도 인용되었던 말이다. 그리고 뒤의 표현도 같은 절에서 한 번 나왔듯이 《유마경》에서 인용된 말이다.

18. 단박에 깨달음[頓悟]

18.1

"선지식 여러분, 나는 홍인 화상의 처소에서 한 번 듣고 말 끝에 크게 깨달아[一聞言下大伍悟]¹ 진여의 본성을 단박에 보았습니다. 그래서 교법을 후대로 흘러가게 해서, 도를 배우는 사람으로 하여금 보리를 단박에 깨닫게 하고[頓悟],² 각자 스스로 마음을 보아[觀心]³ 자기의 본성을 단박에 깨닫게 하는 것입니다.

만약 스스로 깨달을 수 없는 사람이라면 반드시 큰 선지식을 찾아서 가르침을 받아 견성하도록 해야 합니다. 무엇을 큰 선지식이라고 이름합니까? 최상승법最上乘法을 알고 곧바로 바른 길[正路]을 보여 주는 사람이 큰 선지식입니다.⁴ 이는 큰 인연이니, 소위 교화하고 가르쳐서 붓다를 볼 수 있게 합니다.⁵ 일체의 선법은 모두 큰 선지식으로 말미암아 능히 일어나게 됩니다.⁶ 그러므로 삼세의 모든 붓다와 12부의 경전이, 사람의 성품 가운데 본래

善知識, 我於忍和尚處 一聞言下大[伍]<悟> 頓見眞如本性. 是故 [汝]<以>敎法流行後代, [今]<令>學道者 頓[伍]<悟>菩提, 各自觀心 令自本性頓悟.

若[能]<不能>自悟者 須覓大善知識 [亦]<示>道見[姓]<性>. 何名 大善[知]<知>識? 解最上乘法 直[是]<示>正路 是大善知識. 是大因緣, 所[爲]<謂> 化道令得見佛. 一切善法 皆因大善知識 能發起. 故三世諸佛 十二部經,

스스로 갖추어져 있다고 하더라도, 스스로 성품을 깨닫지 못하는 사람은 모름지기 선지식의 교화와 가르침을 받아 성품을 보도록 하여야 합니다.

만약 스스로 깨닫는 사람이라면 밖으로 선지식의 힘을 구하지 않습니다. 만약 밖으로 선지식을 구하여 해탈 얻기를 바란다면 있을 수 없는 일입니다. 자기의 마음속 선지식을 알면 바로 해탈을 얻습니다. 만약 자기 마음이 삿되고 미혹해서 망념으로 전도되면, 밖의 선지식이 곧 가르쳐 줄 것입니다. 여러분들이 만약 스스로 깨달을 수 없다면, 반야를 일으켜서 관조하십시오. 찰나간에 망념이 모두 소멸할 것입니다. 이것이 곧 자기의 진정한 선지식이니, 한 번 깨달음에 곧 붓다를 알 것입니다."[7]

云在人性中　本自具有, 不能自[姓]<性>悟　須得善知識示道見性.
若自悟者 不假外善知識. 若取外　求善知識　望得解[說]<脫> 無有是處. 識自心內 善知識 即得[解]<解脫>. 若自心邪迷　妄念顛倒, 外善知識　即有敎授. 汝若不得自悟, 當起般若觀照.　剎那間妄念俱滅. 即是自眞正善知識, 一悟卽知佛也.

【주해】

1 앞에서도 나왔듯이 남종이 강조하는 돈오의 모습이다.
2 후대에 대주혜해 大珠慧海* 선사는『돈오입도요문론頓悟入道要門論』이라는 글에서 돈오를 정의하여, 「돈」이란 단박에 망념을 없

18. 단박에 깨달음　241

앰이고, '오'란 얻을 것 없음을 깨닫는 것[頓者 頓除妄念, 悟者 悟無所得]이라고 표현하였다.

* 대주혜해 : 마조도일(709~788)의 제자로 그를 6년간 모시고 있었다는 것이 그의 생몰연대를 추정할 수 있는 유일한 근거라 함. 『돈오입도요문론』은 다른 어록들처럼 그의 문인이 편집한 것이 아니라, 대주혜해 자신이 직접 쓴 글이라 해서 중요한 자료로 다루어진다.

3 여기에서 「마음을 본다[觀心]」는 것은 북종에서 말하는 '간심간정 看心看淨'이 아니라, 『단경』에서 일관하고 있는 식심견성, 곧 반야로써 관조하는 것을 가리키는 취지이다.

4 《화엄경》 입법계품에는 선재동자가 선지식을 만날 때마다 선지식에 대하여 찬양하는 글이 끊임없이 거듭해서 나온다. 그 중 압권은 제77권<10-421중>에서 덕생德生동자와 유덕有德동녀가 선재동자에게 미륵보살을 찾아갈 것을 권하면서 하는 광대한 법문일 것이다.

그 중 일부만을 소개하면, 「선지식은 어머니와 같으니 붓다의 종자를 출생하는 연고요, 아버지와 같으니 광대하게 이익하는 연고며, 유모와 같으니 보호하여 나쁜 짓을 하지 못하게 하는 연고요, 교사와 같으니 보살이 배울 것을 보여주는 연고며, 좋은 길잡이와 같으니 바라밀다의 길을 보여 주는 연고요, 좋은 의사와 같으니 번뇌의 온갖 병을 치료하는 연고며, 설산雪山*과 같으니 일체지一切智의 약을 자라게 하는 연고요, 용맹한 장수와 같으니 일체의 두려움을 없애는 연고며, 강을 건네주는 사람과 같으니 생사의 폭류에서 벗어나게 하는 연고요, 뱃사공과 같으니 지혜의 보배

땅에 이르게 하는 연고이니, 선남자여 항상 이와 같이 정념으로 선지식을 생각해야 한다. … 선남자여 내가 다시 간략하게 말하자면, 일체의 보살행과 일체의 보살의 바라밀과 일체의 보살의 지위와 일체의 보살의 지혜와 일체의 보살의 다라니陀羅尼*문과 일체의 보살의 삼매문과 일체의 보살의 신통한 지혜와 일체의 보살의 회향과 일체의 보살의 서원과 일체의 보살이 성취하는 불법이 모두 선지식의 힘으로 말미암는 것이니, 선지식을 근본으로 삼고 선지식을 의지하여 생기며 선지식을 의지하여 뛰어나고 선지식을 의지하여 자라며 선지식을 의지하여 머물고 선지식이 인연이 되며 선지식이 능히 일으키는 것이다[善知識爲因緣 善知識能發起].」

* 설산 : 히말라야 산맥을 가리키는데, 불교에서는 석가모니 세존께서 과거생에 여기에서 수행한 인연으로, 여러 경전에서 그 때의 일화가 언급됨으로써 더욱 유명해진 이름이다.

* 다라니 : 보통 총지總持라 한역하는데, 크게 아래와 같은 두 가지 뜻이 있다. 첫째는 불교의 핵심을 담아 신비적인 힘을 가지고 있다고 믿어지는 주문(흔히 이는 진언眞言이라고도 부른다). 둘째는 수많은 지혜와 법문 등을 모두 지녀 잃어버리지 않는 것.

5 선지식이 인연이라는 것은, 바로 앞의 《화엄경》의 글에서도 나왔지만, 본문은 《법화경》 제7권 묘장엄왕본사품<9-60하>에 나오는 다음의 글에서 따온 것으로 보인다.「선지식이 큰 인연이니, 소위 교화하고 인도하여 붓다를 보게 하고 아뇩다라삼먁삼보리의 마음을 일으키게 한다[善知識者是大因緣, 所謂化導令得見佛 發阿耨多羅三藐三菩提心].」

6 유사한 표현이 앞에서 인용한 《화엄경》의 글에서도 나왔다.

7 돈박본에는 이 부분이 「한번 깨달음에 곧 붓다의 지위에 이릅니다[一悟卽至佛地]」로 되어 있다.

18.2

"자기 성품의 마음의 땅[心地]⁸ 위에서 지혜로써 관조하여 안팎이 밝게 사무치면 [內外明徹] 자기의 본심을 알게 됩니다. 만약 본심을 안다면 곧 이것이 해탈이고, 이미 해탈을 얻으면 곧 이것이 반야삼매이며, 반야삼매를 깨달으면 곧 이것이 무념입니다.

무엇을 무념이라고 이름합니까? 무념법이란 일체법을 보되 일체법에 집착하지 않고, 일체처에 두루 하되 일체처에 집착하지 않으며, 항상 자기의 성품을 깨끗이 해서 여섯 도적[六賊]으로 하여금 여섯 문[六門]으로 달려 나가게 하나,⁹ 육진 중에서 떠나지도 않고 물들지도 않아 오고 감이 자유로운 것[來去自由]을 말합니다.¹⁰ 이것이 곧 반야삼매이고, 자재해탈이며, 무념행이라고 이름하는 것입니다.

온갖 사물을 생각하지 않음으로써 생각이 끊어지도록 해서는 안 됩니다.¹¹ 이것은 바로 법에 속박되는 것이므로 곧 변견 邊見이라고 이름합니다.¹² 무념법을 깨달은 사람은 만법에 모두 형통하고, 무념법

自性心地 以智惠觀照 內外[名]<明>徹 識自本心, 若識本心 卽是解脫, 旣得解脫 卽是般若三昧, 悟般若三昧 卽是無念.

何名無念? 無念法者 見一切法 不着一切法, 遍一切處 不着一切處, 常淨自性 使六賊 從六門走出, 於六塵中 不離不染 來去自由.
卽是般若三昧, 自在解脫, 名無念行.

莫百物不思 當令念絶. 卽是法[傳]<縛> 卽名邊見.
悟無念法者 萬法盡通, 悟無念法者 見

을 깨달은 사람은 모든 붓다의 경계를 보 諸佛境界, 悟無念頓
며, 무념의 돈법을 깨달은 사람은 붓다의 法者 至佛位地.
지위[佛位地]에 이릅니다."¹³

【주해】

8 마음의 땅, 즉 심지心地의 뜻은 《대승본생심지관경本生心地觀經》 제8권 관심품觀心品<3-327상>에서 다음과 같이 명확히 설명하고 있다. 「중생의 마음은 마치 대지와 같다[衆生之心猶如大地]. 오곡백과가 대지에서 생기는 것과 같이, 마음은 세간과 출세간의 법, 선·악의 5취*, 유학과 무학, 독각, 보살 및 여래를 낸다. 이러한 인연으로 삼계는 오직 마음일 뿐이니, 마음을 이름하여 땅이라 한다[三界唯心, 心名爲地].」

* 5취 : 윤회하는 육도 중 아수라를 제외한 다섯 갈래를 말한다. 지옥·아귀·축생의 셋은 악취이고, 사람·하늘의 둘은 선취이다.

9 우리가 생사에 윤회하는 근본원인은 여섯 감각기관[六根]이 대상을 인식하여 분별을 일으킴에 있다. 그래서 육근이 우리로부터 진실을 앗아가는 근본이 됨을 도적에 비유하여 여섯 도적[六賊]이라 하였고, 그 육근이 인식대상인 육진과 접촉하는 것을 여섯 가지 문[六門]이라고 한 것이다.

10 이 『단경』에서 거듭 설명하고 있는 중요한 시각이다. 앞의 제15.4절에서는 이를 '취하지도 않고 버리지도 않는다'라고 표현하였다.

11 앞의 제8.3절에서는 「백 가지 사물을 생각치 않고 생각을 모두 제거해 버려서는 안 됩니다[莫百物不思 念盡除却]」라고 한 것과 완전히 동일한 의미이다. 앞에서는 이것을 또 '念不去'나 '莫去雜妄'이라고도 표현하였다.

12 여기에 이르면 『단경』의 시각은 매우 분명해진다. 설하고자 하는 법을 잘 이해하게 하기 위하여 먼저 선정과 지혜를 설명(제7절)한 다음, 본론을 돈오(제8.1절)와 무념·무상·무주 두 가지 축으로 해서 전개한 다음, 여기에 이르러 결론을 '무념의 돈법'(본문 말미의 표현이다)이라고 맺기에 이른다. 앞에서 이미 본 것처럼 무념·무상·무주의 셋은 별개가 아니기 때문에 결론에서 무상과 무주 두 가지가 언급되지 않고 있다고 해도 이것이 누락된 것이라고 볼 것은 아니다.

그리고 여기에서 무념은 염을 없애는 것이 아니라, '염'에서 '불염'[於念而不念]하는 것임을 다시 한 번 강조한다. 이것이 중도라는 것이다. '염'을 제거하는 것은 '염'에 집착하는 것과 마찬가지로 한 쪽에 집착하는 것으로, 법에 대한 잘못된 집착이고 치우친 변견이라는 것이다. 그 의미는 거듭 설명되어 왔고, 본문에서도 다시 언급되고 있으므로 재론하지 않는다.

'변견'은 제1부에서 설명한 바와 같이 유有도 아니고 무無도 아니며, 상常도 아니고 단斷도 아닌 제법의 실상, 곧 중도를 벗어나 한쪽에 치우친 잘못된 견해라는 뜻이다.

13 마지막의 「무념의 돈법을 깨달은 사람은 붓다의 지위에 이릅니다」라고 한 표현이 『단경』의 요지라고 표현할 수 있을 것이다.

19. 죄를 없앰 [滅罪]

19.1

"선지식 여러분, 후대에 나의 법을 얻은 사람은 항상 나의 법신이 여러분의 좌우를 떠나지 않음을 볼 것입니다.[1] 선지식 여러분, 이 돈교법문을 똑같이 보고 똑같이 행하며 서원을 일으켜 수지함은 붓다를 모시는 것과 같은 까닭에,[2] 종신토록 수지하고 물러나지 않는 사람은 성인의 지위[聖位][3]에 들게 될 것입니다.

그러나 모름지기 전하고 받을 때에는, 예로부터 말없이[4] 법을 부촉하였습니다. 큰 서원을 일으켜 보리에서 물러서지 않는다면 반드시 나누어 부촉하여야 합니다. 만약 견해가 같이 하지 않거나 뜻과 서원[志願]이 없다면 어디에서나 망령되이 선전해서는 안 됩니다. 그 사람을 손상시키고 끝내 이익이 없을 것입니다. 만약 어리석은 사람이 이해하지 못하여 이 법문을 비방한다면, 백 겁 만 겁 천 생 동안 붓다의 종자를 끊어 버리게 됩니다."[5]

善知識, 後代 得[悟]<吾>法者 常見吾法身 不離汝左右. 善知識, 將此頓敎法門 同見同行 發願受持 如[是]<事>佛故, 終身受持 而不退者 欲入聖位.
然須[縛]<傳>受時, 從上已來 嘿然而付於法. 發大誓願 不退菩提 卽須分付. 若不同見解 無有志願 在在處處 勿妄宣傳. 損彼前人 究竟無益. 若[遇]<愚>人 不解 謗此法門, 百劫萬劫千生 斷佛種性."

【주해】

1 육신은 비록 떠나지만, 법신은 항상 함께 할 것이라는 취지인데, 이 표현은《불유교경》에 나오는 다음의 글에서 따온 것으로 보인다.「이제부터 나의 모든 제자들이 전전하여 행한다면, 바로 여래의 법신이 항상 함께 하고 사라지지 않을 것이다[如來法身 常在而不滅也]. 그러므로 세상은 모두 무상無常하니 만남에는 반드시 이별이 있다는 것을 알아야 한다.」

2 원문의 '如[是]<事>佛故'에 해당하는 것인데, 돈박본에는 이 부분이 '如是佛敎'라고 되어 있어, 해석본 중에는 원문 중의 마지막 글자 '故'가 '敎'의 오자인 것으로 보고, 돈박본과 같이 해석하는 것도 있다.

3 깨달음을 얻게 되는 것, 즉 견도를 가리키는 것이다. 견도에 의해 범부에서 성인으로 종성種姓이 바뀐다(졸저『불교는』p.222. p.227 참조).

4 원문의 '嘿然'에 해당하는 것인데, 그 의미는「문자에 의하지 아니하고 마음에서 마음으로[不立文字 以心傳心]」라는 의미일 것이다.

5 이 일단의 문장에서 법을 전하지 않아야 할 대상, 그 이유와 잘못 전한 경우의 결과 등에 관한 내용은《법화경》(제2권) 제3 비유품<9-15중>에 나오는 다음과 같은 게송에서 착안된 것으로 보인다. 매우 상세하게 되어 있는데 그 일부만 여기에 옮긴다.

「사리불이여, 교만하고 게으르고 '나'를 헤아리는 소견 가진 이에게는 이 경전을 설하지 말라. 범부의 얕은 소견으로 오욕五欲*

에 깊이 탐착하여 들어도 이해하지 못하는 이에게도 설하지 말라. 어떤 사람이 믿지 못해 이 경전을 비방하면 모든 세간의 붓다의 종자 끊어 버리리라[若人不信 毁謗此經 則斷一切 世間佛種]. 혹은 얼굴 찌푸리며 의혹심을 품으면 이 사람이 받을 죄보 말할테니 들어 보라. 붓다께서 계시거나 열반하신 뒤에라도 이러한 좋은 경전 비방하는 사람이, 이 경전을 배워 읽고 쓰고 외는 사람보고 천대하고 미워하며 원수같이 생각하면 이 사람이 받을 죄보 말할테니 들어 보라.

그 사람은 죽은 뒤에 아비지옥 들어가서 한 겁 동안 죄를 받고 받은 뒤에 다시 나서, 이와 같이 죽고 나며 무수한 겁을 지내다가 지옥에서 나와서는 축생 길에 떨어져 개도 되고 여우도 되어, 그 모양 바싹 마르고 빛깔은 새까맣게 되어 간 데마다 발에 채이며 사람에게 미움받고 천대받게 되리라. 배는 항상 굶주리고 뼈와 살이 맞붙어서 살아서는 매를 맞고 죽을 때엔 돌에 묻히리니 붓다 종자 끊었으므로 이런 죄를 받는 것이다.」이상과 같이 자세하지는 않더라도 여러 경전에 이와 같은 표현이 적지 않게 나온다.

* 오욕 : 세간에서는 색욕·식욕·수면욕·재물욕·명예욕의 다섯 가지를 가리키는 경우가 많지만, 불교에서는 눈·귀·코·혀·몸의 오관에 의한 다섯 가지 감각대상(=색·성·향·미·촉)에 대한 감각적 욕망을 가리키는 것이 보통이다.

19.2

대사께서 말씀하셨다.
"선지식 여러분, 제가 말하는 무상송[無相頌]을 들으십시오. 미혹한 사람의 죄를 멸하게 하므로 멸죄송滅罪頌이라고도 합니다." 게송으로 말씀하시기를,

어리석은 자 복 닦고 도 닦지 않으면서
복을 닦음이 곧 도라고 말한다[6]
보시 공양하는 복이 끝없지만
마음 속 삼업三業[7]은 그대로 있다

복을 닦아 죄를 멸하고자 한다면
후세에 복은 얻지만 죄는 변함이 없다[8]
마음 속에서 죄의 연을 없앨 줄 알면
각자 자기 성품 속 참된 참회이니[9]

대승의 참된 참회를 깨달으면
사 없애고 바름 행해 죄 없음에 이르리
도 배우는 이 능히 스스로 관찰한다면
곧 깨달은 사람과 더불어 같게 된다

대사[10]께서 이 돈교를 전하게 하심은

大師言.
"善知識, 聽[悟]<吾>說無相[訟]<頌>. 令汝[名]<迷>者罪滅 亦名滅罪頌." 頌曰,

愚人修福不修道
謂言修福而是道*
布施供養福無邊
心中三業元來在

若將修福欲滅罪
後世得福罪无造
若解向心除罪緣
各自性*中眞懺悔*

若悟大乘眞懺悔*
除邪行正造无罪
學道之人能自觀
卽與悟人同一例

大師令傳此頓敎

배우는 사람과 같은 몸 되기 바라심이니	願學之人同一體
장차 본래의 몸을 찾고자 한다면	若欲當來覓本身
삼독의 나쁜 인연 마음 속에서 씻으라	三毒惡緣心中洗

힘써 도를 닦고 한가히 지내지 말라	努力修道莫悠悠
순식간에 헛되이 한 세상 끝나리니[11]	忽然虛度一世休
만약 대승의 돈교법[12]을 만나거든	若遇大乘頓敎法
경건히 합장하고 지심으로 구하라	虔誠合掌至心求

대사께서 설법을 마치시니, 위 사군使君[13]과 관료들, 스님들, 수행자들과 속인들이 "예전에 듣지 못한 것이다"라며 찬탄하는 말이 끊이지 않았다.

大師說法了, 韋使君 官寮 僧衆道俗 讚言 無盡 "昔所未聞".

【주해】

6 복과 복덕은 세간적인 복을 뜻하고, 도와 공덕은 깨달음에 유익한 것을 말한다. 이와 같은 복과 도, 수복修福과 수도修道, 복덕과 공덕을 구별하는 것이 『단경』의 일관된 입장이다. 앞의 제3.1절에서는 오조 홍인의 말을 통하여 나타낸 바 있고, 뒤의 제20절에서는 위 자사와의 문답을 통하여 자세히 밝히고 있다.

 * 저본에는 마지막 글자인 '道'자가 없다.

7 몸[身]·입[口]·마음[意]의 셋으로 행하는 업을 말한다. 이 세 가

지로 일체의 일상생활이 이루어지므로 일체의 업을 의미하게 된다. 업의 의미와 이 세 가지로써 짓는 열 가지 선한 업과 열 가지 악한 업에 대하여는 졸저 『불교는』 pp. 163-165를 참조.

8 원문은 '後世得福罪无造'인데 뒤의 '罪无造'라고 한 표현('无'는 '無'의 약자임)의 이해가 쉽지 않다.

다른 해석본들을 보면, ① 원문대로 두고, 「뒷 세상에 복은 얻으나 죄가 따르지 않으리오」라고 번역하거나(성철, 청화), ② 원문의 여섯째 글자 '无'를 '元'자인 것으로 읽고, 마지막 '造'는 '在'의 오기인 것으로 보아, 「후세에 복은 얻지만 죄는 원래 그대로 있다」라고 번역하고(지묵, 정유진), ③ 뒤의 두 글자 '無造'가 '還在'의 오기인 것으로 보고(후대본들은 모두 이와 같이 되어 있는데, 얌폴스키는 그래야만 다음 행의 '各自性中眞懺悔'와 운율이 맞는다고 하고 있다), 「후세에 복은 받아도 죄는 도리어 있네」라고 번역하기도 하며(얌폴스키), ④ 돈박본을 저본으로 한 경우 그 저본의 여섯째 글자가 '無'가 아니라 '元'자여서 「후세에 복 얻으면 죄 역시 함께 따른다」(정성본)라고 번역하고 있다.

그런데 이 행에서 세 행을 건너 뛰어 제3게송의 제2행에 다시 '除邪行正造无罪'라고 해서 '造无罪'라는 표현이 거듭 나오는 것을 보면 오자라고 보기는 어려울 것이 아닌가 한다. '造'자에 짓다, 제조하다, 조작하다 라는 등의 뜻이 있어 원문대로 두더라도 본문과 같이 번역할 수 있는 것으로 보았다.

9 앞의 제12절의 무상참회에서 본 것과 같은 내용이라고 말할 수 있겠다.

셋째 글자 '性'은 저본에는 '世'로 되어 있고, 마지막의 '悔'는

'海'로 되어 있다. 바로 다음 행의 마지막 글자 '悔'도 마찬가지로 '海'로 되어 있다.

10 오조 홍인대사를 가리키는 것으로 보는 것이 일반적이지만, 얌폴스키는 이를 혜능 자신을 가리키는 것으로 이해하고, 그래서 이 표현을 이 게송이 후대에 만들어진 것이라는 주장의 근거로 삼는다. 흥성사본과 원대본은 이 부분이 아예 '나의 스승[吾祖]'으로 되어 있고, 대승사본은 '5조五祖'라고까지 되어 있다.

11 원효대사의 『발심수행장』에 있는, 「홀연 백년이 이르거늘 어찌 배우지 않으며, 일생이 그 얼마이건대 닦지 않고 방일하는가[忽至百年 云何不學, 一生幾何 不修放逸]」라는 말을 떠올리게 한다.

12 이 『단경』을 가리키는 취지일 것이다.

13 자사刺史의 속칭. 소주 자사 위거를 가리킨다.

제4장 법 문 답

20. 공덕功德

20.1

위 사군이 예배하고 말하였다.
"스님의 설법은 실로 불가사의합니다. 제자에게 지금 조그만 의문이 있어 스님께 묻고 싶습니다. 바라건대 스님께서는 대자대비로 제자를 위하여 말씀해 주십시오."
대사께서 말씀하셨다.
"의문이 있으면 물으십시오. 어찌 두세 번 구하겠습니까?"
사군이 물었다.
"대사께서 설하신 법은 인도에서 오신 제1조 달마 조사의 종지가 아닙니까?"
대사께서 말씀하셨다.

使君禮拜[自]<白>言.
"和尚說法　實不思議.　弟子當有少疑欲[聞]<問>和尚. 望意和尚 大慈大悲 爲弟子說."
大師言.
"有[議]<疑>卽[聞]<問>. 何須再三?"
使君[聞]<問>.
"法可不是 西國第一祖 達磨祖師宗旨?"
大師言.

"그렇습니다."

"제자가 보고 듣기로는, 달마 대사께서 양梁 무제武帝를 교화하실 때, 달마 대사에게 묻기를, '짐이 평생 동안 절을 짓고 보시와 공양을 하였는데 공덕功德이 있습니까?'라고 하니, 달마 대사께서 답하시기를, '아무런 공덕이 없습니다.'라고 하므로, 무제가 실망하여 마침내 달마 대사를 나라 밖으로 나가게 했다고 하는데,[1] 이 말을 잘 알지 못하겠습니다. 스님께서 설명하여 주시기 바랍니다."[2]

육조께서 말씀하셨다.

"실제로 공덕이 없으니, 사군은 달마 대사의 말을 의심하지 마십시오. 무제는 삿된 도[邪道]에 집착하여 바른 법[正法]을 알지 못했던 것입니다."

"是."

"弟子見說, 達磨大師 [伐]<化>梁武[諦]<帝>, 問達磨 '朕一生[未]<已>來造寺布施供養 [有有]<有>功德否?', 達磨答言 '並無功德', 武帝惆悵 遂遣達磨出境, 未審此言. 請和尙說"

六祖言.

"實無功德, 使[君朕]<君>勿疑 達磨大師言. 武帝着邪道不識正法."

【주해】

1 달마 대사와 양무제 사이의 기연의 전말이 『경덕전등록』 제3권 보리달마 편에는 아래와 같이 기록되어 있다.

「대사는 바다에 떠서 3년을 지나 남해에 다다르니 양의 보통 8년 정미년 9월 21일이었다. 광주 자사 소앙蕭昻이 예를 갖추어 영접하고 무제에게 보고를 올렸다. 무제는 보고를 받고 사자에게 조서를 주어 맞아들이니 10월 1일 금릉金陵에 도착하였다. 무제가 대사에게 물었다. "짐이 왕위에 오른 이래 절을 짓고 경전을 쓰고 스님을 양성한 것이 이루 셀 수 없는데 어떤 공덕이 있습니까?"

대사가 대답했다. "아무 공덕도 없습니다."

"어째서 공덕이 없습니까?"

"이것은 단지 인간과 하늘의 조그만 과보를 받는 유루有漏*의 원인일 뿐이니[人天小果有漏之因], 마치 그림자가 형체를 따르는 것처럼 비록 있다고 해도 진실이 아닙니다[如影隨形 雖有非實]."

"어떤 것이 진실한 공덕입니까?"

"청정한 지혜는 묘하고 원만하여 체가 공적하니, 이러한 공덕은 세간법으로는 구하지 못합니다."

무제가 다시 물었다. "어떤 것이 성제의 제일의입니까[如何是聖諦第一義]?"

"텅 비어서 성스러움은 없습니다[廓然無聖]."

"짐을 대하고 있는 이는 누구입니까?"

"모릅니다[不識]."

무제가 알아듣지 못하니, 대사는 근기가 맞지 않음을 알았다. 그 달 19일 가만히 강북을 돌아서 11월 23일에 낙양洛陽에 이르니, 이는 후위의 효명제 태화 10년이었다. 숭산嵩山의 소림사少林寺에서 종일 벽을 향해 잠자코 앉았으니, 아무도 이해하지 못하고 대사를 벽관壁觀 바라문이라고 불렀다.」

* 유루 : 어떤 법을 반연할 때에 번뇌가 따라 증가하는 것을 유루라고 한다. 《구사론》(제1권)<29-1하>에 의하면, 「유루법은

어떤 것인가? 도제를 제외한 나머지 유위법을 말한다. 까닭이 무엇인가? 그 중에서는 모든 루漏가 동등하게 따라 증가[等隨增]하기 때문이다. 멸제와 도제를 반연해서도 모든 루는 비록 일어나지만, 따라 증가하지 않기 때문에 유루가 아니다. … 무루는 어떤 것인가? 도성제와 세 가지 무위를 말한다. … 까닭이 무엇인가? 그 중에서는 모든 루가 따라 증가하지 않기 때문이다.」라고 설명한다.

따라서 어떤 법을 반연할 때에 번뇌가 따라 증가하면 유루이고, 번뇌가 따라 증가하지 않으면 무루라고 한다. 결국 고·집에 속하는 법은 유루, 멸·도제에 속하는 법은 무루가 된다.

2 육조의 설법이 끝나자 청법자들을 대표하여 위 사군이 나서서 본절에서는 공덕과 복덕의 문제, 다음 절에서는 서방정토의 문제, 이 두 가지를 들어 질문한 것은, 오늘날과 마찬가지로 당시에도 기복불교와 정토불교가 성행하고 있었고, 또 그것이 과연 불교의 근본 가르침인가 라는 것이 논란의 대상이 되고 있었음을 반영하는 것으로 이해된다. 이에 대한 혜능의 설명은 앞에서의 설법과 일관되어 있다.

20.2

사군이 물었다.
"어째서 공덕이 없습니까?"
화상께서 말씀하셨다.

"절을 짓고 보시하며 공양하는 것은 단지 복을 닦는 것일 뿐입니다. 복을 공덕이라고 할 수는 없습니다. 공덕은 법신에 있는 것이지, 복전에 있는 것이 아닙니다.[3] 자신의 법성에 공덕이 있는 것이니, 성품을 보는 것이 공功이요, 평등하고 곧은 것[平直][4]이 덕德입니다. 불성은 밖으로는 공경을 행하는 것입니다.[5]

만약 모든 사람을 업신여기고 '나'라고 하는 아상을 끊지 못하면 곧 공덕은 없습니다. 자기의 성품이 허망하므로 법신에 공덕이 없는 것입니다. 생각생각마다 덕을 행하고 마음이 평등하고 곧으면 공덕이 가볍지 아니합니다. 항상 공경을 행하십시오. 스스로 몸을 닦는 것이 곧 공이요, 스스로 마음을 닦는 것이 곧 덕입니다. 공덕은 자기의 마음으로 짓는 것이므로, 복과 공덕은 다른 것입니다.

무제가 바른 이치를 알지 못한 것이지,

使君問.
"何以無功德?"
和尙言.
"造寺布施供養 只是修福. 不可將福 以爲功德. [在]<功德在>法身, 非在於福田. 自法性 有功德, [平]<見性是功, 平>直是德. 佛性 外行恭敬.

若輕一切人 [悟]<吾>我不斷 卽自無功德. 自性虛妄 法身無功德. 念念德行平等[眞]<直>心 德卽不輕. 常行於敬. 自修身 卽功, 自修[身心]<心> 卽德. 功德 自心作, 福與功德別.

武帝不識正理, 非祖

조사인 대사에게 잘못이 있었던 것이 아   大師有過."
닙니다."

【주해】

3 탑을 짓는 것의 복이 수행의 공덕에 비할 수 없음을 보여 주는 유명한 게송이 있는데, 오대산으로 문수보살을 찾아간 당 나라 스님 무착無着*에게 문수보살이 나타나 설했다는 것이다.
  「누구나 잠시라도 고요히 앉는다면[若人靜坐一須臾]
   한량없는 칠보탑을 세우는 것보다 낫다네[勝造恒沙七寶塔]
   보배탑은 필경 부서져 티끌되지만[寶塔畢竟碎微塵]
   한 순간 맑은 마음은 정각을 이룬다네[一念淨心成正覺]」
 * 무착문희無着文喜(821~900) : 남악회양 - 백장회해 - 위산영우로 이어지는 앙산혜적의 제자

4 뒤이어 나오는「平等直心」을 줄인 말이다. 그 의미는 앞에 제7.3절에서 이미 보았다.

5 불성을 말하는 두 가지 큰 목적은, 자기의 하열심을 없애고 정진을 일으키는 것과, 모든 중생을 업신여기지 않고 공경하게 함에 있다는 것은 앞에서 보았다. 따라서 불성의 외적 발현은 남을 공경함에 있다고 말할 수 있는 것이다. 이것은 앞의 제11.3절에서도 이미 자세히 보았다.

21. 서방극락세계 [西方]

21.1

위 사군이 예배하고 또 물었다.
"제가 보니, 스님이나 수행자나 속인이 항상 아미타불[1]을 생각하며[念][2] 서방[3]에 가서 나기[往生]를 원했습니다. 스님께서 설명해 주시기를 청합니다. 가서 날 수 있습니까? 의심을 풀어 주시기 바랍니다."
대사께서 말씀하셨다.
"사군은 들으십시오. 제가 말씀해 드리겠습니다. 세존께서 사위국舍衛國[4]에 계시면서 서방으로 인도하여 교화하는 것을 말씀하셨으니,[5] 경전의 글에서 분명히 「여기에서 멀지 않다[去此不遠]」[6]고 하였습니다. 단지 낮은 근기의 사람을 위해서는 가깝다고 하였고, 멀다고 한 것은 높은 지혜의 사람을 위한 것입니다.[7] 사람에는 두 종류가 있으나, 법에는 두 가지가 없습니다. 미혹함과 깨달음에 차이가 있어서, 소견에 더디고 빠름이 있는 것입니다. 미혹한 사람은 염불하여 저 곳에 나고자 하지

使君禮拜 又問.
"弟子見, 僧道俗 常念阿彌[大]<陀>佛 願往生西方. 請和尙說. [德]<得>生彼否? 望爲破疑."
大師言.
"使君聽. 惠能與說. 世尊在舍衛國 說西方引化, 經文分明 去此不遠.

只爲下根 說近, 說遠 只緣上智.
人自兩[重]<種>, 法無[不]<兩般>.
[名]<迷>悟有殊, 見有遲疾. 迷人 念佛生彼, 悟者 自淨其

만, 깨달은 사람은 스스로 그 마음을 깨끗이 합니다[自淨其心].⁸ 그래서 붓다께서 「그 마음이 청정함을 따라 불국토도 청정한 것이다」⁹라고 말씀하셨습니다.

사군이여, 동방¹⁰도 다만 깨끗한 마음이면 죄가 없고, 서방도 마음이 깨끗치 않으면 허물이 있는 것입니다. 미혹한 사람은 동방이나 서방에 나기를 원하나, 있는 곳은 다 한가지입니다. 마음에 단지 부정不淨만 없다면 서방이 여기서 멀지 않고, 마음에 부정한 마음이 일어나면 염불하여 왕생코자 하여도 이르기 어렵습니다.

십악十惡¹¹을 없애면 곧 10만 리를 가고, 팔사八邪¹²가 없으면 곧 8천 리를 지납니다.¹³ 단지 곧은 마음을 행하기만 하면 마치 손가락 퉁기는 사이에[彈指]¹⁴ 이를 것입니다. 사군이여, 단지 십선十善¹⁵을 행하기만 한다면 어찌 다시 왕생하기를 바랄 것이며, 십악의 마음을 끊지 않는다면 어떤 붓다께서 오셔서 영접하겠습니까?¹⁶

만약 무생無生의 돈법¹⁷을 깨닫는다면 서방을 보는 것이 찰나일 것이고, 돈교 대승을 깨닫지 못하면 염불하여도 왕생할 길이 멀 것이니 어떻게 닿겠습니까?"

心. 所以[言佛]<佛言> 隨其心淨 則佛土淨.

使君, 東方 但淨心 無罪, 西方 心不淨 有愆. 迷人 願生東方西[者]<方>, 所在處並皆一種. 心但無不淨 西方 去此不遠, 心起不淨之心 念佛往生難到.

除[惡]<十惡> 卽行十萬, 無八邪 卽過八千. 但行[眞]<直>心 到如[禪]<彈>指. 使君, 但行十善 何須更願往生, 不斷十惡之心 何佛 卽來迎請?

若悟無生頓法 見西方 只在刹那, 不悟頓敎大乘 念佛 往生路遙 如何得達?"

【주해】

1 무량광불無量光佛을 뜻하는 범어 Amitabha와, 무량수불無量壽佛을 뜻하는 범어 Amitayus에 공통되는 앞 Amita의 음역 '아미타'에 붓다의 '불'을 붙인 것이므로, 한량없는 광명과 한량없는 수명을 가진 붓다라는 뜻이 된다. 소위 정토淨土삼부경*에 등장하는 이 붓다는 오랜 옛적 과거세에 세자재왕불世自在王佛의 교화를 받은 법장法藏 비구가 이상적인 불국토를 건설하여 남들과 함께 성불하고자 하는 서원을 세우고 장구한 세월을 수행한 결과 지금부터 10겁 전에 그 원행이 성취되어 아미타불이 되었고, 지금도 즐거움만이 있는 극락세계에서 설법을 하고 계시다고 하며, 이 붓다의 명호를 부르면 그 극락세계에 왕생할 수 있다고 한다.

* 정토삼부경 : 위와 같은 정토신앙의 소의경전인 《아미타경》, 《무량수경》, 《관무량수불경》의 세 경전을 말함.

2 붓다의 법신 내지 형상 등을 마음으로 생각하는 것을 말하는데, 대표적인 타력他力신앙에 속한다. 이러한 염불신앙은 《무량수경》(하권)<12-279상>에서, 「그 어떤 사람이 그 붓다의 명호를 듣고 환희 용약하고 나아가 한 번 생각만이라도 한다면, 이 사람은 큰 이익을 얻을 것이라고 알아야 할 것이니, 곧 위 없는 공덕을 구족하는 것이다.」라고 하거나, 《아미타경》<12-347중>에서, 「만약 선남자 선여인이 아미타불을 듣고 명호를 가져 지니기를 혹은 하루 내지 혹은 7일 동안 하여 한 마음으로 어지럽지 아니하면[一心不亂], 그 사람은 임종시에 아미타불이 모든 성스러운 대중들과 함께 그 사람의 앞에 나타나므로, 이 사람은 마칠 때 마음이 전도되지 않고 곧

아미타불의 극락국토에 가서 나게 된다. 사리불이여, 나는 이와 같은 이익을 보기 때문에 이 말을 하는 것이니, 만약 어떤 중생이 이 말을 듣는다면 응당 그 국토에 나기를 발원해야 한다.」라는 등에 기초를 둔 것이다.

그런데 이러한 염불에는 법신으로서의 붓다를 마음으로 생각하는 법신염불法身念佛, 붓다의 형상이나 공덕을 마음에 떠올리는 관념염불觀念念佛, 특정 붓다의 명호를 입으로 부르는 칭명염불稱名念佛 등이 있다.

본문은 '나무아미타불'이라고 하여 아미타불의 명호를 부르는 칭명염불을 가리키는 취지일 수도 있다. 여섯 글자로 되었다고 해서 육자명호六字名號라고 불리는 이것은 아미타불에게 귀의한다는 뜻이다. '나무'는 빠알리어 'namo'(범어로는 'namas')의 음역어인데, 원래는 예배를 의미하는 것이었지만, 불교에서 귀의 내지 신앙을 뜻하는 용어로 사용되고, 그래서 한역에서는 경례, 귀의, 귀명, 귀경, 귀례 등으로 번역된다.

3 《아미타경》<12-346하>에, 「여기에서 서방으로 십만억 불국토를 지나 세계가 있으니 이름을 극락極樂이라 한다. 그 국토에 붓다께서 계시니 이름이 아미타로, 지금 현재 설법하고 계신다. 사리불이여, 그 국토를 무엇 때문에 극락이라 하는가 하면, 그 국토의 중생은 온갖 괴로움이 없고 오직 모든 즐거움만을 받기 때문에 극락이라고 이름한다.」라고 되어 있다.

4 중인도 코살라Kosala국의 수도인 슈라바스티Śrāvastī(빠알리어로는 싸왓띠Sāvatthī)를 말한다. 한역에서는 사위성, 실라벌室羅筏, 또는 실라벌성이라고 하는데, 성 남쪽에 붓다께서 오래 머물

면서 법을 설하셨던 기원정사祇園精舍*가 있어 유명해진 곳이다. 사위국이라 하여 성 이름을 나라 이름으로 부르는 것은, 남쪽에 있던 코살라국과 구별하기 위한 것이라 함.

* 기원정사 : 기수급고독원祇樹給孤獨園이라는 승원에 있던 수행처의 명칭. 이 주석에 나오는 명칭들에 관하여는 졸저 『반야심경·금강경 읽기』의 제1.1절에 대한 주해를 참조.

5 《아미타경》은 사위국 기수급고독원에서 설하셨다고 하는 경전이다.

6 이 표현은 《아미타경》에 나오는 것이 아니라, 《관무량수불경》<12-341하>에, 「그대는 지금 아는가? 아미타불은 여기에서 멀지 않다[阿彌陀佛 去此不遠]」라는 표현이 나온다. 그런데 후자는 사위국에서 설한 것이 아니고, 왕사성王舍城* 기사굴산에서 설한 경전이라고 기재되어 있다.

* 왕사성 : 고대 중인도 마가다Magadha국의 수도인 라자가하 Rājagaha를 말한다.

7 염불왕생은 근기가 낮은 사람을 불교로 인도하기 위한 이행도易行道임을 가리키는 취지이다.

8 소위 칠불통계게七佛通戒偈*에, 「모든 악을 짓지 아니하고 모든 선을 받들어 행하며 스스로 그 뜻을 청정히 하는 것이 모든 붓다의 가르침이다[諸惡莫作 諸善奉行 自淨其意 是諸佛敎]」라고 하는 유명한 게송이 있는데, 여기에서 인용된 표현이다. 이 게송은 《법구경法句經》 술불품述佛品, 《출요경出曜經》 제25권 악행품, 《법집요송경法集要頌經》 죄장품罪障品 등 여러 곳에 실려 있다.

* 칠불통계게 : 과거 7불(제30절 참조)이 공통으로 수지하였다

고 하는 게의 게송.

9 이 인용은 《유마경》(상권) 제1 불국품<14-538중>에 있는 아래의 글을 가리키는 것이다.「보적이여, 보살은 그 곧은 마음[直心]을 따라 행을 일으키고[發行], 행을 일으킴을 따라 깊은 마음[深心]을 얻으며, 그 깊은 마음을 따라 뜻이 조복되고[意調伏], 뜻이 조복됨을 따라 설한 대로 행하게 되며[如說行], 설한 대로 행함을 따라 능히 회향하게 되고[能迴向], 회향함을 따라 방편을 갖게 되며[有方便], 그 방편에 따라 중생을 성취하고[成就衆生], 중생을 성취함을 따라 불국토가 청정해지며[佛土淨], 불국토가 청정해짐을 따라 설법이 청정해지고[說法淨], 설법의 청정함을 따라 지혜가 청정해지며[智慧淨], 지혜의 청정함을 따라 그 마음이 청정해지고[其心淨], 그 마음이 청정함을 따라 일체의 공덕이 청정해진다[功德淨]. 그러므로 보적이여, 만약 보살이 정토를 얻고자 하면 마땅히 그 마음을 청정히 해야 하는 것이니, 그 마음이 청정함을 따라 곧 불국토도 청정한 것이다[若菩薩欲得淨土 當淨其心, 隨其心淨 則佛土淨].」

10 서방의 극락정토에 왕생한 사람 이외의 사람이 있는 곳을 총칭하는 의미일 것이다.

11 신·구·의의 셋으로 짓는 열 가지의 악한 업을 말하는 것이다. 살생·주지 않은 것을 가지는 것[偸盜]·삿된 음행[邪淫], 거짓말[妄語]·이간하는 말[兩舌]·거친 말[惡口]·꾸미는 말[綺語], 탐욕·증오[瞋恚]·어리석음을 말한다. 이 중 앞의 세 가지는 신체적인 업, 가운데 네 가지는 언어적인 업, 뒤의 세 가지는 정신적인 업이다.

12 팔정도의 반대되는 8가지의 부정한 것[邪]을 가리킨다. 또 이

팔사를, 중도를 벗어난 여덟 가지 변견인 팔미八迷 내지 팔계八計로 이해하는 견해도 있다.

13 서방까지의 거리가 십만팔천 리임을 전제로 한 표현이다. 그러나 경전상으로는 아무런 근거가 없다고 한다. 단지 장안에서 인도 왕사성까지의 거리가 십만팔천 리라고 한 기록이 있다고 하는데, 여기에서 나온 것이 아닐까 추측한다.

14 경전에 흔히 등장하는 순식간임을 나타내는 비유임.

15 앞에 나온 십악을 행하지 않는 열 가지 선업을 말한다.

16 '어떤 붓다께서 오셔서 영접하겠습니까?'라고 한 것은, 앞의 《아미타경》에도 나왔듯이 정토에 왕생할 사람은 임종시 붓다와 보살이 나타나서 영접[來迎]한다고 한 것을 염두에 둔 표현이다.

　우리 나라 선종의 중흥조로 추앙되는 고려 후기의 국사 보조普照 지눌知訥(1158~ 1210)이 그의 정혜결사문에서 정토왕생에 대하여 설명한 아래의 글도 본문과 같은 뜻을 보이고 있다. 「붓다와 조사들이 말한 바 정토에 나기를 구함의 취지는 모두 자기의 마음을 떠나지 않는다. 자기 마음의 근원을 떠나 어디로 향해 가겠는가? 비록 염불하여 정토에 나기를 구하지 않더라도 오직 마음뿐임을 알아 따라서 관찰한다면 자연히 그 곳에 날 것임은 정해져 있어 의심의 여지가 없다. 붓다의 뜻을 아는 사람은 비록 붓다의 명호를 생각[念]하면서 왕생하기를 간절히 구하면서도, 그 붓다의 세계를 장엄하는 등의 일은 오고 감이 없고 오직 마음에 의지하여 나타나는 것으로 진여를 떠나지 않는 것임을 안다. 그러므로 생각생각 중에 혼침과 산란을 여의고 선정과 지혜를 평등하게 하여 밝고 고요한 성품을 어기지 않는 즉, 털끝 만큼의 간격도 없이 감응의 길이 통하는 것이, 마치 물이 맑으면 달이 나타나고 거울이 깨끗하면 영상이 분명한 것과 같다.」

17 생멸을 떠난 진실을 단박에 깨닫는 법문이라는 것인데, 본『단경』의 가르침을 가리키는 취지이다. '무생'이란 표현을 쓴 것은 염불하여 왕생하려는 것에 상대시키려는 의도일 것이다.

　바로 뒤에 나오는 '돈교 대승'도 마찬가지로 이『단경』의 가르침을 가리키는 뜻으로 보아야 할 것이다.

21.2

육조께서 말씀하셨다.

"제가 사군에게 서방西方을 옮겨 찰나간 刹那間에 눈 앞에서 바로 보게 하겠습니다.[18] 사군은 보기를 원합니까, 원하지 않습니까?"

사군이 예배하였다.

"만약 여기에서 볼 수 있다면 어찌 왕생할 필요가 있겠습니까? 바라건대 스님께서 자비로 서방을 나타나게 하시면 매우 좋겠습니다."

대사께서 말씀하셨다.

"당 나라에서 서방을 보는 것에 의심이 없겠지만, 곧 흩어질 것입니다."

대중들이 놀라 무슨 일인지 영문을 몰랐다.[19] 대사께서 말씀하셨다.

"대중들이여, 대중들은 정신 차리고 들으십시오. 세상 사람의 자기 육신은 성城이고, 눈·귀·코·혀·몸은 곧 성문이니, 밖으로 다섯 문이 있고, 안에는 의意라는 문이 있습니다. 마음은 곧 땅이고,[20] 성품[性]은 곧 왕이니, 성품이 있으면 왕이 있는 것이고, 성품이 가면 왕이 없는 것입니

六祖言.

"惠能與使君 移西方刹那[問]<間> [日]<目>前便見. 使君願見否?"

使君禮拜.

"若此得見 何須往生? 願和尚 慈悲 爲現西方 大善."

大師言.

"唐見西方無疑, 卽散."

大衆愕然 莫知何[是]<事>. 大師曰.

"[大大衆衆]<大衆, 大衆>作意聽. 世人自色身 是城, 眼耳鼻舌身 卽是城門, 外有五門, 內有意門. 心卽是地, 性卽是王, 性在王在, 性去王無.

다. 성품이 있으므로 신심身心이 있고, 성품이 가면 신심이 무너집니다. 붓다는 자기의 성품이 짓는 것이니[21] 몸 밖에서 구해서는 안 됩니다. 자기 성품이 미혹하면 붓다도 곧 중생이고, 자기 성품이 깨달으면 중생이 곧 붓다입니다.

자비는 곧 관음觀音이고, 희사喜捨[22]는 세지勢至[23]라고 부르며, 능히 청정하게 함[能淨]이 석가이고, 평등하고 곧음[平直]은 미륵彌勒[24]입니다. 인아상은 수미산이고, 삿된 마음[邪心]은 큰 바다이며,[25] 번뇌는 파도이고, 독한 마음은 악룡惡龍이며, 진로塵勞는 바로 물고기와 자라이고, 허망은 곧 귀신이며, 삼독三毒은 곧 지옥이고, 어리석음[愚癡]은 바로 축생이며, 열 가지 선[十善]은 바로 천당입니다. 인아상이 없으면 수미산이 저절로 무너지고, 삿된 마음[邪心]을 없애면 바닷물이 마르며, 번뇌가 없으면 파도가 사라지고, 미워하고 해침[毒害]을 없애면 물고기와 용이 끊어집니다.

자기 심지心地 위에 깨달음의 성품의 여래[覺性如來]가 큰 지혜의 광명을 베풀어 육문을 비추어서 청정하게 하고, 욕계의

性在身心存, 性去[身]<身心>壞. 佛是自性作 莫向[身]<身外>求. 自性迷 佛[卽]<卽是>衆生, 自性悟 衆生卽是佛. 慈悲 卽是觀音, 喜捨 名爲勢至, 能淨是釋迦, 平[眞]<直>是彌勒. 人我 是須彌, 邪心 是大海, 煩惱 是波浪, 毒心 是惡龍, 塵勞 是魚鼈, 虛妄 卽是[神鬼]<鬼神>, 三毒 卽是地獄, 愚癡 卽是畜生, 十善 是天堂. [我无]<无我>人 須彌自倒, 除邪心 海水竭, 煩惱無 波浪滅, 毒害除 魚龍絶。自心地上 覺性如來 施大智惠 光明 照耀 六門淸淨, 照[波]

여섯 하늘[26]을 비추어 부수며, 아래로 비추어 삼독을 제거한다면, 지옥이 일시에 소멸하고 안팎이 밝게 사무쳐 서방과 다르지 않을 것입니다. 이와 같이 닦지 않는다면 어떻게 그곳에 이르겠습니까?"

설법을 들은 법좌 아래에서 찬탄하는 소리가 하늘에 사무쳤으니, 미혹한 사람들도 환하게 보았다. 사군이 예배하고 찬탄하여 말하였다.

"훌륭하고 훌륭하십니다. 널리 원하옵나니, 법계의 중생으로서 들은 사람은 일시에 깨달아 알기를 바랍니다."

<破> 六欲諸天, 下照 三毒若除, 地獄一時消滅 內外明徹 不異西方. 不作此修 如何到彼?"
座下[問]<聞>說 讚聲徹天, 應是迷人 [人]<了>然便見. 使君 禮拜讚言.
"善哉善哉. 普願, 法界衆生聞者 一時悟解."

【주해】

18 앞에서 본《유마경》불국품에서 「그 마음이 청정함을 따라 불국토도 청정하다」고 한 설법을 들은 사리불이, 「만일 보살의 마음이 청정함을 따라 불국토가 청정하다면 우리 세존께서 보살행을 하실 적에 마음이 부정하지 않았을 터인데 어찌하여 이 사바세계는 이처럼 청정하지 못한가?」라는 의문을 일으키자, 「세존께서 발가락으로 땅을 누르시니[以足指按地] 삼천대천세계가 즉시 온갖 보배로 장엄된 것이 마치 보장엄 붓다께서 한량없는 공덕으로 장엄한 국토와 같이 되었다.」라고 한 글에서 착안한 것으로 보인다.

19 무슨 취지인지 이해하기 어려운 대목이다('唐'이라는 글자도 과연 당 나라를 뜻하는 것인지 의심스럽다). 그래서인지 후대의 판본에서는 대사의 앞의 말「唐見西方無疑 卽散」부분과 함께 삭제되어 있다. 다른 해석본들 모두 풀이하기 어려운 부분이라고 토로하고 있어 이해에 큰 도움이 되지는 않으므로 소개를 생략한다.

20 앞의 제18.2절에서 자세히 보았다.

21 《관무량수불경》<12-343상>에서도,「이 마음이 붓다를 짓는 것이고 이 마음이 바로 붓다이다[是心作佛 是心是佛].」라고 말한다.

22 중생의 즐거움을 함께 기뻐하는 것을 희喜, 차별하는 마음을 버리고 평등한 마음을 갖는 것을 사捨라고 하는데, 중생에 대한 자애와 연민을 뜻하는 자·비와 함께 네 가지 한량없는 마음[사무량심四無量心]이라고 한다.

23 아미타불의 좌우보처補處보살이 관세음(관음)보살과 대세지(득대세 또는 세지)보살이라고 하는데, 관세음은 자비를, 득대세는 지혜를 각각 상징한다.

24 범어 Maitreya의 음역으로, 한역에서는 자씨慈氏라고도 함. 이름은 아일다阿逸多로, 석가모니 세존의 교화로 미래에 성불하리하는 수기를 받고, 도솔천兜率天*에 올라가 천인들을 교화하고 있는데, 세존 입멸 후 56억7천만 년이 지나면 다시 사바세계에 출현하기로 되어 있다는 미래의 붓다.

* 도솔천 : 바로 뒤에 나오는 욕계의 여섯 하늘 중 제4천. 이 하늘의 내원內院은 장래 붓다가 될 보살들의 주처로서, 석가모니도 과거 여기에서 수행하였고, 미륵보살도 지금 여기에서 설법하

고 있다고 한다. 이 곳 천인의 수명은 사천 년, 그 하루는 인간세계의 사백 년에 해당한다고 한다.

25 수미산과 큰 바다는, 뒤에서 「수미산이 저절로 무너지고, … 바닷물이 마르며」라는 말이 뒤따르는 것으로 미루어, 그만큼 꺾기 어렵고 건너기 어려운 장애가 됨을 비유한다.

26 삼계 가운데 욕계에 속하는 여섯 하늘세계[欲界六天]. 아래로부터 사천왕천四天王天(또는 사왕천), 삼십삼천三十三天(도리천忉利天이라고도 함), 야마천夜摩天, 도솔천, 낙변화천樂變化天(화락천化樂天이라고도 함), 타화자재천他化自在天의 여섯이다.

22. 수행 修行

대사께서 말씀하셨다.

"선지식 여러분, 만약 수행하고자 한다면 집에 있더라도 가능하니, 절에 있어야만 하는 것이 아닙니다. 절에 있더라도 수행치 아니하면 서방에 있는 마음 나쁜 사람과 같고, 집에 있으면서 수행한다면 동방 사람이 선善을 닦는 것과 같습니다. 오직 바라는 것은 자기 스스로 청정함을 닦는 것이니, 곧 이것이 서방입니다."

사군이 물었다.

"화상이시여, 집에서 어떻게 수행합니까? 가르쳐 주시기 바랍니다."

대사께서 말씀하셨다.

"선지식 여러분, 제가 수행자와 속인들을 위하여 무상송無相頌을 지어 드릴 것이니 다들 외워 지니십시오. 이에 의하여 수행하면 항상 저의 말과 한 곳도 다름이 없을 것입니다." 게송으로 말씀하시기를,

설법도 통달하고 마음도 통달함이여[1]
태양이 허공에 이른 것과 같다

大師言.

"善知識, 若欲修行 在家亦得, 不由[在在寺寺]<在寺. 在寺>不修 如西方心惡之人, 在家若修行 如東方人修善. 但願自家修淸淨. 卽是 [惡]<西>方."

使君問.

"[和]<和尙>, 在家如何修? 願爲指授."

大師言.

"善[智]<知>識, 惠能 與道俗 作無相頌 盡誦取. [衣]<依>此修行 常與惠能說 一處無別." 頌曰,

說通及心通
如日至虛空

오직 돈교법을 전하여	惟傳頓敎法
세상에 나와[2] 삿된 종지를 깨트린다	出世破邪宗

가르침에는 돈과 점이 없으나	敎卽無頓漸
미혹함과 깨침에 더디고 빠름 있으니	迷悟有遲疾
이 돈교법을 배운다면	若學頓敎法
어리석은 사람도 미혹할 수 없으리	愚人不可迷

말은 비록 만 가지이지만	說卽須萬般
합하면 하나로 돌아가는 것	合離還歸一
번뇌의 어두운 집 안에	煩惱暗宅中
항상 지혜의 태양을 일으키라	常須生慧日

삿됨은 번뇌로 인하여 오고	邪來因煩惱
바름이 오면 번뇌는 없어지는 것	正來煩惱除
삿됨과 바름을 모두 쓰지 않으면	邪正[疾]<悉>不用
청정하여 무여無餘[3]에 이르리라	淸淨至無餘

보리는 본래 청정한데	菩提本淸淨
마음을 일으킴[起心]이 곧 망령됨이라	起心卽是妄
깨끗한 성품이 망령됨 속에 있으니	淨性於妄中
오직 바르면 세 가지 장애[4]를 없앤다	但正除三障

세간에서 만약 수도하려면	世間若修道

일체가 모두 방해되는 것 아니니	一切盡不妨
항상 자기의 허물을 드러내라[5]	常現在己過
도와 더불어 곧 상응하리라	與道卽相當
형상 있는 무리[6]는 스스로 도가 있거늘	色類自有道
도를 떠나 따로 도를 찾는구나	離道別覓道
도를 찾아도 도를 보지 못하니	覓道不見道
필경 도리어 고뇌하리라	到頭還自懊
만약 간절히 도를 찾고자 하면	若欲貪覓道
바르게 행하라 그것이 바로 도이다	行正卽是道
스스로 바른 마음이 없으면	自若無正心
어둠 속을 감이라 도를 보지 못한다	暗行不見道
진정으로 도를 닦는 사람이라면	若眞修道人
세간의 어리석음 보지 않느니	不見世間愚
만약 세간의 잘못을 보면	若見世間非
스스로 그릇되어 도리어 허물이 된다	自非却是左
남의 그릇됨은 내 죄는 아니지만	他非我[有]<不>罪
나의 그릇됨은 스스로 죄 있음이니	我非自有罪
오직 스스로 잘못된 마음 버리고	但自去非心
번뇌를 쳐부수어 버리라	打破煩惱碎

어리석은 사람을 교화하려면	若欲化愚人
모름지기 방편이 있어야 하는 것	是須有方便
그의 의심을 깨트려 버리지 말라[7]	勿令破彼疑
곧 보리를 보게 되리라	卽是菩提見

법은 원래 세간에 있어	法元在世間
세간에서 세간을 벗어나는 것이니	於世出世間
세간을 떠나서	勿離世間上
밖으로 세간 벗어남을 구하지 말라[8]	外求出世間

삿된 견해는 세간에 있고	邪見[出]〈在〉世間
바른 견해는 세간 벗어남이니	正見出世間
삿됨과 바름 모두 다 쳐부수면	邪正悉打却
보리의 성품 완연하리라[9]	菩提性宛然

이것이 오직 돈교이니	此但是頓敎
또한 대승이라고 이름하는 것	亦名爲大乘
미혹하면 무수한 세월 지나지만	迷來經累劫
깨달으면 곧 찰나간이로다	悟則刹那間

【주해】

1 원문의 '설통說通'과 '심통心通'에 해당하는 것이다. 출전은 《능

가아발다라보경》 제3권<16-503상>에 나오는 다음의 글이다.

「삼세의 여래에게 두 가지 법의 통달[通]이 있으니, 소위 설통說通과 자종통自宗通이다. 설통이란 말하자면 중생의 마음의 근기를 따라 갖가지 경전을 말해 주는 것이니, 이를 설통이라고 이름한다. 자종통이란 수행자가 자기 마음에 나타난 갖가지 망상을 여의는 것[離自心現種種妄想]을 말한다. 말하자면 하나와 다름이나 함께 함과 함께 하지 아니함의 품류[一異俱不俱品]에 떨어지지 않고, 일체의 심·의·식*을 초월해 건너서[超度一切心意意識], 스스로 깨달은 성지의 경계[自覺聖境]는 인연으로 이루어진 견·상분*을 여읜 것[離因成見相]으로, 일체의 외도나 성문 연각으로 두 가지 극단에 떨어진 자는 알 수 없는 것이다. 나는 이것을 자종통의 법이라고 이름한다.」

본문의 심통은 여기에 나온 자종통(=스스로의 근본[自宗]에 통달한다는 의미) 내지 종통과 같은 것으로, 스스로 깨달은 성지의 경계라는 것이므로, 무분별지로 알고 보는 진실의 세계를 가리키는 것이고, 이것이 바로 심통, 즉 마음을 통달하는 것이라는 취지이다. 이 뜻을 이어서 후대의 『종경록宗鏡錄』*이라는 문헌(제29권)에는, 옛 사람의 게송이라 하여 「설법에는 통하지만 근본에 통하지 못하면 태양이 구름에 덮인 것과 같고[說通宗不通 如日被雲朦], 근본에도 통하고 설법에도 통한다면 태양이 허공에 뜬 것과 같다[宗通說亦通 如日處虛空].」라고 하는 게송을 인용하고 있다.

* 심·의·식 : 근본불교에서는 인식의 종류를 여섯 가지 인식대상에 상대해서 여섯 가지, 즉 육식으로 분류하였지만, 대승의 유식이론에서는 인식의 종류를 여덟 가지로 파악한다. 색·성·향·

미·촉·법경을 인식하는 안·이·비·설·신·의식의 여섯 가지에, 제7식인 말나末那manas식과 제8식인 아뢰야阿賴耶ālaya식(아리야식 또는 아라야식이라고도 함)의 두 가지를 더한 것이 그것이다. 추가된 두 가지 식은, 없던 식이 새로 생긴 것은 아닐 것이다. 복잡 미묘한 사람의 인식을 보다 적절하게 설명하기 위하여 기존의 제6식(=의식. 전前5식은 기존과 다를 것이 없음) 중 특수한 작용을 하는 심리작용을 따로 구분해 세운 것이라고 보면 된다.

이 새로운 인식이론에서는 사람의 생사를 전후하여 상속되는 것을 제8식이라고 파악하고, 이것이 모든 법을 일어나게 하는 종자를 간직하는 근본이 되는 것이라고 이해해서, 이것을 근본식, 종자식種子識, 장식藏識, 무몰식無沒識 등으로도 부른다.

그리고 말나식은 아뢰야식(그 중에서 주관적인 부분. 뒤에서 말하는 소위 견분見分)을 자아라고 잘못 생각하여 집착하는 자아의식이다.

이와 같은 아뢰야식과 말나식 및 기존의 육식의 셋을 간략히 칭할 때 순서대로 심·의·식(또는 의식)이라고 한다. 이 여덟 가지 인식은 어느 것이든 무명에 의지하여 일어나는 인식이므로 모두 여의어야 할 것인데, 위의 경문도 이들 모두가 초월의 대상임을 의미하는 것이다.

* 견·상분 : 유식이론에서는 인식은 인식 내부의 인식주체가 인식 내부의 인식대상을 인식하는 것이라고 이해하는데, 이와 같이 인식 내부에서 인식주체가 되는 것을 견분, 인식대상이 되는 것을 상분이라고 부른다. 이러한 견분과 상분은 모두 인연에 의지

하여 성립되는 것인데, 깨달음의 경계는 이와 같은 주·객의 분립이 소멸한 경지이다(졸저 『불교는』 pp.222-227 참조).

* 종경록 : 송 나라의 스님 영명연수永明延壽(904-975)가 불교의 경론과 선어록 및 세속의 경론 등에서 귀감이 될 만한 글들을 모아 100권으로 엮은 책.

2 원문의 '출세出世'에 해당하는 것이다. 불교에서 '출세'란 말에는 정반대되는 두 가지 뜻이 있다. 그 하나는 여기의 본문처럼 '세상에 나온다'는 뜻으로, 중생 교화를 위해 세상에 출현한다는 의미이고, 다른 하나는 '세간을 벗어난다'는 뜻으로(이 경우는 본문의 뒷부분에 나오는 것처럼 '출세간'으로 표현하는 경우가 많지만, 그냥 '출세'라고도 한다), 유전流轉의 이 세간을 벗어난다는 의미이다.

3 무여열반, 내지 무여의열반을 의미한다. 그 의미는 졸저 『불교는』 p.238, p.241 참조.

4 바른 도[正道]를 방해하는 세 가지 장애[三障]라는 뜻으로, 번뇌장·업장業障·보장報障의 셋을 말한다. 번뇌장은 온갖 번뇌로 인한 장애, 업장은 번뇌로부터 비롯된 악업의 장애, 보장은 악업의 과보를 받음으로 인한 장애를 말한다.

5 뒤의 제26.2절에서, 「내가 보기도 한다는 것은, 항상 나의 허물을 본다는 것이다. … 또 보지 않기도 한다는 것은, 천하 사람들의 허물과 죄를 보지 않는다는 것이다.」라고 하고, 또 앞의 제9.1절에서, 「미혹한 사람은 자기의 몸은 부동하나 입만 열면 곧 사람들의 옳고 그름을 말하니, 도와는 위배되는 것」이라고 말하는 것과 같은 의미이다.

《법구경》 화향품華香品에서, 「남의 허물을 보지 말라 그가 어떤 일을 하거나 하지 않거나[不務觀彼 作與不作], 항상 자신을 살펴 옳음과 그름을 알아야 한다[常自省身 知正不正]」라고 한 게송과 같은 의미일 것이다.

6 원문의 '色類'를 번역한 것인데, 일체의 중생은 모두 불성을 갖고 있음을 뜻하는 것으로 이해된다.

7 원문은 「勿令破彼疑」로, 이해하기 쉽지 않은 대목인데, 앞에서 본 것처럼 번뇌가 바로 보리라는 시각에서 보면 의미가 통한다.
송대본에는 이 부분이 「그의 의문을 없게 하라[勿令彼有疑]」라고 되어 있다.

8 《유마경》(중권) 입불이법문품<14-551상>에, 「세간과 출세간이 둘이라 하나, 세간의 성품이 공한 것이 곧 출세간이니[世間出世間爲二, 世間性空 卽是出世間], 그 가운데 들어가지도 않고 벗어나지도 않으며, 넘치지도 않고 흩어지지도 않는 것이 바로 둘 아닌 법문에 들어감입니다.」라고 하는 말이 있는데, 본문의 게송과 같은 뜻이라고 할 것이다.

9 저본이나 돈박본 모두 이 1행이 빠져 있다. 송대본의 글로써 보완한 것이다. 이 1행이 빠지면 4행으로 된 게송에서 행의 수가 하나 부족하므로 1행이 누락된 것은 분명하다.

23. 교화를 행하심 [行化]

23.1

대사께서 말씀하셨다.
"선지식 여러분, 여러분들은 모두 이 게송을 외워 지니십시오. 게송에 의지해 수행하면 저와 천 리를 떨어져 있더라도 항상 제 곁에 있는 것이고, 이에 의지해 수행치 않으면 얼굴을 마주하고 있더라도 천 리를 떨어져 있는 것입니다.[1] 각자 스스로 수행하십시오. 법은 기다리지 않습니다.[2]

대중들은 해산하십시오. 저는 조계산漕溪山[3]으로 돌아갈 것입니다. 중생 중에 만약 큰 의심이 있거든 그 산으로 와서 물으십시오. 여러분을 위하여 의심을 풀어 함께 붓다의 세상[佛世][4]을 볼 것입니다."

함께 자리한 관료와 수행자 및 속인들은 화상께 예배하고, 찬탄치 않는 이가 없었다.

"훌륭하구나, 큰 깨달음이여! 전에 듣지 못한 바로다. 영남에 복이 있어 생불生佛[5]

大師言.
"善[智]<知>識, 汝等 盡誦取此偈. 依偈修行 去惠能千里 常在能邊, [此]<依此>不修 對面千里. 各各自修. 法不相[持]<待>.

衆人且散. 惠能歸漕溪山. 衆生 若有大疑 來彼山[間]<問>. 爲汝破疑 同見佛世."

合座官[奪]<僚>道俗 禮拜和尙, 無不嗟嘆,

"善哉, 大悟! 昔所未[問]<聞>. 嶺南有福

께서 여기 계셨음을 누가 알았으랴?"라고 하고, 모두 다 해산하였다.⁶

生佛在此 誰能得[智]<知>?", 一時盡散.

【주해】

1 앞의 제19.1절에도 같은 취지의 말이 있었다.
2 《유마경》(상권) 제3 제자품<14-541중>에, 「일체법이 생멸하면서 머물지 않는 것이, 허깨비와도 같고 번개와도 같습니다. 모든 법은 서로 기다리지 않고 나아가 한 순간도 머물지 않습니다[諸法不相待 乃至一念不住].」라고 하는 유사한 표현이 있는데, 이것에서 착안된 것이 아닌지 모르겠다. 그렇지만 본문은 수행에는 때가 있다는 취지이고, 인용된 경문은 연기의 이치를 말하는 것이어서, 뜻이 서로 어울리는 것은 아니다.
3 제1부에 나온 것처럼 혜능이 오래 주석한 보림사가 위치한 곳이다. 이 산은 그 명칭이 우리 불교에게 미친 영향 때문에 우리에게도 적지 않은 의미가 있다. 우리 선종의 중흥조로 추앙되는 보조지눌은, 이 『단경』 중 제8.4절에 나오는 「성품이 생각을 일으켜 비록 보고 듣고 깨닫고 안다고 하더라도[見聞覺知], 만 가지 경계에 오염되지 않고 항상 자재한 것」이라고 한 부분을 보고 크게 깨달았다고 하고(그래서 덕이본 간행시 스스로 발문跋文*을 썼다), 그 후 스스로 조계를 멀리 사사한다고 하며 자신이 있던 송광사松廣寺가 위치한 산을 조계산曹溪山으로 개칭하였고, 그러면서 조계종曹溪宗이란 용어가 점차 우리 불교계에 자리잡게 되었다고 하는

것이다. 다만 본문에는 산의 명칭이 '漕'溪山으로 '조'자가 다르지만, 다른 문헌에는 같은 산의 이름이 '曹溪山'으로 되어 있는 것도 적지 않은 것으로 보아, 서로 통용되었던 명칭이다.

* 발문 : 책자의 끝에 그 책에 대하여 적은 글을 말한다. 이 보조국사의 발문은 『단경』을 읽을 때 유념할 대목이 있어 보이므로, 아래에 전문을 그대로 옮겨 둔다.

「태화 7년(1207년) 12월 어느 날, 수선사修禪社*의 담묵湛黙 도인이 한 권의 책을 가지고 찾아와서 "요사이 『법보기단경法寶記壇經』을 구하였는데 장차 중각重刻하여 널리 세간에 전하려고 하니 발문을 써 주십시오."라고 하므로, 내 흔쾌히 대답하기를, "이는 내가 평생 근본[宗]으로 이어 수학하는 귀감인데, 그대가 이를 판각하여 후세에 오래 전하려 한다 하니 내 마음이 심히 흡족하다. 그러나 여기에 일단의 문제가 있으니, 그것은 남양혜충 국사가 한 선객에게 말하기를, '나는 근자에 심신이 일여하여 마음 밖에는 아무것도 없어[身心一如 心外無餘] 온전히 생멸이 없다. 그런데 너희 남방인들은 몸은 무상하고 정신은 항상하다[身是無常 神性是常]라고 한다니, 그렇다면 반은 생하고 반은 멸하여, 반만 생멸치 않는다 하는 것이 아니냐. 내가 근자에 여러 곳을 돌아보니 이런 경향이 매우 심한 것을 보았다.'라고 하고, 또한 『단경』에 대하여 말하기를, '이것은 남방의 종지인데, 천한 이야기를 섞어 넣고 성스런 뜻을 삭제하여 후세인을 혹란시켰다.'라고 하였다는 것이다. 그대가 지금 얻은 이 경은 바로 정본이요 보탠 것이 아니니, 가히 국사의 꾸지람을 면한 것이라 하겠다. 그러나 본문을 자세히 살펴보니 역시 '몸에는 생멸이 있고 마음에는 생멸이 없다'는 뜻이 들어 있으니, 가령 '진여의 성품이 스스로 생각을 일으키는 것이지, 안·이·비·설이 능히 생각하는 것이 아니다[眞如性自起念 非眼耳鼻舌能念]'*라고 한 것 등은 바로 국사가 꾸짖은 뜻이 있는 대목이다. 마음을 닦는 자는 여기에 이르러 의심이 없을 수 없으니, 어떻게 소화하고 이해하여 사람들로 하여금 믿게 하며, 또한 성인의 가르침을 널리 유통시킬 것인가?"

묵이 말하기를, "그러면 조사의 뜻을 회통하는 말씀을 들려주실 수 있겠습니까?"라 하여, 내가 말하기를, "노승이 일찍이 이 경에 의지하여 마음으로 뜻을 완미翫味한 끝에 조사의 선한 방편의 뜻을 알았다. 무엇인가 하면 조사께서 회양이나 행사를 위하여 심인을 전하신 외에, 위거 등 도속 천여 명을 위하여 무상심지계를 설하셨는데, 법을 설하심에 한결같이 진眞만을 말하여 속俗을 거역할 수 없었으며, 또한 반대로 한결같이 속만을 말하여 진을 거역할 수도 없었던 것이다. 그래서 반은 저들의 근기를 따르면서 반은 친히 증득하신 바를 일러, '진여가 생각을 일으키는 것이고, 안·이가 능히 생각하는 것이 아니다.'라는 등으로 말씀하신 것이다. 요컨대 도속들로 하여금 반드시 먼저 몸 가운데에 보고 듣는 성품을 돌이켜 보아 진여를 요달한 연후에, 비로소 조사의 신심일여身心一如한 비밀한 도리를 보이신 것이다. 만약 이러한 선한 방편 없이 곧 바로 신심일여한 도리를 말씀하셨다면, 범부 눈에는 몸에 생멸이 있음을 보기 때문에 출가 수도하는 자라도 오히려 의혹이 날 것이거늘, 하물며 천 명의 세속 사람이 어떻게 믿고 받아들일 수 있었으랴. 이것은 실로 조사께서 근기에 따라 인도하는 말씀이었던 것이다.

충 국사는 남방 불법을 그릇 아는 병통을 꾸짖어 깨트려 가히 무너진 기강을 재정립하고 거룩한 뜻을 더욱 드러내어 감히 갚지 못할 큰 은혜를 갚은 것이라 하겠다. 우리들 후손이 아직 비밀히 전하신 도리에 친숙하지 못할진대, 마땅히 이와 같이 드러내어 전하신 성실한 말씀에 의지하여 자기의 마음이 본래 붓다임을 돌이켜 비추어 단상斷常의 양변에 떨어지지 않으면 가히 허물을 여읠 수 있을 것이다. 그렇지 아니하고 만약 마음은 생멸이 없으나 몸에는 생멸이 있다고 관찰한다면, 이는 한 법 위에 두 견해를 내는 것이니 성품과 형상이 서로 융회融會한 것이 아니다.

그러므로 이 한 권의 신령한 글에 의하여 뜻을 알고 자세히 살피면, 긴 세월을 거치지 않고 속히 보리를 증득할 것임을 알아야 한다. 그러니 어찌 판각하고 찍어서 세간에 유행케 하여 큰 이익을 짓지 아니할 것인가?" 한즉, 묵이 "그렇습니다. 옳습니다."라고 하므로, 이에 쓰는 바이다.

해동 조계산 수선사 사문 지눌 발跋」

* 수선사 : 송광사의 옛 명칭임.
* 돈황본에는 없고 흥성사본 등 후대본들에만 있는 것인데, 그 부분은 제8.4절의 「진여는 념의 본체요, 념은 진여의 작용입니다」라고 한 부분과 「성품이 생각을 일으켜 비록 보고 듣고 깨닫고 안다고 하더라도, 만 가지 경계에 오염되지 않고 항상 자재한 것입니다.」라고 한 부분 사이에 들어 있는, 「眞如自性起念 非眼耳鼻舌能念. 眞如有性 所以起念, 眞如若無 眼耳色聲當時卽壞(진여의 자기 성품이 생각을 일으키는 것이고 눈·귀·코·입이

능히 생각하는 것이 아니다. 진여에 성품이 있으므로 생각을 일으키는 것이지, 진여가 만약 없다면 눈·귀와 색·성은 당시에 곧 무너진다)」라고 한 부분을 가리킨다.

4 돈박본에는 이 부분이 '붓다의 세상[佛世]'이 아니라, '불성佛性'으로 되어 있다. 그렇지만 의미에 큰 차이가 있어 보이지는 않는다.

5 제1부에서 나온 '육신보살'이라는 표현을 발전시킨 것으로, 구나발타라 삼장의 예언이 실현되는 의미를 갖는 것이다.

6 넓게 보아 여기까지가 대범사 설법으로 볼 수 있는 부분이고, 이 이후는 성격이 다르다 함은 제1부에서 설명한 바와 같다.

23.2

    대사께서 조계산으로 가셔서 소주와 광주 두 지방에서 40여 년간 교화를 행하셨다.

    문인門人을 말한다면 스님과 속인이 1만 5천 명[7]이나 되어 말로 다 할 수가 없다. 종지宗旨를 말하자면 단경을 전수하여 이로써 의지할 징표로 삼는다. 만약 단경을 얻지 못했다면 곧 법을 이어받지 못한 것이다.[8] 반드시 전해진 곳과 연월일 및 성명을 알고, 차례로 서로 부촉하였으므로, 단경을 이어받지 못했다면 남종의 제자가 아닌 것이다.

    단경을 이어받지 못한 사람은 비록 돈교법을 말하더라도 근본을 알지 못하여 끝내 다툼을 면하지 못한다. 오직 법을 얻은 사람에게만 수행을 권한다. 다툼은 바로 이기고 지는 마음이므로 도와는 어긋나는 것이다.[9]

大師往 漕溪山 韶廣二州 行化四十餘年.

若論門人 僧之與俗 三五千人 說不盡. 若論宗[指]<旨> 傳授壇經 以此爲[衣]<依>約. 若不得壇經 卽無稟受. 須知[法]<去>處 年月日 [性]<姓>名, [遍]<遞>相付囑, 無壇經稟承 非南宗[定]<弟>子也.

未得稟承者 雖說頓敎法 未知根本 [修]<終>不免諍. 但得法者 只勸修行. 諍是勝負之心 與道違背.

【주해】

7 원문의 '三五千人'은 5천 명이 셋 있다는 것이므로, 1만5천 명이 된다.

8 가사의 전수를 『단경』의 전수로 대신하려는 취지이겠지만, 외형적인 경책의 품승으로써만 전법의 증명으로 삼는다는 것은 무상 설법이라는 글의 성격에 맞지 아니한다는 느낌이다.

9 앞의 제7.2절에서도 나온 내용이다.

24. 단박에 닦음 [頓修]

24.1

  세상 사람들이 모두 전하기를 '남종은 혜능, 북종은 신수'라고 하지만, 아직 근본 사유를 모르는 것이다. 우선 신수 선사는 형남부荊南府 당양현當陽縣 옥천사玉泉寺[1]에 주지하며 수행하였고, 혜능 대사는 소주성韶州城 동쪽 35리 떨어진 조계산漕溪山에 주지하셨으니, 법은 곧 하나의 근본[一宗]이지만[2] 사람이 남쪽과 북쪽에 있어 이로 인하여 남북이 서게 되었던 것이다.
  어째서 점·돈인가? 법은 곧 한가지로되 소견에 더디고 빠름이 있으니, 소견이 더디면 곧 점이고, 소견이 빠르면 곧 돈이다. 법에는 점·돈이 없지만 사람에게 예리하고 둔함이 있는 연고로 점·돈이라 이름한 것이다.[3]

世人盡傳 南宗能北秀, 未知根本事由. 且秀禪師 於[南荊苻]<荊南府> 當陽縣 玉泉寺 住[時]<持>修行, 惠能大師 於韶州城東 三十五里 漕溪山住, 法卽一宗 人有南[比]<北> 因此便立南北. 何以漸頓? 法卽一種 見有遲疾, 見遲卽漸, 見疾卽頓. 法無漸頓 人有利鈍故 名漸頓.

【주해】

1 형남부 당양현은 현재의 호북성 강릉현. 옥천사는 수나라 때인 592년 천태지의 대사가 창건한 절인데, 후에 신수가 이 절에 주지하였다고 한다.

2 다같은 불교라는 의미도 있겠지만, 혜능과 신수가 다 같이 5조 홍인의 법을 이어받았음을 전제한 표현이기도 하다.

3 동일한 내용이 앞의 제8.1절에서도 나왔다.

24.2

신수 선사는 항상 사람들이, '혜능 대사의 법이 빠르고 곧게 길을 가리킨다'라고 말하는 것을 보았다. 신수 선사는 마침내 문인의 스님인 지성志誠[4]을 불러 말하였다.

"너는 총명하고 지혜가 많으니 나를 위하여 조계산 혜능 대사의 처소로 가서 예배하고 듣기만 하되, 내가 너를 보냈다는 말은 하지 말라. 들은 대로 그 뜻을 기억하고 돌아와 나에게 말하라. 그래서 혜능의 견해와 나의 견해 가운데 어느 것이 빠르고 더딘지 보자. 너는 무엇보다 빨리 돌아와 내가 괴이하게 여기지 않도록[5] 하라."

지성이 분부를 받들고 기뻐하였다. 이윽고 반 달 쯤 걸려 조계산에 도착하여 혜능 화상을 뵙고 예배하였으나, 듣기만 하고 온 곳을 말하지 않았다. 지성이 법문을 듣고 말 끝에 문득 깨달아[言下便悟] 곧 본심 本心에 계합하므로, 일어나서 예배하고 스스로 말하였다.

"화상이시여, 저는 옥천사에서 왔습니

神秀師 常見人說, '惠能法 疾直[旨]<指>路'. 秀師遂[換]<喚> 門人僧志誠曰.

"汝聰明多智 汝與吾至漕溪山 到惠能所 禮拜但聽, 莫言吾使汝來. 所聽[德]<得>意旨 記取 却來與吾說. 看惠能見解 與吾 誰疾遲. 汝[弟]<第>一早來 勿令吾[垆]<怪>."

志誠 奉使歡喜. 遂半月中間 卽至漕溪山 見惠能和尙禮拜, 卽聽不言來處. 志[城]<誠>聞法 [下言]<言下>便悟 卽契本心, 起立卽禮拜 自言.

"和尙, 弟子從玉泉寺

다. 신수 선사의 처소에서 깨달음을 얻지 못하다가, 화상의 설법을 듣고 바로 본심에 계합하였습니다. 화상께서는 자비로써 가르쳐 보여 주시기 바랍니다."

혜능 대사께서 말씀하셨다.

"네가 거기에서 왔다면 필시 염탐꾼[細作]이렸다."

지성이 말하였다.

"말하지 않았을 때는 그렇겠습니다만, 이미 말씀드렸으니 이제는 아닙니다."

육조께서 말씀하셨다.

"번뇌가 곧 보리인 것[煩惱卽是菩提]도 역시 그와 같다."[6]

來. 秀師處 不[德]<得>契悟, 聞和尙說便契本心. [尙和]<和尙> 慈悲 願當敎示."

惠能大師曰.

"汝從[被]<彼>來 應是細作."

志誠曰.

"未說時 卽是, 說乃了 卽[是]<不是>."

六祖言.

"煩惱卽是菩提 亦復如是."

【주해】

4 『경덕전등록』 제5권에 기재된, 「길주吉州 지성 선사는 길주 태화太和 사람이다. 어려서 형남 당양산 옥천사에서 신수 선사를 모셨다.」라는 내용 외에는 전기나 행적이 전혀 알려져 있지 않다고 한다. 그래서 위 기록도 『단경』의 내용에 근거하여 수록한 것으로 본다.

5 원문은 '勿슈吾怪'인데, 본문처럼 번역하면 신수가 지성을 보내면서도 돌아오지 않을 수 있다는 것을 예측하고 있었다는 것이 되

어 의아한 느낌이 없지 않다.

그래서 해석본 중에는 이 대목을, 「나의 처신을 수상하게 여기지 않도록 하라」라고 번역한 것도 있는데(정성본, 정유진), 뜻으로는 이 편이 나아 보이지만, 배열된 원문에 적합한 번역인지는 의문이다.

6 앞의 제15.2절에서 이미 자세히 살펴 보았다.

24.3

대사께서 지성에게 말씀하셨다.

"내가 들으니, 그대의 스승[禪師]이 사람들을 가르치기를, 오직 계정혜戒定惠만을 전한다고 하는데, 그대 스승이 가르치는 계정혜는 어떤 것인가? 나에게 말해 보아라."

지성이 말하였다.

"신수 화상은 계정혜를 말씀하시기를, '모든 악을 짓지 않음[諸惡不作]을 계라 하고, 모든 선을 받들어 행함[諸善奉行]을 혜라 하며, 스스로 그 마음을 깨끗이 함[自淨其意]을 정이라 한다.⁷ 이것을 곧 계정혜라고 이름하는 것이다'라고 하십니다. 신수 화상의 말씀은 그렇습니다만, 화상의 소견은 어떠신지 모르겠습니다."

혜능 화상께서 대답하셨다.

"그 설법은 불가사의하지만, 혜능의 소견은 또 다르다."

지성이 물었다.

"어떻게 다릅니까?"

혜능 화상께서 대답하셨다.

"견해에 더디고 빠름이 있다."

大師 謂志誠曰.

"吾聞, [與]<汝>禪師 教人 唯傳戒定惠, [與]<汝>和尚 教人 戒定惠 如何? 當爲吾說."

志[城]<誠>曰.

"秀[尙和]<和尙> 言 戒定惠, '諸惡不作 名爲戒, 諸善奉行 名爲惠, 自淨其意 名爲定. 此卽名爲 戒定惠' 彼作如是 說, 不知 和尙所見 如何."

惠能和尙答曰.

"此說 不可思議, 惠能所見 又別."

志[城]<誠>問.

"何以別?"

惠能答曰.

"見有遲疾."

지성이 계정혜에 대한 화상의 소견을 청하므로, 대사께서 말씀하셨다.

"그대는 나의 말을 듣고 내가 보는 곳[所見處]을 보아라. 마음의 땅[心地]에 그릇됨이 없는 것[無非]이 자기 성품[自性]의 계이고, 마음의 땅에 산란함이 없는 것[無亂]이 자기 성품의 정이며, 마음의 땅에 어리석음이 없는 것[無癡]이 자기 성품의 혜이다."

혜능 대사께서 말씀하셨다.

"그대의 계정혜는 작은 근기를 가진 사람들에게 권하는 것이고, 나의 계정혜는 높은 지혜를 가진 사람에게 권하는 것이다. 자기의 성품을 깨달으면 또한 계정혜도 세우지 않는다."

지성이 물었다.

"대사께서 세우지 않는다고 말씀하신 것은 어떤 것인지 말씀해 주십시오."

대사께서 말씀하셨다.

"자신의 성품은 그릇됨도 없고 산란함도 없으며 어리석음도 없어, 생각생각마다 반야로 관조한다. 항상 법의 모양[法相]을 떠났는데, 무엇이 있어 세우겠는가?[8] 자신의 성품을 단박에 닦으라[頓修]. 세우면

志[城]<誠> 請和尚說所見戒定惠, 大師言.

"[如汝]<汝>聽吾說看吾所見處. 心地無[疑非]<非> 自[姓]<性>戒, 心地無亂 是自[姓]<性>定, 心地無癡 [自姓是]<是自性>惠."

能大師言.

"汝戒定惠 勸小根諸人, 吾戒定惠 勸[上]<上智>人. 得[吾自]<悟自性> 亦不立 戒定惠."

志[城]<誠>言.

"請大師說不立 如何."

大師言.

"自[姓]<性> 無非無亂無癡, 念念般若觀照. [當]<常>離法相, 有何可立? 自[姓]<性>頓修. 立有

점차가 있으니, 그렇기 때문에 세우지 않는 것이다."

지성은 예배하고 조계산을 떠나지 않고 바로 문인이 되어 대사의 곁을 떠나지 않았다.

漸[此]<次>　　[契]<所>以不立."
志誠禮拜　便不離漕溪山 卽爲門人 不離大師左右.

【주해】

7　앞의 제21.1절에서 본 칠불통계게의 내용을, 계정혜 삼학에 나누어 배속하여 말하는 것이다.

8　앞의 제8.1절에서 『단경』이 돈오와 돈수를 내세우는 배경을 자세히 본 것처럼, 이 대목 역시 실천적으로 수행의 길고 짧음, 방편과 절차, 깨달음의 단계와 지위를 떠나 한 생각의 전환에 의하여 깨달음에 이를 수 있다는 쉬운 깨달음의 구조를 제시하려는 것으로 생각된다.

　　역설적으로 말한다면, 생각생각마다 반야로 관조하여 그릇됨도 어지러움도 어리석음도 없다면 계정혜를 세울 필요가 없지만, 사람이 그릇됨이나 어지러움 또는 어리석음을 보이기 때문에 계정혜를 세우는 것이다. 앞의 제8.4절에서 「만약 생각이 없게 되면 무념도 세울 것도 없다」라고 한 것도 마찬가지이다. 범부에게 순간순간 망념이 끊이지 않고 있으므로 부득이 무념을 세우는 것이다.

25. 붓다의 행 [佛行]

25.1

또 이름을 법달法達[1]이라고 하는 한 스님이 있었다. 7년간 항상 《법화경》을 외웠지만, 마음이 미혹해서 바른 법[正法]이 있는 곳을 알지 못하여, 조계산으로 와서 대사께 예배하고 물었다.

"저는 《법화경》을 7년 동안 항상 외웠지만, 마음이 미혹해서 바른 법이 있는 곳을 알지 못하고,[2] 경전에 대해 의문이 있습니다. 대사께서는 지혜가 광대하시니 의문을 풀어 주시기 바랍니다."

대사께서 말씀하셨다.

"법달이여, 법에는 곧 심히 통달하였으나 그대 마음에는 통달하지 못하였구나.[3] 경전에는 의문이 없을 것인데, 그대 마음이 스스로 삿되이 바른 법을 구하는 것이다. 내 마음이 바르고 집중된 것[正定]이 곧 경전을 지니는 것[4]이다. 나는 평생 동안 문자를 배우지 못하였으니,[5] 그대가 《법화경》을 가져와 나에게 쭉 한 번 읽어

又有一僧　名法達. 常誦法華經七年, 心迷不知　正法之[處]<處. 來至曹溪山 禮拜 問大師言.
"弟子常誦 妙法華經七年, 心迷不知正法之處>, 經上有疑. 大師　智惠廣大　願爲[時]<除>疑"
大師言.
"法達, 法卽甚達 汝心不達.　經上無[癡]<疑>, 汝心自邪而求正法. 吾心正定卽是持經. 吾一生已來　不識文字, 汝將法華經來　對吾讀一遍.　吾[問]<聞>卽

라. 나는 들으면 곧 알 수 있다."

법달이 경전을 가져와 대사께 죽 한 번 읽었다. 육조께서는 듣고는 곧 붓다의 뜻[佛意]을 아셨고, 바로 법달에게 《법화경》을 설명해 주셨으니, 육조께서는 말씀하셨다.

"법달이여, 《법화경》에는 많은 말이 없다. 일곱 권이 모두 비유와 인연이다.[6] 여래께서 삼승을 자세히 말씀하신 것은 단지 세상의 근기가 둔한 사람을 위한 것이었다. 경전의 글에 분명히 「다른 승[餘乘]이 있지 않고 오직 하나의 불승佛乘뿐이다.」[7]라고 하였다."

대사께서 말씀하셨다.

"법달이여, 그대는 하나의 불승을 듣고서도 두 불승을 구하여 너의 성품을 미혹하게 하지 말라. 경전 중에 어느 곳이 일불승인지를 너에게 설명하겠다. 경전에 이르시기를, 「모든 붓다 세존께서는 오직 일대사一大事의 인연 때문에 세상에 출현하셨다[諸佛世尊　唯以一大事因緣故　出現於世].」【이상 16글자가 바른 법이다-원주】[8]라고 하였다. 이 법을 어떻게 이해하고 이 법을 어떻게 닦을 것인가? 그대는

[之]<知>."
法達 取經到 對大師讀一遍. 六祖[問]<聞>已　卽識佛意, 便[汝]<與>法達　說法華經. 六祖言.
"法達, 法華經 無多語. 七卷 盡是 譬喩因緣. 如來廣說三乘 只爲世人根鈍.　經[聞公]<文分>明 「無有餘乘唯一佛乘.」"

大[師]<師言>.
"法達, 汝聽一佛乘 莫求二佛乘　迷却汝[聖]<性>. 經中何處 是一佛乘 [汝與]<與汝>說. 經云, 「諸佛世尊　唯[汝]<以>一大事因緣故　出現於世.」【已上十六[家]<字> 是正法】 [法]<此法>如何解 此法如何修?

25. 붓다의 행　299

내가 말하는 것을 들으라.

 사람의 마음이 생각하지 않으면[不思][9] 본래 근원[本源]은 공적하여 삿된 소견을 떠난다.[10] 곧 이것이 일대사의 인연이다. 안팎으로 미혹하지 않으면 곧 양변兩邊[11]을 떠나지만, 밖으로 미혹하면 모양[相]에 집착하고, 안으로 미혹하면 공空에 집착한다. 모양에서 모양을 떠나고[於相離相] 공에서 공을 떠나면[於空離空][12] 곧 미혹하지 않은 것이다. 만약 이 법을 깨닫는다면 한 순간에 마음이 열고 세상에 출현한다.

 마음이 어떤 물건을 여는가? 붓다의 지견[佛知見][13]을 여는 것이니, 붓다[佛]란 깨달음[覺]과 같은 것이다. 나뉘어서 네 가지 문이 되니, 깨달음의 지견[覺知見]을 열고[開], 깨달음의 지견을 보이고[示], 깨달음의 지견을 깨닫고[悟], 깨달음의 지견에 들어가는 것[入]이다.[14] 개·시·오·입開示悟入은 한 곳에서 들어가는 것이니, 곧 깨달음의 지견이다. 자신의 본성을 본다면 곧 세상에 출현하게 되는 것이다."[15]

汝聽吾說. 人心不思 本源空寂 離却邪見. 卽一大[是]<事>因緣. 內外不迷 卽離兩邊, 外迷[看]<着>相, 內迷着空. 於相離相 於空離空 卽是[不空]<不>迷. [吾]<若悟>此法 一念心開 出現於世.

心開何物? 開佛知見, 佛 猶如覺也.

分爲四門, 開覺知見, 示覺知見, 悟覺知見, 入覺知見.

開示悟入 [上]<從>一處入, 卽覺知見. 見自本性 卽得出世."

【주해】

1 『경덕전등록』 제5권에 아래에 인용하는 정도의 기록(원대본에도 같은 내용이 실려 있음)이 있는 외에는, 전기나 행적이 전혀 알려져 있지 않다고 한다. 그래서 이 기록도 『단경』에 근거하여 만들어진 것으로 본다.

「홍주洪州 법달 선사는 홍주 풍성豐城 사람이다. 일곱 살에 출가하여 《법화경》을 외었다. 후에 조사께 예배할 때 머리를 땅에 대지 않았다. 조사께서 꾸짖어 말씀하시기를, "땅에 대지도 않는 절을 하는 것은 절하지 아니함만 못하다. 네 마음 속에 반드시 한 물건이 있기 때문일 것이니, 무엇을 쌓아 익혔는가?"

법달이 말하기를, "《법화경》 외우기를 삼천 번 하였습니다."

조사께서 말씀하셨다. "네가 만약 만 번을 외어 경전의 뜻을 통달하였다고 하더라도, 그것을 수승함으로 삼지 않아야 나와 더불어 함께 갈 수 있다. 그 일을 자부하여 도무지 잘못을 알지 못하는구나." …

조사께서 다시 물으시기를, "이름은 무엇인가?"

대답하기를, "법달이라고 합니다."

조사께서 말씀하시기를, "네 이름이 법달이라 하니, 어찌 그리 일찍 법을 통달했단 말인가?" …」

2 '조계산으로 와서'부터 여기까지(원문으로는 「來至曹溪山 禮拜 問大師言. "弟子常誦妙法華經七年 心迷不知正法之處"까지) 저본에는 빠져 있어, 돈박본에 의해 보충한 것이다.

3 위 『경덕전등록』의 기록과 같이 법달이라는 이름을 들어 실마리로 삼은 것이다.

4 경전을 지니는 것의 뜻에 대하여는 앞의 제16.1절에서 자세히

살펴보았다.

5 이 대목이 지나친 과장이라 함은 앞(제5.2절의 주해 3)에서 보았다.

6 《법화경》(제1권) 제2 방편품方便品<9-7중>에 있는 아래와 같은 세존의 말씀에 근거한 것이다.

「사리불이여, 과거의 모든 붓다께서는 한량없고 수없는 방편과 갖가지 인연과 비유의 말로써[以無量無數方便種種因緣譬喻言辭] 중생을 위해 모든 법을 연설하셨으니, 이 법은 모두 일불승을 위한 것이었다. 모든 중생들은 모든 붓다로부터 법을 듣고 필경에는 모두 일체종지를 얻었다.

사리불이여, 미래의 모든 붓다께서도 장차 세상에 나타나시어 역시 한량없고 수없는 방편과 갖가지 인연과 비유의 말로써 중생을 위해 모든 법을 연설하실 것이니, 이 법도 모두 일불승을 위한 것이다. 모든 중생들은 모든 붓다로부터 법을 듣고 필경에는 모두 일체종지를 얻을 것이다.

사리불이여, 현재의 시방의 한량없는 백천만억 불국토 중의 모든 붓다 세존께서도 중생을 크게 이익되고 안락하게 하시고, 이 모든 붓다께서도 또한 한량없고 수없는 방편과 갖가지 인연과 비유의 말로써 중생을 위해 모든 법을 연설하시니, 이 법도 모두 일불승을 위한 것이다. 모든 중생들은 모든 붓다로부터 법을 듣고 필경에는 모두 일체종지를 얻는다. …

사리불이여, 나도 지금 또한 그러하여, 모든 중생에게 갖가지 욕망이 있어 마음으로 깊이 집착된 것을 알고, 그 본성에 따라 갖가지 인연과 비유의 말[種種因緣譬喻言辭]과 방편의 힘으로 법을 말하는 것이다.」

《법화경》에는 '법화7유七喩'라 하여 일곱 가지의 유명한 비유가 나오는데, 그 중 '화택삼거火宅三車'와 '의리계주'라는 두 가지 비유는 앞에서 보았다.

7 《법화경》 방편품에서, 「여래는 오직 일불승으로써 중생에게 법을 설하는 것이고 이승이나 삼승의 다른 법은 없다. … 모든 붓다께서는 방편의 힘으로써 일불승에서 분별하여 삼승을 말씀하셨다.」<9-7상>라고 하고, 또 「사리불이여, 이와 같은 것은 모두 일불승과 일체종지를 얻기 위한 것이다. 사리불이여 시방세계에는 오히려 이승도 없거늘, 어찌 하물며 삼승이 있겠느냐.」<9-7중>라고 하는 등의 설명이 있다.

세존께서는 성문, 연각, 보살이라는 삼승을 말씀하시기도 하지만, 이는 방편일 뿐, 궁극적으로는 모든 중생이 붓다임을 알게 하고, 붓다가 되도록 하기 위하여 설법하신다는 것이니, 이러한 의미에서 《법화경》을 흔히 회삼귀일會三歸一의 법문이라고 하는데, 회삼귀일이란 셋을 모아 하나로 돌아가게 한다는 뜻이다.

8 역시 위 방편품<9-7상>에서 세존께서는, 「제불세존께서는 오직 일대사의 인연 때문에 세상에 출현하셨다[諸佛世尊 唯以一大事因緣故 出現於世].(이것이 16글자임) 사리불이여, 어째서 제불세존께서는 오직 일대사인연 때문에 세상에 출현하셨다고 하는가? 제불세존께서는 중생으로 하여금 붓다의 지견을 열어 청정함을 얻게 하고자[欲令衆生 開佛知見 使得淸淨故] 세상에 출현하신 것이고, 중생에게 붓다의 지견을 보이고자[欲示衆生佛之知見故] 세상에 출현하신 것이며, 중생으로 하여금 붓다의 지견을 깨닫게 하고자[欲

令衆生 悟佛知見故] 세상에 출현하신 것이고, 중생으로 하여금 붓다의 지견의 도에 들게 하고자[欲令衆生入佛知道故] 세상에 출현하신 것이다. 이것이 모든 붓다께서는 일대사의 인연 때문에 세상에 출현하신 것이라고 한다.」라고 하셨다.

9 앞의 제10.3절에서도 「생각하고 헤아리지 않으면[不思量] 성품은 공적空寂하다」고 하는 표현이 있었다. 따라서 여기에서 사思는 망념과 연결되는 사량思量을 가리키는 것이다.

10 앞의 제9.2절과 제17절에서 인용된《보살계경》의 말, 「본원의 자기 성품은 청정한 것이다」라는 표현과 같은 의미일 것이다.

11 '양변'이란 양쪽[兩]의 극단[邊]이라는 뜻인데, 모든 법의 진실한 모습인 중도를 벗어난 것을 가리키는 말이다. 본문에서 모양에 집착하는 것과 공에 집착하는 것 모두 중도를 벗어난 극단이라는 것인데, 그 의미는 아래의 주해를 참조.

12 「모양에서 모양을 떠난다」는 것은 앞의 제8.2절에서 무상의 뜻을 정의하는 데서도 나온 표현이지만, 「공에서 공을 떠난다」는 것은 이 『단경』에서는 처음 등장한 표현인데, 이타利他를 강조하는 대승의 표지標識와 같은 것이다.

'공'은 불교의 근본이라고 할 수 있는 연기의 표현이므로, 대승이라 하여 이것을 버릴 수는 없다. 만약 이것을 버린다면 불교임을 포기하는 것이 된다. 그렇지만 이것만을 끝까지 추구한다면, 결국 열반의 증득으로 귀결될 것인데, 열반을 증득한 아라한은 제도되어야 할 중생이 살고 있는 이 욕계에 다시 태어나지 않는다. 그래서는 중생을 제도할 수 없으므로, 무엇인가 중생의 제도를 위한 새로운 시스템을 설계하지 않으면 안된다. 그것이 이른바 무주처無住處열반이니(졸저『불교는』pp.246-247 참조), 대승의 보살은 비록 열반을 증득하더라도 여기에 머물지 않고, 뜻으로 이룬 몸, 소위 의성신意成身(또는 의생신意生身이라고도 함. 졸역『여래장 경전 모음』p.109 참조)을 이루어 중생의 제도를 위해 세간에 계속 머문다는 것이다. 요약하자면 불교의 근본인 열반을 증득하였지만, 중생의 제도를 위하여 열반에 머물지 않는다는 것이니, 이것이 바로「공에서 공을 떠난다」라는 표현이 뜻하는 것이다.

　이「모양에서 모양을 떠나고 공에서 공을 떠난다」는 표현은 뒤의 제27.4절에서도 다시 나온다.

13　붓다와 꼭 같이 알고 본다는 뜻. 모든 법의 진실한 이치와 세속의 모든 법을 궁극까지 통달하는 것을 말한다.

14　앞에서 본 일대사의 인연에 관한《법화경》방편품의 경문(주해 8)에 개·시·오·입의 네 문에 관한 내용이 나와 있다.

15　《법화경》에서 설하는 것이 이『단경』에서 말하는 것과 다르지 않다는 것을 말하려는 것이다.「모든 붓다 세존께서는 일대사의 인연 때문에 세상에 출현하셨다」는 것은 결국 붓다의 지견을 개·시·오·입하려는 것인데, 이것은 바로 자신의 본성을 보는 것을 가리키고, 이것이 바로 세상에 출현하는 것이라고 하는 것이다.

25.2

대사께서 말씀하셨다.

"법달이여, 나는 모든 세상 사람이 마음의 땅[心地]에서 항상 스스로 붓다의 지견을 열고 중생의 지견을 열지 않기를 항상 바라왔다. 세상 사람의 마음이 삿되면 어리석고 미혹하여 악을 지어서 스스로 중생의 지견을 열고, 세상 사람의 마음이 바르면 지혜를 일으켜 관조해서 스스로 붓다의 지견을 열게 된다. 중생의 지견을 열지 않고 붓다의 지견을 연다면, 곧 세상에 출현하는 것이다."

대사께서 말씀하셨다.

"법달이여, 이것이 《법화경》의 일승一乘의 법이다. 아래로 향해 삼승을 나눈 것은 미혹한 사람을 위한 때문이었으니, 그대는 오직 하나의 불승[一佛乘]에만 의지하라."

대사께서 말씀하셨다.

"법달이여, 마음으로 행하면[心行][16] 《법화경》을 굴리고[轉法華], 마음으로 행하지 않으면 《법화경》에 굴리게 되며[法華轉],[17] 마음이 바르면 《법화경》을 굴리

大師言.

"法達, [悟]<吾>常願一切世人心地 常自開佛知見 莫開衆生知見. 世人[心]<心邪> 愚迷造惡 自開衆生知見, 世人心正 起智惠觀照 自開佛[智]<知>見. 莫開衆生[智]<知見 開佛[智]<知>見, 卽出世."

大師言.

"法達, 此是法[達]<華>經 一乘法. 向下分三 爲[名]<迷>人故, 汝但[於]<依>一佛乘."

大師言.

"法達, 心行 轉法華, 不行 法華轉, 心正轉法華, 心[耶]<邪>法華轉, 開佛[智]

고, 마음이 삿되면 《법화경》에 굴리게 되며, 붓다의 지견을 열면 《법화경》을 굴리고, 중생의 지견을 열면 《법화경》에 굴리게 된다."

대사께서 말씀하셨다.

"힘써 법에 의지하여 수행하라. 이것이 곧 경전을 굴리는 것이다."

법달이 한 번 듣고 그 말 끝에 크게 깨달아 눈물을 흘리고 슬피 울면서 말하였다.

"화상이시여, 진실로 이제까지 아직 《법화경》을 굴리지 못하고, 7년 동안 《법화경》에 굴리어 왔습니다. 이후로는 《법화경》을 굴리고, 생각생각마다 붓다의 행[佛行]18을 수행하겠습니다."

대사께서 말씀하셨다.

"붓다의 행[佛行]이 곧 붓다인 것이다."

그 때 듣는 사람으로 깨닫지 못한 사람이 없었다.

<知>見 轉法華, 開衆生[智]<知>見 被法華轉."

大師言.

"努力 依法修行. 卽是轉經."

法達一聞 言下大悟 涕淚悲泣自言.

"和尙, 實未[曾]<曾>轉法華, 七年被法華轉. 已後轉法華 念念修行佛行."

大師言.

"卽佛行 是佛."

其時 聽人 無不悟者.

【주해】

16 앞 분절에서 「내 마음이 바르고 집중된 것이 경전을 지니는 것」이라고 한 표현에 상응하는 것이다.

17 법의 바퀴를 굴려 가르침을 편다는 '전법륜轉法輪'이라는 말을 응용하여 설법을 하고 있다. '轉法華'는 '能轉法華'이고, '法華轉'는 '法華所轉'인 구조인데, 《수능엄경》 제2권<19-111하>에 아래와 같이 유사한 사용례가 나온다.

「일체 중생이 비롯함이 없는 때로부터 자기를 미혹하여 물건으로 삼아 본심本心을 잃고 물건에 굴리기[爲物所轉] 때문에 그 가운데서 크고 작음을 보지만, 만약 물건을 굴린다면[若能轉物] 곧 여래와 같아 신심身心이 원명圓明하여 도량에서 움직이지 않고 한 터럭 끝에 시방의 국토를 두루 거두어 담을 것이다.」

한역 불교 경론에서는 능能·소所라는 표현이 자주 사용되는데, 대략 두 가지 용법으로 쓰인다. 그 하나는 능동과 피동을 나타내는 조사로서의 용법이고, 다른 하나는 주관과 객관을 표현하는 명사로서의 용법이다. 여기에서는 조사로서 사용된 예이다. 명사로서의 사용례는 앞 제7.2절의 주해 8에서 보았다.

18 불성을 자각해서 붓다의 지견에 의거해 수행하고 행동하는 것을 뜻하는 것일 것이다.

26. 법을 청함[參請]

26.1

그 무렵 이름을 지상智常[1]이라고 하는 한 스님이 조계산으로 와서, 화상께 예배하고 사승법四乘法[2]의 뜻을 물었다. 지상이 화상께 물었다.

"붓다께서는 삼승을 말씀하시고 또 최상승을 말씀하셨습니다. 제가 이해하지 못하겠으니 가르쳐 주시기 바랍니다."

혜능 대사께서 말씀하셨다.

"그대는 자신의 마음을 보고, 바깥 법의 모양[外法相]에 집착하지 말라. 원래 사승법은 없다. 사람의 마음의 크기[心量]가 네 등급이어서 법에 사승이 있는 것이니, 보고 듣고 읽고 외는 것[見聞讀誦]이 소승小乘이고, 법을 깨달아 뜻을 아는 것[悟法解義]이 중승中乘이며, 법에 의지하여 수행하는 것이 대승大乘이고, 만법을 다 통달하고 만행을 모두 갖추되, 일체에 떠남이 없이 다만 법의 모양만을 떠나[一切無離但離法相], 짓되 얻을 것 없는 것[作無所得]

時有一僧 名智常 來漕溪山， 禮拜和尙[聞]<問>四乘法義. 智常[聞]<問>和尙曰. "佛說三乘 又言最上乘. 弟子不解 望爲[敬]<敎>示."
惠能大師曰.
"汝自身心見， 莫着外法相. 元無四乘法. 人心[不量]<量>四等 法有四乘， 見聞讀誦 是小乘，[悟]<悟法>解義 是中乘， [衣]<依>法修行 是大乘, 萬法盡通 萬[幸]<行>俱備，一切無離 但離法相, 作無所[德]<得> 是

이 최상승最上乘이다.³ 승승은 행한다는 뜻이지 입으로 다투는 데 있지 않으니, 너는 모름지기 스스로 수행하고 나에게 묻지 말라."

最上乘. 乘是[最上行]<行>義　不在口諍, 汝須自修　莫問[悟]<吾>也."

【주해】

1 역시 『경덕전등록』 제5권에서, 신주信州의 귀계貴溪 사람이라고 하면서, 어려서 출가하여 견성하기를 바라던 중 신수를 찾아가 견성성불의 도리를 물었지만 의문을 해결하지 못하고, 혜능에게 참문하여 게송을 듣고 문득 깨달았다고 하는 추상적인 내용(같은 내용이 원대본의 참청기연 편에 실려 있음)이 실려 있는 외에는, 전기가 알려져 있지 않다. 그래서 위 기록도 『단경』의 기록에 따라 만들어진 것으로 보고 있다.

2 원래는 《법화경》 방편품方便品에서 성문, 연각, 보살의 삼승 외에 불승을 말씀하신 것을 가리키는 것인데, 여기에서 혜능은 특이한 해석을 하고 있다.

3 앞에서 본 것처럼 여기에서 최상승의 내용으로서 설명하고 있는 바, 「만법을 다 통달하고 만행을 모두 갖추되, 일체에 떠남이 없이 다만 법의 모양만을 떠나, 짓되 얻을 것 없는 것」이라는 것은 '불승'의 내용과 다름이 없다.

'만법을 통달함'과 '법의 모양을 떠남'과 '얻을 것 없음'은 불교의 근본인 깨달음을 성취한 것을 나타내는 것이고, '만행을 갖춤'

과 '일체에 떠남이 없음'과 '지음'은 중생을 위해 열반에 안주하지 않는 대승을 나타내는 표현이며, 그러면서 '만법을 다 통달하고 만행을 모두 갖춘다'는 것은 깨달음의 궁극과 일체지지를 성취한 붓다의 지위를 나타내는 것이기 때문이다.

26.2

또 신회神會[4]라고 이름하는 한 스님이 있었는데, 남양 사람이었다. 조계산에 와서 예배하고 물었다.

"스님께서는 좌선하시면서 보십니까, 또한 보시지 않기도 합니까?"[5]

대사께서 일어나 신회를 붙잡고 세 번 때리시고 도리어 신회에게 물으셨다.

"내가 그대를 때리니 아픈가, 아프지 않은가?"

신회가 대답하였다.

"아프기도 하고 아프지 않기도 합니다."

육조께서 대답하셨다.

"나 또한 보기도 하고 또한 보지 않기도 한다."

신회가 또 물었다.

"대사께서는 어째서 보시기도 하고 보시지 않기도 합니까?"

대사께서 말씀하셨다.

"내가 보기도 한다는 것은, 항상 나의 허물을 보기 때문에 보기도 한다고 말한 것이다. 또 보지 않기도 한다는 것은, 천하 사람들의 허물과 죄를 보지 않는다는 것이

又有一僧　名神會, 南陽人也. 至漕溪山禮拜問言.

"和尙[禪座]<坐禪>見, 亦不見?"

大師起　把杖神會三下　却問神會.

"吾杖汝痛, 不痛?"

神會答言.

"亦痛 亦不痛."

六祖言曰.

"吾亦見 亦不見."

神會又問.

"大師 何以 亦見 亦不見?"

大師言.

"吾亦見, 常見自過患. 故云亦見. 亦不見者, 不見天地人過罪. 所以 亦見 亦

다. 그렇기 때문에 보기도 하고 보지 않기도 하는 것이다. 그대가 아프기도 하고 아프지 않기도 하다는 것은 어떤 것인가?"

신회가 대답하였다.

"만약 아프지 않다고 한다면 곧 무정無情인 목석과 같을 것이고, 만약 아프다고 한다면 곧 범부와 같아 바로 원한을 일으킬 것입니다."

대사께서 말씀하셨다.

"신회여, 앞에서 본다는 것과 보지 않는다는 것은 바로 양변兩邊이고, 아픈 것과 아프지 않다는 것은 바로 생멸生滅이다.[6] 그대는 자신의 성품을 보지도 못하면서, 감히 와서 사람을 희롱하는가?"

신회가 예배하고 다시 말을 하지 않으니, 대사께서 말씀하셨다.

"그대의 마음이 미혹하여 보지 못하면 선지식에게 물어 길을 찾아라. 그래서 마음을 깨달아 스스로 보게 되면 법을 의지하여 수행하여라. 그대 스스로 미혹하여 자신의 마음을 보지 못하고, 도리어 나에게 와서, 보고 보지 않음을 묻느냐? 내가 보는 것은 스스로 아는 것이라, 너의 미혹을 대신할 수 없는 것이다.[7] 그대가 만약

[不]<不見>也. 汝亦痛 亦不痛 如何?"

神會答曰.

"若不痛 卽同無情木石, 若痛 卽同凡 卽起於恨."

大師言.

"神會, 向前 見不見 是兩邊, [痛]<痛不痛> 是生滅. 汝自性 且不見, 敢來弄人?"

[禮拜]<神會>禮拜 更不言, 大師言.

"汝心迷不見 問善知識覓路. 以心悟自見 依法修行.

汝自[名]<迷> 不見自心, 却來問惠能見否? 吾[不]<見>自知, 代汝迷不得. 汝若自見 代得吾

26. 법을 청함 313

스스로 본다면 내 미혹함을 대신할 수 있겠느냐? 어찌 스스로 닦지 아니하고 나에게 보고 보지 않음을 묻는가?"

신회는 예배하고 바로 문인門人이 되어 조계산 안을 떠나지 않고 항상 곁에 있었다.

迷? 何不自修 問吾見否?"

神會作禮 便爲門人 不離漕溪山中 常在左右.

【주해】

4 제1부 『단경』의 성립 부분을 참조하라. 신회는 혜능의 5대 제자 중 한 사람으로 선불교의 역사에서 혜능을 드러나게 하고, 이『단경』의 성립에도 결정적 역할을 한 스님이다. 원대본에는 본문과 같은 내용의 앞에서 먼저 다음과 같이 신회를 소개하고 있다.

「한 동자가 있었으니 이름은 신회이고 양양襄陽 고高씨의 자손이다. 13살 때에 옥천사로부터 찾아와 참례하니 대사께서 말씀하셨다. "선지식이여, 멀리서 오느라 고생이 많구나. 도대체 근본을 얻어 가지고 왔는가? 만약 근본이 있다면 주인을 알 것이니 한번 말해 보아라."

신회가 말하기를, "머무름 없음을 근본으로 삼으니, 보는 그것이 바로 주인인가 합니다."

대사께서, "이 사미沙彌*가 어찌 그렇게 쉽게 말하는가?"라고 말씀하시면서, 주장자로 세 차례 내려치셨다.

신회가 마침내 대사께 묻기를, "화상은 좌선하시면서 보십니까,

보시지 않기도 합니까?"」

* 사미 : 열 가지 계를 받은 20세 미만의 출가한 남자. 구족계를 받아 비구가 되기 이전의 수행자를 말한다.

5 　신회 관련 자료에 의하면, 신회는 반야의 지혜 작용을 '지知' 또는 '견見'이라는 한 글자로 요약하여 제시하였다고 하고, 그래서 '지'라는 한 글자를 온갖 묘함의 문[知之一字 衆妙之門]으로 삼았다는 평가를 받았다. 따라서 여기에서 신회 물음의 의도는 불교이론과 관련하여 표현한다면, 좌선시 집중[止]만을 수행하는 것이 아니라 관찰[觀]의 수행을 중시해야 함을 확인하려는 것에 있는 것이 아닐까 한다.

6 　이해하기 어려운 대목이다. 이 표현에 이어「그대는 자신의 성품을 보지도 못하면서, 감히 와서 사람을 희롱하는가?」라는 말을 하고 있는 것을 감안하면, 표현의 취지는 생멸이 아니라 상주한다는 자신의 성품을 보는 것에 수행의 중점을 두어야 한다는 데 있는 것은 분명하다.

7 　자신의 '성품을 보는 것'은 자신이 스스로 체득하는 것이고, 의식의 분별로 이해하는 것은 아니다. 그렇게 때문에 이것을 설명해 주는 것은 성품을 보는 데에 도움이 되는 것이 아니라, 오히려 방해가 된다고 보는 것이 선불교의 입장이다.

　그래서 선문에서는 깨달음을 성취한 후,「그 때 만약 저에게 말씀해 주셨더라면, 오늘의 일은 없었을 것입니다[當時若爲我道 却則無今日事].」라거나,「스승의 불법과 도덕을 귀중히 여기는 것이 아니라, 오직 나를 위하여 설파해 주지 않았음을 귀중히 여긴다[不重先師佛法道德 只貴不爲我說破].」라고 토로하였다는 선사들의 말이 널리 회자된다고 한다.

제5장 전법과 유통

27. 상대되는 법 [對法]

27.1

대사께서는 마침내 문인들인 법해法海, 지성志誠, 법달法達, 지상智常, 지통志通, 지철志徹, 지도志道, 법진法珍, 법여法如,[1] 신회神會를 부르셨다. 대사께서 말씀하셨다.

"그대들 열 명의 제자는 앞으로 가까이 오라. 그대들은 다른 사람과 같지 않으니, 내가 세상을 떠난 뒤에 그대들은 각자 한 지방의 지도자가 될 것이다. 내가 그대들에게 설법하는 것을 가르쳐서 근본 종지 [本宗]를 잃어버리지 않게 하겠다.

삼과법문三科法門[2]을 들고 서른여섯 가지의 대법[3]을 움직여 쓰되, 출몰出沒하면

大師 逐喚門人 法海, 志誠, 法達, 智常, 志通, 志徹, 志道, 法珍, 法如, 神會. 大師言.

"汝等拾弟子 近前. 汝等 不同餘人, 吾滅度後 汝各爲一方頭. 吾敎汝說法 不失本宗.

擧[科]<三科>法門 [動]<動用>三十六

서 양변을 떠나도록 하여라.⁴ 일체법을 설하되 성품과 모양[性相]을 떠나지 말라. 만약 사람이 법을 묻거든, 말을 모두 쌍雙으로 해서 대법을 취하되, 오고 감이 서로 인연되게 하고[來去相因]⁵ 구경에는 두 가지 법을 모두 없애서 다시 간 곳마저 없게 하여라."⁶

對, 出沒卽離兩邊. 說一切法 莫離於性相. 若有人問法, 出語盡雙 皆取法對, 來去相因 究竟二法 盡除 更無去處.

【주해】

1 앞에서 이미 나온 법해·지성·법달·지상·신회 5인 외에 나머지 5인의 전기와 행적은 알 수 없다. 그 중 지통·지철·지도 3인은 『경덕전등록』 제5권에 간단한 기록이 나오지만, 이들도 대체로 『단경』의 기록을 토대로 만들어 수록된 것으로 보고 있다. 대사의 5대 제자로 일컬어지는 제자 중 신회만 나오는 것은, 나머지 4인은 이미 대사 곁을 떠나 독자적인 활동을 하고 있었기 때문일 것이다.

2 바로 다음 절에 나오는 것처럼 오온, 십이처, 십팔계라는 세 가지 과목의 법문을 말한다. 이 셋은 이 세상의 모든 현상을 모두 다 망라하는 것이다(졸저 『불교는』 pp.37-38 참조).

3 상대되는 법[對法]이라는 말인데, 뒤의 제27.3절에서 구체적인 설명이 나온다.

4 원문은 '出沒卽離兩邊'인데, 이해하기 쉽지 않다. 그 아래에서

「만약 사람이 법을 묻거든, 말을 모두 쌍으로 해서 대법을 취하되, 오고 감이 서로 인연되게 하고 구경에는 두 가지 법을 모두 없애서 다시 간 곳마저 없게 하여라」라고 하는 말이 이해에 도움을 준다. 즉 전단의 '출몰'은 '대법을 취하여' 출몰하는 것을 가리키고, 후단의 '즉리양변'은 '오고 감이 서로 인연되게 하고 구경에는 두 가지 법을 모두 없애서' 중도를 취할 것을 가리키는 것으로 이해할 수 있으므로, 본문과 같이 번역할 수 있을 것이다.

5 오고 감이 서로 인연이 된다는 것은, 대법 중 어느 하나가 없이는 다른 하나도 독립하여 설 수 없는 상대적인 개념이라는 것을 의미한다.

뒤의 제27.4절에서「어둠은 스스로 어두운 것이 아니라 밝음 때문에 어두운 것이고, 어둠은 스스로 어두운 것이 아니라 밝음이 변하여 어두운 것이다. 어둠으로써 밝음을 나타내는 것이니, 오고 감이 서로 인연하는 것이다」라고 하여 그 의미를 다시 밝히고 있다. 대법을 취하는 것은 모든 법의 진실한 모습인 중도를 나타내는 데 가장 적절한 방법이라고 보기 때문일 것이다.

6 『신회어록』에 나와 있는 다음의 글을 그 활용의 구체적인 실례로 이해할 수 있겠다.

즉 신회는 진眞 법사로부터 '상常'의 뜻을 질문받고 그에 대하여 설명하기를, 「'무상無常'이 '상'의 뜻이다」라고 하였다가, 다시 「지금 상의 뜻을 묻는데 어찌 무상이 상의 뜻이라고 대답하십니까?」라는 반문을 받고 대답하기를, 「무상이 있음으로 인하여 비로소 상을 말하게 된다. 만약 무상이 없다면 상도 역시 뜻이 없다. 이러한 뜻에서 상이라 말할 수 있는 것이다[因有無常 而始說常. 若無無常 亦無常義.

以是義故 得稱爲常]. 비유하면 장長은 단短으로 말미암아 생기고, 단은 장으로 말미암아 성립된다. 장이 없다면 단도 역시 성립되지 않는다. 현상은 서로로 말미암기 때문이다[事相因故].」라고 하고 있다.

또 같은 어록에서 신회는 간簡 법사로부터 '중도'의 뜻을 질문받고는 설명하기를, 「변邊의 뜻이 그것이다.」라고 하였다가, 다시 「지금 중도의 뜻을 묻는데 어찌 변의 뜻이 그것이라고 대답하십니까?」라는 반문을 받고 대답하기를, 「중도라는 말은 요컨대 변의 뜻으로 말미암아 성립된다. 만약 변이 성립되지 않으면 중도도 역시 성립되지 않는다.」라고 하고 있는데, 같은 취지이다.

27.2

"삼과법문三科法門이라는 것은 음·계·입蔭界入이니, 음은 오음五蔭이고, 계는 십팔계十八界이며, 입은 십이입十二入이다.[7]

무엇을 오음이라고 이름하는가? 색음·수음·상음·행음·식음이 그것이다. 무엇을 십팔계라고 이름하는가? 육진六塵과 육문六門과 육식六識이다. 무엇을 십이입이라고 이름하는가? 밖의 육진과 안의 육문이다.

무엇을 육진이라고 이름하는가? 색·성·향·미·촉·법이 그것이다. 무엇을 육문이라고 이름하는가? 눈·귀·코·혀·몸·정신[意]이 그것이다.

법성法性[8]이 육식인 안식·이식·비식·설식·신식·의식과 육문과 육진을 일으키는 것이다. 자신의 성품이 만법을 포함하니, 이름하여 함장식含藏識[9]이라고 한다. 생각하고 헤아리면 곧 식을 굴려 육식을 내고, 육문과 육진을 내니, 이것이 세 가지의 여섯 가지가 되어 열여덟이다.

자기 성품이 삿됨을 일으킴으로 말미암아 십팔계가 삿되고, 자기 성품을 간직한

三科法門者　蔭界入, 蔭是五蔭, 界十八界, [是]<入是>十二入. 何名五蔭? 色蔭受蔭[相]<想>蔭行蔭識蔭是. 何名十八界? 六塵六門六識. 何名十二入? 外六塵　中六門.

何名六塵?　色聲香[未獨]<味觸>法是. 何名六門?　眼耳鼻舌身意是.

法性起 六識 眼識耳識 鼻識舌識 身識意識　六門六塵. 自性含萬法,　名爲含藏識. 思量卽轉識　生六識,　出六門六塵, 是三六十八.

由自性邪起 十八邪, 含自性　十八正含.

다면 십팔계는 바름[正]을 간직한다.¹⁰ 악한 작용을 하는 것이 곧 중생이고, 선한 작용을 하는 것이 곧 붓다이다. 작용은 무엇으로 말미암는가? 자기 성품의 대법[自性對]¹¹으로 말미암는 것이다."

惡用卽衆生, 善用卽佛. 用[油]<由>何等? [油]<由>自性對.

【주해】

7 오음과 십이입은 초기의 한역 용어(오음의 음도 본문의 '蔭'보다는 '陰'이라는 한자가 주로 사용된다)이고, 후에는 주로 오온과 십이처라고 번역되고 있다. 그래서 음계입은 온·처·계蘊處界라고도 한다. 이 삼과법문과 그 개별적인 구성요소들에 대해서는 졸저 『불교는』 p.35 이하의 인식의 원리 부분을 참조하라.

8 앞에서 본 것처럼 본문의 '법성'은 자신의 불성을 가리키는 말이다. 그런데 여기에서 이 법성이 육식과 육문 및 육진을 일으킨다는 것은 무엇을 뜻하는 것일까?
　이것은 앞의 제8.4절에서 「생각은 진여의 작용이고, 진여는 생각의 체」라고 한 글과 그 주해의 내용을 상기함으로써 해답을 찾을 수 있다. 말하자면 모든 법은 우리의 마음에서 일어나는 것인데, 우리의 마음이 바로 진여라는 것이므로, 그 진여, 곧 법성이 십팔계를 일으킨다고 하는 말이 성립될 수 있는 것이다. 이것을 본문의 바로 다음에서, 「자신의 성품이 만법을 포함하니, 이름하여 함장식舍藏識이라고 한다.」라고 부연하고 있다.

9 제22절의 주해에서 설명한 제8 아뢰야식을 가리키는 것이다. 유식이론에 의하면 우리의 마음은 8식으로 구성되어 있는데, 이 아뢰야식이 근본식[本識]으로서, 일체법의 종자를 간직하여 잃어버리지 않은 근본이고, 이것이 전변하여 나머지 7식(=전식轉識)으로 현행하는 것이므로, 이것을 함장식 내지 장식이라고 부른다. 따라서 모든 법은 이 함장식이 간직하고 있는 것이라고 말할 수 있고, 이 함장식이 우리의 마음 또는 우리의 성품이라고 말할 수도 있는 것이다.

10 앞에서 보아온 여래장사상에 의하면, 우리의 마음의 체는 각의 상태이지만, 벗어난 적이 없는 무명의 힘 때문에 인식대상이 앞에 이르면 생각이 일어나 대상을 인식하여 분별하여 십팔계를 내는 것이다. 그러므로 자기의 성품 그대로를 간직한다면 삿된 분별의 떠나 바름을 간직한다고 말할 수 있다.

11 자기의 성품에서 작용을 일으키는 상대적인 측면을 가리키는 취지일 것이다. 다음 분절에서 이러한 대법에는 삿됨[邪]과 바름[正], 어리석음[癡]과 지혜로움[惠] 등 열아홉 가지가 있다고 말하고 있다.

27.3

"바깥 경계의 무정[外境無情]에 다섯 가지 대법이 있으니, 하늘과 땅이 상대이고, 해와 달이 상대이며, 어둠과 밝음이 상대이고, 음과 양이 상대이며, 물과 불이 상대이다.

언어로 된 법상[語言法相][12]에 열두 가지 대법이 있으니, 유위有爲와 무위無爲, 유색有色과 무색無色이 상대이고, 유상有相과 무상無相이 상대이며, 유루有漏와 무루無漏[13]가 상대이고, 색色과 공空이 상대이며, 동動과 정靜이 상대이고, 청淸과 탁濁이 상대이며, 범凡와 성聖이 상대이고, 승僧과 속俗이 상대이며, 늙음[老]과 젊음[少]이 상대이고, 큼[大大]과 적음[小小]이 상대이며, 장長과 단短이 상대이고, 고高와 하下가 상대이다.[14]

자기의 성품이 일으키는 작용의 대법에 열아홉 가지 대법이 있으니, 삿됨[邪]과 바름[正]이 상대이고, 무명[癡]과 반야[惠]가 상대이며, 어리석음[愚]과 지혜로움[智]이 상대이고, 산란함[亂]과 집중됨[定]이 상대이며, 계율[戒]과 그릇됨[非]

外境無情對　有五, 天與地對,　日與月對, 暗與明對, 陰與陽對, 水與[大]<火>對.

語[與言]<言>[對法與相]<法相>對　有十二對, 有爲無爲　有色無色對, 有相無相對, 有漏無漏對, 色與空對, 動與[淨]<靜>對, 淸與濁對, 凡與[性]<聖>對, 僧與俗對, 老與少對,　大大與[少少]<小小>對, 長與短對, 高與下對.

自性[居起]<起>用對　有十九對, 邪與正對, 癡與惠對, 愚與智對,　亂與定對, 戒與非對,　直與[典]<曲>對, 實與虛

이 상대이고, 곧음[直]과 굽음[曲]이 상대이며, 실實과 허虛가 상대이고, 험준함[嶮]과 평탄함[平]이 상대이며, 번뇌와 보리가 상대이고, 자비[慈]와 해침[害]이 상대이며, 기쁨[喜]과 성냄[嗔]이 상대이고, 버림[捨]¹⁵과 아낌[慳]이 상대이며, 나아감[進]과 물러남[退]이 상대이고, 생生과 멸滅이 상대이며, 항상함[常]과 무상함[無常]이 상대이고, 법신과 육신이 상대이며, 화신과 보신이 상대이고, 체體와 용用이 상대이며, 성性과 상相이 상대이다.

유정과 무정을 대상으로 하는 언어와 법상¹⁶에 열두 가지 대법이 있었고, 외경의 무정에 다섯 가지 대법이 있었으니, 세 가지 범주[三身]¹⁷에 세 종류의 대법이 있어 도합 서른여섯 가지 대법을 이루는 것이다. 이 서른여섯 가지 대법을 이해하여 사용하면, 일체의 경전에 통하고 출입하면서도 곧 양변을 떠날 수 있다."¹⁸

對, 嶮與平對, 煩惱與菩提對, 慈與[空]<害>對, 喜與嗔對, 捨與慳對, 進與退對, 生與滅對, 常與無常對, 法身與色身對, 化身與報身對, 體與用對, 性與[相]<相對>.

有[淸]<情>無[親]<情>對 言語與法相 有十二對, [內外]<外>境[有無]<無情> 五對, 三身有三對 都合成 三十六對法也. 此三十六對法 解用, 通一切經 出入 卽離兩邊.

【주해】

12 이해하기 어려운 표현인데, 언어로 표현된 현상의 모습[法相]을

뜻하는 것으로 본다. 수정 전 원문은 '語與言對法與相對'로 되어 있어 더욱 난해하나, 뒤에 '言語與法相'이라는 표현이 나와 정리가 가능하다. 뒤의 표현이 정확하다면 언어(내지 어언)와 법상을 병렬관계로 보아야 하지만, 그렇더라도 그 의미를 언어와 법상의 상관관계를 가리키는 것으로 보면, 본문과 같은 번역과 이해가 가능하다.

13 유루와 무루의 뜻에 대하여는 제20.1절의 주해에서 이미 살펴보았다. 그런데 유루·무루가 유위·무위와 구체적으로 어떻게 다른지 의문이 있을 수 있는데, 이는 보통 사성제와 관련해서 설명한다. 즉 고·집제의 법은 유위이면서 유루이고, 멸제의 법은 무위이면서 무루인데, 도제의 법은 유위이지만 번뇌가 따라 증가하지는 않으므로 무루에 속한다고 한다.

14 제일 먼저 나오는 유위·무위와 유색·무색 사이에 '對'자가 빠져 있기는 하나(그래서 이 두 가지를 하나로 본다면 12대가 된다), 이 두 가지는 하나로 묶여질 수 있는 성격이라고 보기 어려우므로, 이를 둘로 본다면 13대가 되어 수효가 맞지 않다. 그래서인지 돈박본에는 '大大與少少對'가 빠져 있다.

참고로 후대의 다른 판본들은 12대의 내용이 다르다. 유색·무색, 유상·무상, 유루·무루, 색·공, 동·정, 청·탁, 범·성, 승·속, 노·소, 대·소의 10대는 돈황본과 같지만, 나머지 2대는 어語와 법法, 유와 무로 되어 있다.

15 불교에서 '사'捨라는 말은 평등, 평정, 중립의 뜻으로 쓰이는 것이 보통인데, 앞의 제21.2절에서 본 '희사喜捨'의 '사'도 마찬가지이다. 그런데 여기에서는 '아낌'의 상대어이므로 '버림'의 뜻이다.

16 외경의 5대는 무정만이 대상이지만, 언어 법상의 대상은 유정과 무정 모두라는 뜻, 다시 말해서 외부의 경계와 내면의 성품 사이의 상관관계를 대상으로 하는 것이라는 뜻으로 이해된다. 이렇게 이해하면 앞에서 「자기의 성품이 일으키는 작용의 대법에 열아홉 가지」란 내면의 성품을 대상으로 하는 것이라는 의미가 될 것이다.

그런데 이 '유정무정대'(수정 전 원문은 「有淸無親對」)를 앞 문장에 연결하여 19대의 하나로 읽는 예도 많은데(얌폴스키, 정성본, 정유진), 그러면 20대가 되어 수효가 맞지 않을 뿐 아니라, 그 앞까지는 대법 사이가 '與'로 연결되어 온 반면 여기에서는 '與'가 빠져 있으며, 또 그 내용도 자기 성품이 일으키는 작용의 대법으로 보기도 어려우므로 반드시 옳다고 보기 어렵다. 돈황본 외의 다른 판본에도 유정·무정은 대법의 하나로 들어 있지 않다.

다만 다른 판본의 경우 19대 중 3대의 내용이 다른데, 돈황본의 자慈·해害, 체·용, 성·상 대신, 자慈·독毒, 비悲·해害(이 둘은 돈황본의 자·해를 둘로 나눈 셈이다), 장·단의 셋이 포함되어 있다.

17 원문의 '三身'에서 '身'은 신체라는 의미 외에, 집단·종류·범주라는 뜻도 가지므로 본문과 같이 풀이할 수 있다. 그러나 돈황본의 다른 해석본들은 이 부분의 원문 '三身有三對'는 오류라고 보아 삭제하고 번역한다.

18 앞의 제27.1절에서 나온 「출몰하면서 양변을 떠난다」는 표현과 같은 뜻이다. 그 뜻은 같은 절의 주해를 참조하라.

27.4

"어떻게 자신의 성품이 작용을 일으키게 할 것인가? 서른여섯 가지 대법으로 사람들과 말함에 있어, 밖으로 나가서는 모양에서 모양을 떠나고, 안으로 들어와서는 공空에서 공을 떠나야 한다.[19] 공에 집착하면 곧 오직 무명만 기르고, 모양에 집착하면 오직 사견만 기르게 된다. 법을 비방하여 바로 말하기를 '문자를 쓰지 않는다'[20]고 하지만, 이미 문자를 쓰지 않는다고 말할진대 사람이 말도 하지 않아야만 할 것이다. 말이 곧 문자이기 때문이다.

자기 성품에 대해 공空을 말하지만, 바로 말한다면 본성은 공하지 않다.[21] 미혹하여 스스로 현혹됨은 말을 없애기 때문이다. 어둠은 스스로 어두운 것이 아니라 밝음 때문에 어두운 것이고, 어둠은 스스로 어두운 것이 아니라 밝음이 변하여 어두운 것이다. 어둠으로써 밝음이 나타나는 것이니, 오고 감이 서로 인연하는 것이다.[22]

서른여섯 가지의 대법도 또한 이와 같은 것이다."

如何自性起用? 三十六對 共人言語, 出外 [於]<於相>離相, 入內 於空離空. 着空卽 惟長無[名]<明>, 着相[惟]<惟長>邪見. 謗法 直言 '不用文字', 旣云不用文字 人不合[言言語語]<言語. 言語>卽是文字. 自性上 說空, 正語言 本性不空. 迷自惑 語言除故.

暗不自暗 以[名]<明>故暗, 暗不自暗 以[名]<明>變暗. 以暗現明, 來去相因.

三十六對 亦復如是.

【주해】

19 앞의 제25.1절에서 같은 표현이 나왔다. 자세한 뜻은 그 곳의 주해를 참조.

20 당시 북종의 자료인 『대승북종론』이라는 글에 아래와 같은 게송이 실려 있다고 하는데, 이로써 대변되는 북종계의 편견을 가리키려는 취지로 이해된다.

「글이 있고 글자가 있음을 일컬어 생사라 하고, 글이 없고 글자가 없음을 일컬어 열반이라 한다. 말이 있고 설이 있음을 일컬어 생사라 하고, 말이 없고 설이 없음을 일컬어 열반이라 한다.」

21 공에 집착하여 방편을 소홀히 하는 것을 경계하려는 취지이다. 불성의 공하지 않음에 대한 근거로는 흔히 《승만경》에 나오는 다음의 글(졸역 『여래장 경전 모음』 pp.128-129)이 인용되고, 여래장사상 계통의 문헌에서는 이것에 기초하여 불공不空의 다양한 내용들을 제시한다. 그런데 여기에서는 공과 불공이 문자 그대로 비고 비지 않음의 뜻으로 쓰이고 있음에 유의할 필요가 있다.

「세존이시여, 두 가지 여래장의 공지空智가 있습니다. 세존이시여, 공여래장空如來藏은 떠나고 벗어나며 변이하는 일체의 번뇌장입니다. 세존이시여, 불공여래장不空如來藏은 항하의 모래보다 많은 떠나지도 않고 벗어나지도 않으며 변이하지도 않는 불가사의한 불법입니다.」

22 앞의 제27.1절에서도 같은 표현이 나왔는데, 동일한 의미이다.

27.5

대사께서 10인의 제자에게 말씀하셨다.

"이후에 법을 전하되, 차례로 서로 이어 이 한 권의 『단경』을 가르쳐 전수해서 근본 종지[本宗]를 잃지 말라. 단경을 이어받지 않았다면 나의 종지[宗旨]를 이은 것이 아니다. 지금과 같이 얻었다면 번갈아 대대로 유포하여 전하라. 단경을 얻은 사람이라면 나를 만나 내가 친히 준 것과 같다."[23]

10인의 스님은 가르침을 받고, 『단경』이라고 베껴 써서 번갈아 대대로 유포해 전하였으니, 얻은 사람은 반드시 견성할 것이다.

大師言 十弟子.

"已後傳法, [迎]<遞>相敎授 一卷[檀]<壇>經 不失本宗. 不稟[授檀]<受壇>經 非我宗旨. 如今得了 [迎]<遞>代流行. 得遇[檀]<壇>經者 如見吾親授."

拾僧得敎授已, 寫爲[檀]<壇>經 [迎]<遞代>流行, 得者必當見性.

【주해】

23 앞의 제23.2절에서 나온 같은 내용의 표현과 함께, 육조의 목소리로 보기 어려운 대목이라 함은 앞에서 지적한 바와 같다.

또 본문대로라면 지금 『단경』을 설하면서 열 명의 제자에게 『단경』 1권씩을 전수하고 있는 모순이 드러나고 있어, 이 내용이 후대에 삽입된 것임을 알 수 있는 대목이기도 하다.

28. 참과 거짓 [眞假]

28.1

대사께서는 선천先天 2년 8월 3일에 입적하셨다. 7월 8일에 문인들을 불러 이별을 고하셨다. 대사께서는 선천 원년에 신주 국은사國恩寺에 탑을 만들었고,[1] 선천 2년 7월에 이르러 이별을 고하신 것이다. 대사께서 말씀하셨다.

"그대 대중들은 앞으로 가까이 오라. 나는 8월이 되면 세상을 떠나고자 한다. 그대들은 의심이 있거든 빨리 물어라. 그대들을 위해 의심을 풀어 주어 미혹한 것을 모두 없애어 그대들을 안락케 하겠다. 내가 만약 떠난 뒤라면 그대들을 가르칠 사람이 없을 것이다."

법해 등 대중들이 듣고 눈물을 흘리며 슬피 울었으나, 오직 신회만은 움직이지 않고 또한 슬피 울지도 않았다. 육조께서 말씀하셨다.

"신회는 어린데도 도리어 좋고 좋지 못한 것에 대해 평등함을 얻어 헐뜯고 칭찬

大師 先天二年八月三日滅度. 七月八日 喚門人告別. 大師 [天]<先天>元年 於[欄]<新>州國恩寺 造塔, 至先天二年七月 告別. 大師 言.
"汝衆近前. [五]<吾>至八月 欲離世間. 汝等 有疑早問. 爲[外]<汝>破疑 當令迷者盡使[與]<汝>安樂. 吾若去後 無[入]<人>敎[與]<汝>."
法海等衆僧 聞已 涕淚悲泣, 唯有神會不動亦不悲泣. 六祖言.
"神會小僧 却得善不善等 毀譽不動,

함에 움직이지 않으나, 나머지는 그렇지 못하구나. 여러 해 동안 산중에서 무슨 도를 닦았는가? 그대들이 지금 우는 것은 또 누구를 위함인가? 내가 가는 곳을 몰라서 근심하는 것인가? 만약 가는 곳을 모른다 한들 끝내 그대들과 이별치 않을 것인가? 그대들이 우는 것은 내가 가는 곳을 몰라서이지, 만약 가는 곳을 안다면 울지 않을 것이다.

성품은 생도 없고 멸이 없으며 감도 없고 옴도 없는 것이다. 그대들은 모두 앉으라. 내가 그대들에게 게송 한 수를 줄 것이니, 진가동정게眞假動靜偈²이다. 그대들은 모두 다 외어 지녀라. 이 게송의 뜻을 볼 수 있다면 나와 더불어 같다고 할 것이다. 이것에 의지하여 수행해서 종지를 잃지 말라."

[除]<餘>者不得. 數年 山中 更修何道? 汝今悲泣 更有阿誰? 憂吾不知去處在? 若不知去處 終不別汝? 汝等悲泣 即不知[吾]<吾>去處, 若知去處 即不悲泣.

[性聽]<性> 無生無滅 無去無來. 汝等盡[座]<坐>. 吾與[如]<汝>一偈, 眞假動[淨]<靜>偈. [與]<汝>等盡誦取. 見此偈意 [汝]<與>吾同. [於]<依>此修行 不失宗旨."

【주해】

1 중종의 조서에 따라, 대사가 출가 전 살던 신주의 옛집은 국은사로 조성되었다 함은 제1부에서 보았다. 탑을 만들게 하는 것은 입멸을 예상하여 그 속에 시신을 안치하기 위한 것이다.

2   진과 가, 정과 동의 관계를 노래한 게송이라는 뜻. 여기에서 진과 정은 진제, 열반, 진공 등을, 가와 동은 속제, 생사, 묘유 등을 나타내는 것이라고 할 수 있다. 가와 동을 벗어난 밖에 따로 진과 정이 있는 것이 아니므로, 양자를 차별하여 진과 정에 집착해서는 안된다는 뜻을 담고 있는 것으로 이해된다.

28.2

대중들은 예배하고 대사께 게송 남겨 주시기를 청하고 공경하는 마음으로 받아 지녔다. 게송으로 이르시기를,	僧衆禮拜 請大師留偈 敬心受持. 偈曰,

모든 것에는 참[眞]이 없으니	一切無有眞
참을 보려고 하지 말라	不以見於眞
만약 참을 본다고 한다면	若見[衣]<於>眞者
그 보는 것[3]은 모두 참이 아니다	是見盡非眞

만약 스스로 참을 가지려면	若能自有眞
거짓을 여의는 것이 바로 마음의 참이다	離假卽心眞
자기 마음이 거짓을 여의지 못하면	自心不離假
참은 없으리니 어디가 참이랴	無眞何處眞

유정은 움직일 줄 알지만	有[性]<情>卽解動
무정은 움직이지 않느니	無[性]<情>卽不動
만약 움직이지 않는 행을 닦는다면	若修不動行
무정의 움직이지 않음과 같다	同無情不動

만약 참으로 부동함[眞不動]을 보려면	若見眞不動
움직임에서 부동함이 있어야 하니	動上有不動
움직이지 않음이 부동함이라면	不動是不動

무정과 같아 붓다의 종자도 없으리[4]	無情無佛[衆]<種>
능히 모양을 잘 분별하되	能善分別相
제일의에서 부동하여야 하니[5]	第一義不動
만약 깨달아 이 소견 짓는다면	若悟作此見
곧 이것이 진여의 작용이다	則是眞如用
모든 도 배우는 이에게 이르노니	報諸學道者
노력하고 모름지기 주의해서	努力須用意
대승의 문에서	莫於大乘門
도리어 생사의 지혜에 집착치 말라	却執生死智
앞의 사람과 서로 응한다면	前頭人相應
곧 함께 붓다 말씀 논하려니와	卽共論佛語
만약 실로 상응치 않는다면	若實不相應
합장하고 선善을 권하라	合掌令勸善
이 가르침은 본래 다툼이 없음이니	此敎本無諍
다투면 도의 뜻을 잃으리라	[无]<若>諍失道意
집착하고 미혹해서 법문을 다툰다면	執迷諍法門
자기 성품이 생사에 들어간다[6]	自性入生死

【주해】

3 '그 보는 것[是見]'이란 보는 대상을 말하는 것이 아니라, 보는 주관을 말하는 것으로 이해된다. 다시 말해 진·가를 차별하는 그 주관은 참일 수 없다는 것이다.
4 부동에 관하여 앞의 제7.3절과 제9.1절 등에서 같은 취지의 설명이 있었다.
5 앞의 제8.4절에서 나왔듯이《유마경》불국품에 나온 표현이다.
6 다투는 것은 도를 장애하는 인연이라는 취지도 앞의 제7.2절과 제23.2절 등에서 나왔다.

　　이 게송의 제1, 2수는 진과 가의 관계를, 제3, 4수는 정과 동의 관계를, 제5, 6수는 이 두 가지 상호간의 진실한 모습을 각각 설하는 것이고, 마지막 두 수에서는 다툼은 도를 장애하는 인연이 됨을 결론으로 삼아, 승가의 화합을 강조한 것이다.

29. 게송을 전함 [傳偈]

29.1

대중들이 듣고는 대사의 뜻이, 다시는 감히 다투지 아니하고 법에 의지해 수행해야 한다는 것임을 알고, 일시에 예배하였다. 그리고 곧 대사께서 오래 세상에 머무시지 않을 것이라는 것도 알았다. 상좌인 법해가 앞으로 나와 대사께 여쭈었다.

"대사께서 떠나신 후에는 가사와 법을 누구에게 부촉해야 합니까?"

대사께서 말씀하셨다.

"법을 이미 부촉하였으니 그대는 물을 필요가 없다. 내가 떠난 후 20여 년에[1] 삿된 법이 요란하여 나의 종지를 어지럽힐 것이다. 그 때 어떤 사람이 나와서 신명身命을 아끼지 않고 붓다의 가르침의 시비를 결정하고[2] 종지를 세울 것이니, 그것이 바로 나의 정법이다.[3] 가사는 전하는 것이 합당치 않다. 그대가 믿지 못하겠다면, 내가 선대 다섯 조사의 전의부법송傳衣付法頌[4]을 외어 주겠다. 제1조 달마 조사의 게

衆僧旣聞 識大師意,
更不敢諍 依法修行,
一時禮拜. 卽[之]
<知> 大師不永住世.
上座法海 向前言[大
大師師]<大師.
"大師>去後 衣法 當
付何人?"
大師言.
"法卽付了 汝不須問.
吾滅後 二十餘年 邪
法遼亂 惑我宗旨. 有
人出來　不惜身命
[弟]<定>佛敎是非
堅立宗旨, 卽是吾正
法. 衣不合[轉]<傳>.
汝不信, 吾與誦 先代
五祖　傳衣付法[誦]
<頌>. 若據[弟]<第>

송 뜻에 의거한다면 곧 가사를 전하는 것이 합당치 않다.[5] 들으라, 내 그대에게 외어 주리라." 게송에 이르셨다.

제1조 달마達摩 화상 게송으로 말씀하시기를,

    내 본래 당 나라에 와서[6]
    가르침 전해 미혹한 중생 구제하니[7]
    한 꽃에 다섯 잎 열리고
    열매도 저절로 맺어지리라

제2조 혜가惠可[8] 화상 게송으로 말씀하시기를,[9]

    본래 땅이 있음으로 말미암아
    땅에서 씨앗이 꽃을 내는 것
    본래 땅이 없다면
    꽃이 어디에서 피어나리오

제3조 승찬僧璨[10] 화상 게송으로 말씀하시기를,

    꽃 씨앗이 비록 땅으로 인하여
    땅 위에서 씨앗이 꽃을 내지만
    꽃 씨앗에 나는 성품[生性] 없다면[11]
    땅에서도 또한 남은 없으리

一祖 達摩頌意 卽不合傳衣. 聽, [五]<吾>與汝頌." 頌曰.

[弟]<第>一祖 達摩
和尙 頌曰,
吾[大]<本>來唐國
傳敎*救迷情*
一花開五葉
結果自然成

[弟]<第>二祖 惠可
和尙 頌曰,
本來緣有地
從地種花生
當本[願]<元>無地
花從何處生

[弟]<第>三祖 僧璨
和尙 頌曰,
花種雖因地
地上種[化]<花>生
花種無生性*
於地亦無生

제4조 도신道信[12] 화상 게송으로 말씀하   [弟]<第>四祖 道信
시기를,   和尙 頌曰,
    꽃 씨앗에 나는 성품 있어   花種有生性
    땅으로 인하여 씨앗이 꽃 내지만   因地種花生
    먼저 인연이 화합치 않는다면   先緣不和合
    일체 모두 다 남은 없으리   一切盡無生

제5조 홍인弘忍 화상 게송으로 말씀하시   [弟]<第>五祖 弘忍
기를,   和尙 頌曰,
    유정이 와서 씨앗 뿌리니[13]   有情來下種*
    무정[14]에서 꽃이 곧 나는 것   無情花卽生
    유정도 없고 또 씨앗도 없다면   無情又無種
    마음 땅에도 또한 남이 없으리   心地亦無生

제6조 혜능惠能 화상 게송으로 말씀하시   [弟]<第>六祖 惠能
기를,[15]   和尙 頌曰,
    마음 땅이 유정과 씨앗을 머금고   心地含情種
    법의 비 내리니 곧 꽃이 핀다   法雨卽花生
    스스로 꽃의 정과 씨앗 깨달으니   自[吾]<悟>花情種
    보리 열매 저절로 이룬다   菩提[草]<果>自成

【주해】

1 제1부에서 본 것처럼 신회가 활대에서 큰 법회를 열어 종론을 벌인 732년은 혜능 입멸(713년) 후 20년째에 해당한다. 그래서 『단경』의 기록자는 위 사건을 지목하여 예언의 형식으로 본문의 내용을 기록한 것으로 본다. 이것은 이 『단경』의 편찬자가 신회 본인이거나 아니면 적어도 신회의 법손이라는 추정을 불러일으키는 대목이다.

2 「붓다의 가르침의 시비를 결정하고[定佛教是非]」라는 표현도 활대 종론의 자료인 『보리달마남종'정시비'론定是非論』에서 따온 표현이다. 또 「신명을 아끼지 않고」라는 표현 역시, 위 자료에서 신회가, 「보적 선사와 남종과는 별개의 문제이다. 나는 종지의 옳고 그름을 판단하여 종지를 확정하기 위한 것이고, 대승의 불법을 널리 퍼뜨려 정법을 건립하여 일체 중생들이 잘 알 수 있도록 하기 위한 것이다. 어찌 신명을 아끼겠는가?」라고 한 말에서 따온 것으로 보인다.

3 결론적으로 신회가 혜능의 법을 전해 받은 계승자라는 취지이다.

4 전법 가사를 전하면서 법을 부촉하는 것을 내외에 천명하는 게송이라는 뜻이다. 이후 가사의 전수가 없어지면서, 이것은 전법의 게송만을 주는 소위 전법게로 대체된다.

5 바로 다음에 나오는 달마의 게송에, 「한 꽃에 다섯 잎 열리고[一花開五葉]」라고 한 표현을 가리키는 것으로 보인다. 제2조로부터 제6조 혜능까지 다섯 잎이라는 취지인데, 그 후에는 맺힌 열매에서 다시 씨가 나고 여러 갈래로 퍼져 나갈 것이고, 그래서 그 후에는 한 벌의 가사를 전함으로써 신표로 삼을 수 없게 된다는 것을 뜻하는

것으로 이해된다.

6 앞서 본 것처럼 달마가 중국에 온 것은 물론 사망한 것도 당 나라가 성립되기 훨씬 전이었는데, 본문은 착오이다. 뒤의 제30절에도 당 나라 성립 전 사망한 혜가를 당 나라 스님으로 기록한 착오가 있다. 이들은 모두『단경』을 쓴 시기가 당나라 때여서 발생한 착오로 보인다.

7 저본에 이 제2구 '傳敎救迷情'의 둘째 글자는 '木'과 '敎'가 결합된 글자로 되어 있고, 마지막 두 글자는 '名淸'으로 되어 있다.

8 중국 선종의 제2조(487~593)로 하남성 낙양 출신의 위진남북조 시대의 스님. 속성은 희姬씨이고, 속명은 신광神光 또는 승가僧可라고 하였다. 어려서 노장학과 불교경전을 공부하고 나중에 낙양의 향산사香山寺에서 출가하여 오랫동안 수행하다가, 520년 34세 때에 소림사로 달마를 찾아가 왼팔을 끊어 구도의 마음을 보인 후 수행 끝에, 달마로부터 "그대는 나의 골수를 얻었다[汝得吾髓]"는 인가와 함께 법을 전해 받은 것은 유명한 이야기로 남아 있다. 552년 제3조 승찬에게 법을 전하고, 하남성 업도鄴都에서 오랫동안 교화하였으며, 명성이 높아지자 변화辨和라는 스님의 참소를 받고 피살되었다고 한다.

『경덕전등록』제3권에 보리달마와 혜가가 만났을 때의 기연이 다음과 같이 기록되어 있다.「신광이라는 스님이 있었다. … (달마 대사에게 가서) 조석으로 섬기고 물었으나, 대사는 항상 단정히 앉아 면벽하고 있어서 아무런 가르침도 듣지 못했다. … 그 해 12월 9일 밤에 큰 눈이 왔는데 신광이 선 채 꼼짝도 않으니 새벽에는 눈이 무릎까지 쌓였다. 대사께서 민망히 여겨 물으셨다. "그대는 오랫동안 눈 속에 서서 무엇을 구하는가?"

신광이 슬피 울며 말했다. "오직 스님께서 자비로 감로의 문을 열어 중생을 제도하여 주시기 바랄 뿐입니다."

대사께서 말씀하셨다. "모든 붓다의 위 없는 묘한 도는 여러 겁 동안 행하기 어려운 행을 하고 참기 어려운 것을 참으며 정진하여 애쓴 것인데, 어찌 조그만 덕과 가볍고 교만한 마음으로 참 법을 바라는가? 헛수고일 뿐이다."

신광이 그 말을 듣고 가만히 칼을 잡고 왼팔을 끊어 대사 앞에 놓았다. 대사께서 법기法器임을 아시고 마침내 말씀하셨다. "모든 붓다께서도 처음 도를 구할 때에는 법을 위하여 몸을 던지셨다. 그대가 지금 내 앞에서 팔을 끊으니 구할 만하다."

대사께서 그의 이름을 혜가라 고쳐 주니 신광이 말했다. "모든 붓다의 법인法印을 들려주십시오."

대사께서 말씀하셨다. "모든 붓다의 법인은 남으로부터 얻는 것이 아니다."

신광이 말했다. "제 마음이 편안치 못합니다[我心未寧]. 스님께서 편안케 해 주시기 바랍니다[乞師與安]."

대사께서 말씀하셨다. "마음을 가져오너라[將心來], 편안케 해 주겠다[與汝安]."

말하기를, "마음을 찾아도 찾을 수가 없습니다[覓心了不可得]."

대사께서 말씀하셨다. "내가 이미 그대의 마음을 편안케 해 주었노라."」

선문에서는 눈 속에서 팔을 끊은 위의 사건을 '입설단비立雪斷臂'라고 부르고, 뒷 부분의 문답을 '안심법문安心法門'이라 부른다.

9 돈황본 외의 다른 판본에는 보리달마의 게송만 있고, 이하의 다섯 조사의 게송은 실려 있지 않다.『조당집』이나『경덕전등록』등에 제2조 이하 다섯 조사의 게송이 기록되어 있는데, 본문과 다르게 표현되어 있는 곳이 여럿 있다.

10 중국 선종의 제3조(?~606)로 수 나라 시대의 스님. 제12절의 주해 1에서 보았듯이 풍질風疾에 걸렸을 때 제2조 혜가를 만나 문답한 후 병이 공한 이치를 깨닫고 출가하여 혜가의 법을 받았다. 북주의 불교박해 때에 태호현 사공산司空山에 왕래하며 10여 년을 지냈으나 사람들이 알지 못했다 한다. 593년 도신을 만나 의발을 전하고 서주舒州의 환공산晥公山에서 크게 교화를 하였다 하는데, 선시『신심명』을 남긴 것으로 유명하다.

11 이 제3구의 마지막 두 글자가 저본에는 도치되어 '性生'으로 되어 있다.

12 중국 선종의 제4조(580~651). 기주蘄州 광제廣濟현 사람으로 속성은 사마司馬씨. 14세 때부터 10여 년간 제3조 승찬에게 참학하고 그의 법을 이어받았음. 이후 길주吉州와 여산廬山의 대림사大林寺에서 10년, 그 후에는 기주의 쌍봉산 동산에서 30년간 머물면서 교화하여 동산법문의 초조가 된다. 제5조 홍인에게 법을 전하였으며, 651년 세수 72세로 입적하였다.

『경덕전등록』제3권 승찬 대사편에는, 도신이 승찬을 만났을 때의 기연이 다음과 같이 기록되어 있다. 달마와 혜가 간의 안심법문이나 혜가와 승찬 간의 참회법문과 흐름이 같다.

「수 개황 12년 임자년에 나이 겨우 14살된 도신이라는 사미가 와서 대사께 절하고 말하였다. "화상이시여, 자비를 베푸시어 해탈하는 법문을 일러 주소서."

대사께서 말씀하셨다. "누가 너를 속박하느냐[誰縛汝]?"

대답하기를, "속박하는 사람은 없습니다[無人縛]."

대사께서 말씀하셨다. "그렇다면 어찌 다시 해탈을 구하는가[何更求解脫乎]?"

도신이 그 말 끝에 크게 깨닫고 9년 동안 힘써 모셨다.」

13 제1구의 마지막 두 글자가 저본에서는 도치되어 '種下'라고 되어 있다.

14 여기에서 '무정'은 땅을 가리키는 취지이다. 이 무정인 땅은 제4구의 '마음 땅[心地]'과 댓구를 이룬다.

15 이 육조의 게송도 『경덕전등록』에는, 「心地含諸種 普雨悉皆生 頓悟華情已 菩提果自成」(번역은 제1부의 전기 부분에서 보았다)으로 되어 있어 본문과 다소 다르다. 이 게송의 배경을, 「나의 이 설법은 마치 때에 맞춘 비가 대지를 널리 적시는 것 같고, 그대들의 불성은 종자에 비유할 수 있으니, 이 비를 맞으면 모두가 싹이 틀 것이다. 나의 가르침을 따르는 이는 결정코 보리를 얻을 것」이라고 하고 있음을 제1부에서 보았다.

29.2

혜능 대사께서 말씀하셨다.
"그대들은 내가 지은 두 게송을 들으라. 달마 화상의 게송의 뜻을 취한 것이다. 그대들 미혹한 사람들도 이 게송에 의지하여 수행하면 반드시 견성할 것이다."

첫째 게송으로 말씀하시기를,
　　마음 땅에 삿된 꽃이 피는 것은
　　다섯 잎이 뿌리를 좇아 따른 것
　　함께 무명의 업을 지었으니
　　업의 바람에 나부낌을 보리라

둘째 게송으로 말씀하시기를,
　　마음 땅에 바른 꽃이 피는 것은
　　다섯 잎이 뿌리를 좇아 따른 것
　　함께 반야 지혜를 닦았으니
　　장차 붓다의 깨달음 오리라

육조께서 게송을 말씀하시고 나서 대중들을 해산하게 하셨다. 문인들이 나가서 생각해 보니, 곧 대사께서 세상에 오래 머무시지 않을 것임을 알았다.

能大師言.
"汝等　聽吾作二頌. 取達摩和尙頌意. 汝迷人 依此頌修行 必當見性."

[弟]<第>一頌曰,
心地邪花放
五葉逐根隨
共造無明[葉]<業>
見被[葉]<業>風吹

[弟]<第>二頌曰,
心地正花放
五葉逐[恨]<根>隨
共修般若惠
當來佛菩提

六祖說偈已了　放衆生散. 門人　出外思惟, 卽知 大師不久住世.

30. 법 전한 계통 [傳統]

그 후 육조께서는 8월 3일에 이르러 공양 뒤에 말씀하셨다.
"그대들은 자리를 잡고 앉아라. 내 이제 그대들과 함께 작별을 해야 하겠다."

법해가 여쭈었다.
"이 돈교법의 전수는 옛부터 지금까지 몇 대가 됩니까?"

육조께서 말씀하셨다.
"처음에 일곱 붓다[1]로부터 전수되었으므로, 석가모니 붓다께서 제7대가 되신다. 대 가섭大迦葉[2]은 제8대가 되고, 아난[3] 阿難이 제9대가 되며, 말전지末田地는 제10대이다.[4]

상나화수商那和修가 제11대이며, 우바국다優婆掬多가 제12대이고, 제다가提多迦가 제13대이며, 불타난제佛陀難提[5]가 제14대이고, 불타밀다佛陀密多가 제15대이며, 협脇 비구는 제16대이고, 부나사富那奢가 제17대이며, 마명馬鳴[6]은 제18대이고, 비라毗羅 장자가 제19대이며, 용수龍樹[7]는 제

六祖 後至八月三日 食後 大師言.
"汝等[善]<着>位[座]<坐>. [五]<吾>今共[與]<汝>等別."
法海[聞]<問>言.
"此頓敎法傳受 從上已來 至今幾代?"
六祖言.
"初傳[受]<授>七佛, 釋迦牟尼佛 第七. 大[葉迦]<迦葉> 第八, 阿難 第九, [未]<末>田地 第十.
商那和修 第十一, 優婆掬多 第十二, 提多迦 第十三, 佛陀難提 第十四, 佛陀密多 第十五, 脇 比丘 第十六, 富那奢 第十七, 馬鳴 第十八, 毗羅 長者 第

20대가 된다.

가나제바迦那提婆가 제21대이고, 라후라羅睺羅가 제22대가 되며, 승가나제僧迦那提가 제23대이고, 승가야사僧迦耶舍가 제24대이며, 구마라타鳩摩羅馱가 제25대이고, 사야다闍耶多[8]가 제26대이며, 바수반다婆修盤多[9]는 제27대가 되고, 마나라摩拏羅가 제28대이고, 학륵나鶴勒那가 제29대이며, 사자師子 비구는 제30대가 되고, 사나바사舍那婆斯가 제31대이고, 우바굴優婆堀이 제32대이며, 승가라僧迦羅가 제33대이고, 수바밀다須婆蜜多가 제34대이다.

남천축국南天竺國의 왕자 중 셋째 아들인 보리달마菩提達摩가 제35대가 되고, 당나라 스님인 혜가惠可[10]는 제36대가 되며, 승찬僧璨 스님은 제37대이고, 도신道信 스님은 제38대가 되며, 홍인弘忍 스님이 제39대이고, 나 혜능이 지금 법을 받은 것이 제40대이다."

대사께서 말씀하셨다.

"오늘 이후로 차례로 서로 전수하고, 모름지기 의지할 징표[11]를 두어서 종지를 잃지 말라."

十九, 龍樹 第二十. 迦那提婆 第二十一, 羅睺羅 第二十二, 僧迦那提 第二十三, 僧迦[那]<耶>舍 第二十四, 鳩摩羅馱 第二十五, 闍耶多 第二十六, 婆修盤多 第二十七, 摩拏羅 第二十八, 鶴勒那 第二十九, 師子比丘 第三十, 舍那婆斯 第三十一, 優婆堀 第三十二, 僧迦羅 第三十三, 須婆蜜多 第三十四, 南天[竹]<竺>國王子[弟]<第>三子 菩提達摩 第三十五, 唐國僧 惠可 第三十六, 僧璨 第三十七, 道信 第三十八, 弘忍 第三十九, 惠能自身 當今受法第四十."

大師言.

"今日已後 [迎]<遞>相傳[受]<授>, 須有依約 莫失宗旨."

【주해】

1 『경덕전등록』 제1권은, 「세상에 출현하신 옛 붓다[古佛]는 면면히 이어져 무궁하므로 다 알거나 셀 수 없는 일이다. 그러므로 가까이 현겁賢劫*만을 말하여도 천 분의 여래가 계시는데, 석가모니불에 이르기까지 일곱 붓다만을 기록한다. 《장아함경》을 보면, "일곱 붓다께서 정진하신 힘으로 광명을 놓으시어 어둠을 멸하셨으며, 각각 나무 밑에 앉아서 정각을 이루셨다."라고 하고 있다」로 시작하면서, 일곱 붓다의 명호와 약전 및 전법게를 싣고 있다.

　이 일곱 붓다에 대해서는 세존께서도 직접 자세히 설명하셨는데, 그것이 《장아함경》의 첫 번째 경전인 《대본경大本經》으로, 《디가 니까야》(제2권) 제14 《마하빠다나 숫따Mahāpadāna-sutta[大傳記經]》이다. 이 경전에 기록된 석가모니 붓다 전 여섯 붓다의 명호는 차례대로 비바시불毘婆尸佛Vipassi, 시기불尸棄佛Sikhī, 비사부불毘舍浮佛Vessabhū, 구류손불拘留孫佛Kakusandha, 구나함모니불拘那含牟尼佛Koṇāgamana, 가섭불迦葉佛Kassapa이다.

* 현겁 : 현명한 겁이라는 뜻인데, 현재 세계의 머무는 겁[住劫]을 말한다. 현재 세계의 머무는 겁에 천 분의 붓다께서 출현하셨으므로 이를 칭송해서 부르는 이름이라 한다.

2 제1부에서 보았던 마하가섭을 말한다. 붓다의 10대 제자 중의 한 사람으로 두타頭陀* 제일이라고 불렸다. 세존 입멸시 수제자로서 경전을 결집하는 등 초기불교의 확립에 결정적인 기여를 한 분으로 중국 선종으로부터도 선종의 제1조로 추앙되는 인물이다.

　그래서 『경덕전등록』 제1권 석가모니불 편에서, 「… 49년간 세상에 계시면서 설법하셨다. 그 후 제자 마하가섭에게 말씀하셨다. "내가 청정법안淸淨法眼·열반묘심涅槃妙心·실상무상實相無相·미묘정법微妙正法을 그대에게 부촉하노니 보호해 지니라."라고 기록하고 있다. 여기에서 나아가 속장경에 실려 있는《대범천왕문불결의경大梵天王問佛決疑經》에는 이를 확장하여, 「나에게 정법안장正法眼藏·열반묘심·실상무상·미묘법문·불립문자·교외별전·총지임지總持任持·범부성불의 제일의제[凡夫成佛第一義諦]가 있는데, 이제 마하가섭에게 부촉하노라.」라고 하고 있어, 이 내용이 선종의 표어로써 널리 인용되어 왔다.

선문에서는 이와는 별도로, 세존께서는 말없이 이심전심으로 세 곳에서 마하가섭에게 법을 전하였다는 이야기가 전해져 왔는데, 이를 '삼처전심三處傳心'이라고 한다. 이들은 모두『선문염송집』에 공안으로 실려 있으므로 그대로 옮긴다.

(1) 제4칙 다자탑전분좌多子塔前分座

세존께서 다자탑* 앞에서 인간과 하늘의 무리에게 설법하시는데 가섭이 늦게 도착하니, 세존께서 자리를 나누어 앉게 하심에 대중들이 모두 어리둥절해 하였다.【어떤 책에는「자리를 나누어 앉게 하고 금란金襴가사를 함께 둘렀다」고 되어 있다-원주】

(2) 제5칙 염화미소拈花微笑

세존께서 영산에서 설법하시는데 하늘에서 네 가지 꽃이 내려, 세존께서 꽃을 들어 대중에게 보이시니 가섭이 미소지었다. 세존께서 말씀하시기를, "나에게 정법안장이 있는데 마하가섭에게 부촉하노라."【어떤 책에는「세존이 푸른 연꽃 같은 눈으로 가섭을 돌아보시니, 가섭이 미소지었다」고 되어 있다-원주】

(3) 제37칙 쌍부雙趺(흔히 곽시쌍부槨示雙趺라고 함)

세존이 사라쌍수 사이에서 열반에 드신 지 7일 만에 가섭이 늦게 도착하여 관을 세 바퀴 도니, 세존께서 관 속에서 두 발등을 내어 보이셨다. 이에 가섭이 절을 하니 대중들이 어리둥절해 하였다.

* 두타 : 흔들어 떨어뜨린다는 뜻의 범어 'dhuta'의 음역어. 의식주에 관한 탐욕을 없애는 수행을 가리키는데, 흔히 단삼의但三衣, 상걸식常乞食, 노지좌露地坐 등의 열두 가지를 든다.

* 다자탑 : 중인도 비야리성 서쪽에 있던 탑 이름. 왕사성의 한 장자의 아들 딸 30명이 이 곳에서 벽지불과를 증득하여, 그 권속들이 그들을 위해 탑을 세웠기 때문에 생긴 이름이라고 한다.

3 다문多聞제일이라 불렸던 10대 제자 중의 한 사람으로, 아난다 또는 경희慶喜라고도 부른다. 세존의 사촌동생으로 세존이 성도하시는 날 출생하였으므로 경희라고 불렀다고 하고, 아는 것이 많고 지혜에 막힘이 없어 물이 그대로 다른 그릇에 옮겨지듯 법을 받아 지니므로, 세존의 시자로 임명되어 평생을 시봉하였다고 한다.

『경덕전등록』제1권, 『조당집』제1권 등에 의하면, 제1차 결집 때에 제자들이 왕사성 기사굴산의 빈발라굴頻鉢羅窟에 모였을 때, 아직 번뇌를 다 여의지 못했다고 하여 결집에 참여치 못하고 쫓겨나 그 날 밤을 방황하다가, 새벽에 잠시 누우려는 순간 깨달음을 얻어 결집에 참여할 수 있었다고 한다. 결집 때에 경장經藏의 결집자로 지명되어 법좌에 오르자 모습을 붓다처럼 나타내보이는 상서를 보인 후, "이와 같이 내가 들었다[如是我聞]. 어느 때 붓다께서 어느 성, 어느 곳에서 어느 경전을 말씀하셨다. 그리고 그 경전의 마지막에는 사람과 하늘의 무리들이 예배하고 받들어 행하였다."라고 서술하였는데, 들은 사람들은 모두 세존의 말씀과 다르지 않음을 확인하였다고 한다.

4 오늘날 확립되어 있는 전법계통*과 다른 부분의 하나로, 말전지는 방계로 분류되어 전법계통에서는 빠진다.

    그 외에도 다음과 같은 차이가 있다. ① 과거 칠불과 석가모니불은 붓다이므로 제외하고, 마하가섭을 제1조로 하여 서천(인도)의 계통을 보리달마까지 28조로 한다. ② 말전지는 빠지고 상나화수가 제3조가 된다. ③ 제다가(5조)와 불타난제(제8조) 사이에, 미차가彌遮迦와 바수밀婆須密이 각각 제6조와 제7조가 된다. ④ 제24조 사자 비구(본문의 제30조)와 제28조 보리달마 사이는 바사사다婆舍斯多 존자, 불여밀다不如蜜多 존자, 반야다라般若多羅 존자가 각각 제25, 26, 27조가 된다. 본문의 사자 비구와 보리달마 사이에 있는 4인 중 사나바사와 우바굴은 앞에 나온 제3조와 제4조인 상나화수와 우파국다를 가리키는 것인데 배치가 잘못되었고, 승가라는 잘못 포함되어 후에 제외되었으며, 수바밀다는 제7조 바수밀을 가리키는 것인데 표기와 배치가 잘못된 것이다.

* 오늘날 확립되어 있는 전법계통 : 801년에 쓰였다는 『보림전寶林傳』*이라는 문헌에서 최초로 정립된 것이라고 하므로, 『단경』의 편집시에는 전법 계통이 정립과정 중에 있었을 것이다.

* 『보림전』: 지거智炬(또는 혜거慧炬라고도 함)라는 알려지지 않은 스님이 기록한 것으로 되어 있는 선종의 사서. 그 중 일부만 현존(그 중 혜능에 관한 부분은 유실)하고 있다고 한다.

5 『경덕전등록』제1권에는, 불타난제가 불타밀다(복타밀다라고도 함)를 만났을 때 물었다는 유명한 게송과, 그에 대한 불타밀다의 답송이 아래와 같이 실려 있다.

「불타난제가 게송으로 묻기를,
부모는 나의 친한 이가 아니니[父母非我親]
누가 나의 가장 친한 이인가[誰是最親者]
모든 붓다는 나의 도 아니니[諸佛非我道]
무엇이 가장 옳은 도인가[誰爲最道者]
　불타밀다가 게송으로 답하기를,
당신의 말이 마음과 친하다면[汝言與心親]
부모와 견줄 바 아니요[父母非可比]
당신의 행이 도와 합한다면[汝行與道合]
모든 붓다의 마음이 바로 그것이다[諸佛心卽是]
밖으로 형상 있는 붓다 구하면[外求有形佛]
당신과는 비슷하지도 못하니[與汝不相似]
당신의 본심을 알고 싶은가[欲識汝本心]
합한 것도 아니고 여읜 것도 아니다[非合亦非離]」

6 범어명은 아스바고샤Aśvaghṣa. 중인도의 사위성 출신으로, 처음에는 외도를 믿었으나 부나야사를 만나 불법에 귀의하였고, 탁월한 지혜와 변재로 카니시카 왕의 고문이 되었다고 한다. 유명한《대승기신론》과《불소행찬佛所行讚》등의 저서를 남겼다고 한다(다만 전자는 이 마명이 아닌 동명이인의 저작이라는 설도 있음).

7 초기 대승불교의 이론을 확립한 남인도 바라문 종족 출신의 학승으로, 범어명은 나가르주나Nāgārjuna. 앞에서 본《중론中論》,《대

지도론大智度論》,《회쟁론》 등의 유명한 논서를 남겼고, 후에 모든 종파로부터 종파의 스승으로 지목되어, '팔종八宗의 종조'라고 불렸다고 한다.

8 『경덕전등록』 제2권에 사야다가 바수반두를 만나 교화할 때의 이야기가 다음과 같이 기록되어 있다.

「나열성에 … 수행하는 무리들이 있었다. … 그 우두머리는 이름이 바수반두(이를 변행遍行이라 부른다)라고 하였는데, 항상 하루 한 끼니만을 먹고 눕지 않으며 여섯 번 예불드리고, 청정하고 욕심이 없어 대중들의 의지처가 되었다. 존자께서 그를 제도하시고자 먼저 그 대중들에게 물었다. "이 변행 두타가 이렇게 청정행을 닦아 불도를 얻을 수 있겠는가?"

대중들이 말하였다. "우리 스승께서 정진하시거늘 어찌 옳지 않다고 하십니까?"

존자께서 말씀하셨다. "그대들의 스승은 도와는 멀다. 설사 티끌 수와 같은 많은 겁 동안 고행하더라도 모두가 허망의 근본일 뿐이다."

대중들이 말하였다. "존자는 어떤 덕을 쌓았길래 우리 스승을 비웃으십니까?"

존자께서 말씀하셨다. "나는 도를 구하지 않으나 전도되지 않고[我不求道 亦不顚倒], 나는 예불을 올리지 않으나 교만하지 않으며[我不禮佛 亦不輕慢], 나는 오래 앉아 있지 않으나 게으르지 않고[我不長坐 亦不懈怠], 나는 한 끼니만 먹지는 않으나 잡되게 먹지 않으며[我不一食 亦不雜食], 나는 만족함을 알지는 못하나 탐욕하지 않으니[我不知足 亦不貪欲], 마음에 바라는 바가 없는 것을 이름해서 도라고 한다[心無所希名之曰道]."

그 때 변행이 듣고는 무루의 지혜를 일으키고 기뻐하며 찬탄하였다.」

9　세친世親 또는 천친天親이라는 한역명으로 더 잘 알려져 있는 4~5세기경 활동한 북인도 출신의 학승. 범어명은 바수반두Vasubandhu. 저술로 유명한《구사론俱舍論》,《유식삼십송唯識三十頌》등이 있는데, 예로부터 소승에서 500부, 대승에서 500부의 논서를 지었다고 하여 천부논사千部論師라고 불렸다.

10　앞에서도 언급한 것처럼 혜가를 당 나라 스님으로 표기한 것은 착오이다. 혜가는 주로 북위·북주 시대에 활동하였고, 사망한 것도 당나라 성립 전인 수 문제 때(593년)였다.

11　『단경』을 가리키는 것이다. 이를 '의지할 징표'로 삼는다는 것은 제1절과 제23.2절에서도 나온 표현이다.

31. 참 붓다 [眞佛]

31.1

법해가 또 말하였다.

"대사께서 이제 떠나시면서 무슨 법을 남겨 전하시고, 후세 사람으로 하여금 어떻게 붓다를 보게 하시겠습니까?"

육조께서 말씀하셨다.

"그대는 들으라. 후세의 미혹한 사람도 단지 중생을 알면 곧 붓다를 볼 수 있다. 만약 중생을 알지 못한다면 만 겁 동안 붓다를 찾아도 볼 수 없을 것이다. 내 지금 그대를 가르쳐서 중생을 알아 붓다를 보도록, 다시 참 붓다를 보고 해탈하는 게송 [見眞佛解脫頌]을 남기겠다. 미혹하면 붓다를 보지 못하고, 깨달으면 곧 붓다를 보리라."

"법해는 듣기를 원합니다. 대대로 유포하여 전해서 세세생생에 끊이지 않게 하겠습니다."

육조께서 말씀하셨다.

"그대는 들으라, 내 그대에게 설하겠다.

法海又白.

"大師今去　留付何法, [今]<令>後代人如何見佛?"

六祖言.

"汝聽. 後代迷人 但識衆生 卽能見佛. 若不識衆生　覓佛萬劫不得見也. [五]<吾>今敎汝　識衆生見佛, 更留　見眞佛解脫頌. 迷卽不見佛, 悟者卽見."

"法海願聞.　代代流傳 世世不絶."

六祖言.

"汝聽,　吾[汝與]<與

만약 후대의 세상 사람들이 만약 붓다를 찾고자 한다면, 단지 중생만 안다면 곧 붓다를 알 수 있을 것이다."	汝>說. 後代世人 若欲覓佛,　但識[佛心衆]<衆>生 卽能識佛."

중생이 있음을 인연하는 것이지	卽緣有衆生*
중생을 떠나서는 붓다도 없는 것[1]	離衆生無佛*
미혹하면 곧 붓다도 중생	迷卽佛衆生
깨달으면 곧 중생도 붓다	悟卽衆生佛

어리석으면 붓다도 중생	愚癡佛衆生
지혜로우면 중생도 붓다	智惠衆生佛
마음이 험하면 붓다도 중생	心[劔]<險>佛衆生
마음 평등하면 중생도 붓다	平等衆生佛

한 평생 마음이 험하다면	一生心若[劔]<險>
붓다는 중생 속에 숨고	佛在衆生中
한 생각 깨달아 평등하다면	一念[吾]<悟>若平
곧 중생도 스스로 붓다라네	卽衆生自佛

내 마음에 스스로 붓다 있으니	我心自有佛
자기 붓다가 참 붓다[眞佛]라[2]	自佛是眞佛
스스로 붓다의 마음[佛心][3] 없다면	自若無佛心
어디에서 붓다 구하리	向何處求佛

【주해】

1 이 부분의 원문은 게송이 아니라 게송 전의 산문의 일부로서 기록되어 있다. 원문을 위 본문 말미의 「단지 중생만 안다면 곧 붓다를 알 수 있을 것이다」라는 부분에 연결되어 있는 그대로 옮기면, 「但識[佛心衆]<衆>生 卽能識佛 卽緣有衆 離衆生無佛心」(돈박본은 「但識衆生 卽能識佛 卽緣有衆生 離衆生無佛心」)으로 되어 있다는 것이다. 그래서 돈황본의 해석본들은 대체로 「단지 중생만 안다면 곧 붓다를 알 수 있을 것이다. 곧 중생이 있음을 인연하는 것이지, 중생을 떠나서는 붓다의 마음도 없다.」라는 취지로 해석한다. 이 책도 개정 전에는 이러한 해석을 취했다.

그런데 이렇게 보면 4구로 된 게송의 구句의 수가 맞지 않다(4구의 게송으로 보는데 2구가 모자라거나 부족)는 근본적인 문제가 있게 된다. 그래서 마지막 열 자 내지 열한 자의 원문은 게송의 일부였을 가능성이 있는 것이다. 이것을 게송의 일부로 볼 경우 제2구의 마지막 글자 '心'이 걸림돌로 작용하는데, 이것은 잘못 옮겨졌을 가능성이 없지 않다. 그래서 돈박본에 근거해 제1구의 마지막 글자로 '생'을 보충하고, 제2구의 마지막 '심'자를 삭제해서 이를 게송의 제1, 2구로 편입한, 본문의 원문을 보면 운율이나 의미에 있어 아무런 문제가 없음을 알 수 있다.

2 같은 뜻이 앞의 제10.1절, 제16.2절, 제21.2절 등에서 나왔고, 뒤의 제31.2절에도 나온다. 이와 같이 자기 마음의 붓다가 참 붓다라고 거듭 강조하는 것은, 이미 언급한 것처럼 밖으로 붓다를 찾아 복을 구하고 정토에의 왕생을 바라는 세태가 반영된 것이라

고 이해하여야 할 것이다. 다시 한 번 밝힌다면 불교는 자기 마음으로 깨달음을 실현하는 것에 있다. 복을 구하고 정토에 태어나려고 하는 것은 '참 불교'가 아니다.

3 궁극의 깨달음을 실현한 붓다께서 간직하신 마음을 말하는 것일 것이다. 굳이 표현한다면 지혜와 자비라는 두 가지라고 말할 수 있다. 현상의 실상을 근원까지 보고 아시는 궁극의 지혜와, 그것에 기초해 모든 중생을 대하는 대자대비의 마음이다. 과거 많은 분들이 여러 가지로 표현했지만, 그 뜻은 결국 이 두 가지에서 벗어나지 않는다.

31.2

대사께서 말씀하셨다.

"그대들 문인들은 잘 있거라. 내 게송 한 수를 남길 것이니, 자성진불해탈송自性眞佛解脫頌[4]이라고 한다. 후세의 미혹한 사람도 이 게송의 뜻을 듣는다면 바로 자기의 마음, 자신의 성품이라는 참 붓다를 볼 것이다. 그대들에게 이 게송을 주고 나는 그대들과 작별하노라."

게송으로 말씀하시기를,

진여의 깨끗한 성품이 참 붓다이고
사견과 삼독은 참 마魔[5]이다
사견 가진 사람은 마가 집에 있고
정견 가진 사람은 붓다와 지내는 것[6]

성품 중[7]에 사견과 삼독이 생기면
곧 마왕이 와서 집에 사는 것이고
정견으로 홀연 삼독심을 없애면[8]
마 변해 붓다 이루니 참되어 거짓 없다

화신과 보신 및 법신[9]이라는
세 가지 신체는 원래 한 몸이니

大師言.

"汝等門人好住. 吾留一頌, 名自性眞佛解脫頌. 後代[迷]<迷人>[門]<聞>此頌意 卽見自心, 自性眞佛. 與汝此頌 吾共汝別."

頌曰,

眞如淨性是眞佛
邪見三毒是眞魔*
邪見之人魔*在舍
正見之*人佛則過

性中*邪見三毒生
卽是摩*王來住舍
正見忽除*三毒心*
魔變成佛眞無假

化身報身及法*身
三身元本是一身

몸 안에서 스스로 보기를 구한다면	若向身中覓自見
곧 붓다의 깨달음 이루는 원인이다[10]	卽是成*佛菩提因

본래 화신[11]에서 깨끗한 성품 나는 것	本從化*身生淨性
깨끗한 성품은 항상 화신 중에 있어	淨性常在化*身中
성품이 화신에게 바른 도 행하게 하면	性使化*身行正道
장래의 원만[12]보신 참으로 무궁하리라	當來圓*滿眞無窮

음욕의 성품이 본래 몸의 청정인이니	婬性本身淸淨因
음욕 없애면 청정한 성품의 몸이 없다[13]	除婬卽*無淨性身
성품 중에서 스스로 오욕[14]을 여의면	性中但自離五*欲
찰나에 견성하여 곧바로 참이다	見性刹那卽是眞

금생에 돈교문을 깨닫는다면[15]	今生若悟*頓敎門
깨닫는대로 곧 눈 앞에 세존[16] 보려니와	悟卽眼前見世*尊
만약 수행하여[17] 붓다를 찾고자 한다면	若欲修行云覓佛
어디서 참을 구해야 할지 알지 못하리	不知何處欲求眞

몸 안에서 스스로 참을 능히 가진다면	若能身中自有眞
참 가짐이 바로 성불의 원인	有眞卽是成佛因
스스로 참 구하지 않고 밖으로 붓다 찾으면	自不求眞外覓佛
찾는 이 모두 크게 어리석은 사람이다[18]	去覓總是大癡人

돈교의 법문이 서쪽으로 흐르니[19]	頓敎法者是西流

세상 제도하려는 이는 스스로 닦으라	求度世人須自修
이제 세상에 도 배우는 이에게 알리니[20]	今報*世間學道者
여기에서 크게 허송해서는 안된다[21]	不於此是大悠悠

【주해】

4   바로 아래에서 '자기의 마음, 자신의 성품이라는 참 붓다'라는 표현이 나오는 것으로 볼 때, 자기 성품이 참 붓다임을 깨달아 해탈에 이르는 게송이라는 뜻이라고 풀이할 수 있겠다.

5   원래는 욕계를 지배하는 욕계 제6천(타화자재천)의 마왕 파순 波旬과 그의 권속인 마군을 가리키는 것인데, 전의하여 도를 이루는데 방해가 되는 모든 장애를 가리키는 말로 쓰인다. 이 '마魔'라는 글자가 저본의 게송 중에서는 모두 '摩'로 잘못 표기되어 있다.

6   셋째 글자가 저본에는 '知'자로 되어 있다.

7   둘째 글자가 저본에는 '象'자로 되어 있다.

8   저본에 넷째 글자는 '則'자로 되어 있고, 일곱째 글자는 '生'자로 되어 있다.

9   여섯째 글자가 저본에는 '淨'자로 되어 있다.

10 앞의 제10.1절에서, 「삼신三身은 자신의 법성에 있습니다. 세상 사람이 다 가졌지만, 미혹하여 보지 못하고 밖으로 삼신의 여래를 찾고, 자기 육신 속 세 가지 성품의 붓다[三性佛]는 보지 못하고 있습니다.」라고 설한 것과 같은 내용이다.

저본에는 셋째 글자 '成'자가 누락되어 있다.

11 제1구에서 제3구까지에 있는 화신의 '화'자가 저본에는 모두 '花'로 되어 있다.

12 셋째 글자가 저본에는 '員'자로 되어 있다.

13 앞의 제15.2절에서 본 바와 같이 「번뇌가 곧 보리」이고, 번뇌의 하나인 음욕의 성품[婬性]도 다르지 않다는 것이다. 저본에 둘째와 셋째 글자가 도치되어 '卽婬'이라고 되어 있다.

14 여섯째 글자가 저본에는 '吾'자로 되어 있다.

15 넷째 글자가 저본에는 '吾'자로 되어 있다.

16 여섯째 글자가 저본에는 '性'자로 되어 있다.

17 남종이 주창하는 돈수가 아닌, 점차적인 수행을 말하는 것일 것이다.

18 앞의 제31.1절의 게송에서도 나왔고, 제10.1절, 제16.2절, 제21.2절 등에서도 나왔던 내용이다.

19 이해하기 쉽지 않은 대목이어서, 번역본들마다 해석이 다르다. 원문은 「頓敎法者是西流」인데, 얌폴스키와 지묵은 「돈교의 가르침은 서쪽에서 왔다」라고 번역하고, 정성본은 「돈교의 법문이 천하에 유통하나」라고 번역하는데, 왜 '천하'로 번역하는지는 설명하지 않는다. 오히려 정유진이 「돈교의 법문이 서쪽으로 전래되고 있지만」이라고 번역하면서, 주해에서 "처음에 혜능 자신이 남쪽으로 전파했고, 그 다음 혜순이 북쪽으로 전파했으며, 이제 그의 법이 서쪽 사천 지방으로 전해졌으므로, 혜능의 돈교법이 온 천하에 전파된 것을 의미한다."라고 하여 정성본의 이해를 뒷받침하는 해석을 덧붙이고 있다. 성철·청화 두 분은 후대본들의 원문이 모두 「頓敎法門今已留」

임을 근거로, 뒤의 네 글자가 모두 오기인 것으로 보고 후대본을 따라 번역하고 있다.

20 둘째 글자가 저본에는 '保'자로 되어 있다.

21 원문은 「不於此是大悠悠」인데, 이에 대해서도 해석이 엇갈린다. 성철, 청화, 지묵, 정유진, 얌폴스키는 둘째 자 '於'가 '依'의 오자인 것으로 보아 「이에 의지하지 않으면 크게 부질 없다」라는 취지로 번역하고, 정성본은 후대본들을 참조하여 넷째 자 '是'가 '見'의 오자인 것으로 보아, 「삿된 견해 짓지 않으면 대자유를 얻으리라」라고 번역한다. 역자도 초판에서는 전자를 따랐지만, 저본의 원문 그대로 두고 본문처럼 번역하는 것이 문맥에도 잘 어울리는 것으로 생각되어 번역을 고친다.

32. 멸도滅度

32.1

대사께서 게송을 마치시고 마침내 문인들에게 말씀하셨다.

"그대들은 잘 있거라. 이제 그대들과 작별하겠다. 내가 떠난 이후에 세간의 정으로 슬피 울지 말고, 사람들의 조문과 돈이나 비단을 받지 말며, 상복[孝衣]을 입지도 말라. 그것은 성인의 법이 아니고, 그렇게 하면 내 제자가 아니다. 내가 살아 있던 날과 마찬가지로 모두 단정히 앉아 있도록 하라.[1]

단지 움직임도 없고 고요함도 없으며, 생겨남도 없고 소멸함도 없으며, 감도 없고 옴도 없으며, 옳다고 함도 없고 그르다고 함도 없으며, 머무름 없이 평탄하고 적정하며 깨끗하면 그것이 바로 큰 도[大道]이다. 내가 떠난 후 오직 법에 의지하여 수행하면 내가 살아 있던 날과 마찬가지이지만, 내가 살아 있더라도 그대들이 가르침을 어긴다면 내가 있음도 이익이 없

大師說偈已了 遂告門人曰.

"汝等好住. 今共汝別. 吾去已後 莫作世情悲泣, 而受人弔[門]<問>錢帛, 着孝衣. 卽非聖法, 非我弟子. 如吾在日一種, 一時端坐.

但無動無靜, 無生無滅, 無去無來, 無是無非, 無住[但]<坦>然寂淨 卽是大道.

吾去已後 但[衣]<依>法修行 共吾在日一種, 吾若在世汝違敎法 吾住無

을 것이다."

   대사께서 이 말을 마치시고 밤 삼경에 이르러 돌아가셨다.

   대사의 춘추 일흔여섯이었다.

益."

大師云此語已 夜至三更　奄然遷[花]<化>.

大師春秋 七十有六.

【주해】

1 원문이 '端坐'로 되어 있어, 이를 '단정히 좌선하라'라고 해석하는 예도 있지만, 『단경』의 전체적인 흐름에서 보면 '坐'를 반드시 좌선의 뜻으로 풀이해야 하는 것은 아닐 것이다.

32.2

| 대사께서 돌아가시던 날 절 안에는 기이한 향기가 가득하였고 며칠이 지나도 사라지지 아니하였다. 산이 무너지고 땅이 흔들렸으며, 숲의 나무가 희게 변색되었고, 해와 달에는 빛이 없었으며, 바람과 구름은 빛을 잃었다.² | 大師滅度[諸]＜之＞日 寺內異香氳氳 經數日不散. 山[用]＜崩＞地動, 林木變白, 日月無光, 風雲失色. |

8월 3일에 돌아가시고 11월에 이르러 화상의 영구[神座]를 모시어 조계산에서 장사지냈다. 대사의 용감龍龕⁴ 안에서 흰빛이 나타나 바로 하늘 위로 솟구쳤다가 이틀 만에 비로소 흩어졌다.

소주 자사 위거가 비를 세우고⁵ 지금까지 공양하였다.

八月三日滅度 至十一月 迎和尙神座 於漕溪山葬. 在龍龕之內 白光出現 直上衝天 二日始散.

韶州刺[使]＜史＞韋[處]＜璩＞ 立碑 至今供養

【주해】

2 혜능 입적 시의 기이한 상서에 관하여는 『신회어록』과 『조계대사전』에 본문과 유사한 기록이 있다. 아마 세존 입멸 시의 상서에 비견시키려 하는 의도로 이해된다. 세존 입멸 시의 상서에 대하여는 《장아함경》 제4권에서, 「그 때 땅이 크게 진동하여[地大震動] 천인들과 세상 사람들이 모두 크게 놀라고 두려워했다. 또 해와 달의 빛이

비치지 않던 깊고 어두운 곳까지 모두 큰 광명이 비쳐 서로 볼 수 있게 되었고, … 그때 도리천의 천인들은 허공에서 문다라화·부발라화·구마두화·분다리화를 세존과 대중들 위에 뿌렸고, 또 천상의 전단향 가루를 세존과 대중들 위에 뿌렸다.」라고 기록하고 있다.

3 성자의 유체를 모셔 두는 관, 탑 아래의 방, 무덤 따위를 가리키는데, 성자의 위덕을 용龍에 비유하여 표현한 것이다. 그런데 앞의 제28.1절에서 입멸을 예상하고 신주 국은사에 탑을 조성한 사실이 나왔고, 제1부에서 보았듯이 『경덕전등록』에도 탑 속에 시신을 안치한 사실이 기록되어 있음에 비추어 보면, 탑 아래의 방(감실龕室)을 가리키는 것으로 보인다.

4 비를 세운 것에 관하여는 여러 문헌에 기록이 나오지만, 비의 소재나 비문의 내용은 확인되지 않고 있다고 한다.

33. 후기後記

33.1

이 단경은 법해 상좌가 모은 것이다.
 상좌가 돌아갈 때에 같이 배운 도제道漈[1]에게 부촉하였고, 도제가 돌아갈 때에 문인인 오진悟眞[2]에게 부촉하였다. 오진은 영남의 조계산에 있는 법흥사法興寺[3]에 있으면서 지금 이 법을 전수하고 있는 것이다.
 만약 이 법을 부촉하려면 모름지기 높은 근기의 지혜를 얻고 마음으로 불법佛法을 믿으며 대비大悲를 세운 사람이어야 한다. 그런 사람에게 이 경을 의지할 것으로서 지녀서 계승하게 하여 지금까지 끊이지 않게 하였다.

此壇經 法海上座集. 上座無常 付同學[道道漈祭]<道漈, 道漈>無常 付門人[悟悟眞眞]<悟眞 悟眞> 在嶺南 [溪漕]<漕溪>山 法興寺 見今傳[受]<授>此法. 如付[山]<此>法 須 [德上恨知]<得上根智> 心信佛法 立大悲. 持此經 以爲 [衣]<依>承 於今不絶.

【주해】

1 전기와 행적이 알려져 있지 않은 인물이다.
2 역시 전기와 행적이 알려져 있지 않은 인물이다. 송대본의 경우 계승 과정이 법해로부터 지도志道-피안彼岸-오진悟眞을 거쳐 원회

圓會에게 부촉된 것으로 기록되어 있다(원대본의 경우 이 점에 대하여 기록되어 있지 않다). 위 인물 중 지도는 제27.1절에서 10대 제자의 한 사람으로 기록되어 있는 인물이고, 피안은 전기와 행적이 알려지지 않고 있는 인물이다.

3 정확히 어느 절을 가리키는지는 미상이다.

33.2

    화상[4]은 본래 소주韶州 곡강현曲江縣 사람이다.
    여래께서 열반에 드시고 법의 가르침이 동쪽 땅으로 유포됨에, 공히 머묾 없음[無住]을 전하였으니, 곧 나의 마음에 머묾이 없는 것이다. 이 진실한 보살이 설하신 것은 진실로 행동[行]과 깨우침[喩]을 보이신 것이다. 오직 큰 지혜를 가진 사람에게만 종지를 보여 범부에 의지해 제도하는 것[5]을 가르치신 것이다.
    수행하고 또 수행하기를 맹서하고, 어려움을 만나도 물러나지 않으며 고난을 만나서도 능히 참고, 복덕이 깊고 두터워야 비로소 이 법을 전수할 것이다. 만약 근성이 감당할 수 없고 재목이 되지 못하면 비록 이 법을 구한다고 하더라도, 법을 어기는 부덕不德한 사람에게 망령되이 『단경』을 부촉해서는 안 된다. 같은 길을 걷는 모든 이에게 고하여 비밀한 뜻을 알리고자 한다.
    【남종돈교최상대승단경법 1권】[6]

和尙 本是韶州曲江[懸]<縣>人也.
如來入涅[盤]<槃>法敎流東土, 共傳無住, 卽我心無住. 此眞菩薩說　眞[示行實]<實示行>喩. 唯敎大智人 [是]<示>旨[衣]<依>凡度.
誓修修行行, 遭難不退　遇苦能忍, 福德深厚　方授此法. 如根性不堪 [林]<材>量不得　須求此法, 違立不德者 不得妄付壇經.
告諸同道者　令[諸蜜]<知密>意.
【南宗頓敎　最上大乘 壇經法 一卷】

【주해】

4 여기에서의 화상은 편집자인 법해를 가리킨다는 설이 일반적이지만(『경덕전등록』에 법해 선사는 곡강 사람이라고 기록되어 있음은 앞에서 보았다), 혜능을 가리킨다는 주장도 있고(이는 혜능이 범양 출신이라는 제2.1절의 기록과 어긋난다), 또 문맥상 오진을 가리키는 것이 명백하다는 주장도 있다.

5 앞의 「唯敎大智人」 다음의 다섯 글자가, 저본은 「是旨衣凡度」이고, 돈박본은 「示旨於凡度」여서 첫째와 셋째 글자가 상이한데, 어느 쪽으로 보더라도 이해가 어려워 번역본들의 해석도 엇갈리고 있다. 본문의 번역은 저본의 첫째 글자는 돈박본의 것이 옳다고 보고, 셋째 글자는 '依'자를 '衣'자로 잘못 옮긴 예가 많음에 비추어 '依'자를 잘못 옮긴 것으로 보고 「示旨依凡度」로 읽은 것이다. 그 뜻은 범부, 즉 중생들의 마음에 의지해 깨달음에 이르는 것을 가르치신 것이라는 취지이다.

6 권두에 경전의 성격을 자세히 담은 제목을 둔 것과는 달리 상당히 축약된 제목으로 마무리하고 있다.

찾아보기

ㄱ

가타 237
각覺 143
각유정 23
각지견 300
개시오입 300
객진번뇌 155
객진번뇌의 오염 208
거사 19, 38
견분見分 279
견성 66
견성성불 69
경전을 지님 228
계경 237
계단 24
계정혜 295
고기송 237
공덕 255
공봉 91
공안 22
공양 20
공여래장空如來藏 329
공적 27
공화 159
과불성 29

과위果位 29
과지果地 29
곽시쌍부槨示雙趺 350
관심觀心 242
관음觀音 270
관점官店 66
관조 222
관조반야 214
교수사 84
구나발타라 24
구마라집 18
구족계 23
국은사 33
귀의 180
근기 21, 226
근본지 95
금강경 17
금강경해의 124
기복불교 258
기야 237
기연 21

ㄴ

나가르주나 352
남능북수 290

남악회양 76
남양혜충 50, 284
남종 58
내도內道 31
내외명철 172
논의 238
능가경 33, 60
능가사자기 61
능·소 308

ㄷ

다라니 243
다자탑전분좌 349
단어壇語 44
달마 20, 255
당과불성 29
대가섭 346
대범사 24
대법 317, 324
대승기신론 90, 121
대승사본 46
대주혜해 241
덕이본 47
도량 34
도솔천 272
도신 339
도피안 63
돈교 58
돈박본 45

돈수 134
돈오 133
돈오돈수 134
돈오입도요문론 242
돈오점수 134
돈점 133
돈황본 45
동방 262
동산법문 24
두 가지 모습[二相] 116, 150
두타 350
둘이 아니다[不二] 29

ㅁ

마魔 223
마군 361
마명 346
마왕 361
마음의 게송[心偈] 87
마음의 땅[心地] 8, 246
마음챙김 142
마조도일 38
마하 63, 204
마하가섭 22
마하반야바라밀 204
마하반야바라밀법 57
마하행 211
말나식 279
망념 143

멸죄송 251
몽산덕이 47
묘과 35
묘법 24
무구진여 31
무기공 129
무념 133, 140, 245
무루 258, 324
무명 29
무몰식 279
무상 140
무상게 97
무상계 62, 165
무상삼귀의계 198
무상심지계 62
무상정등각 95
무상정변정각 95
무소득 173
무여열반 280
무위법 194
무정無情 125
무주 140
무주처열반 304
무착문희 260
문자반야 214
물건 73
미륵 270
미증유법 238

ㅂ

바라밀 63, 215
바라밀다 63
바수반두 354
반야 63, 213
반야삼매 226
발문 284
방광 238
방등 81
번뇌 28
번뇌장 280
범망경 19
범아일여 120
법 18
법계 227
법공 72
법달 298
법맥 16
법상 125, 128, 150
법성 169, 321
법성사 22
법신 140, 168
법신불 165, 170
법아法我 117
법아견 122
법안 37
법운지 230
법해 56
법화7유 303
법화경 28, 298
변견 245

변상도 86
보리 23
보리달마 20, 255
보림 109
보림사 20
보림전 351
보살 23
보살계경 19
보시 64
보신 169
보신불 165, 177
보장報障 280
복전 78
본래면목 111
본래무일물 102
본사 238
본생 238
본심 99, 101
본체론적 사고 120
부동 154, 159
북종 58
불각 143
불공여래장 329
불상응행법 194
불생불멸 30
불성 29, 31, 35, 69
불성상청정 102
불승佛乘 306, 310
불요의경 93
불타난제 352

불타밀다 352
비인 211

ㅅ

사가어록 38
사구게 26
사군 252
사무량심 272
사문 81
사부대중 23
사상四相 122
사승법 309
사신족 131
사야다 347
사위국 261
사위의 34
사정근 130
사홍서원 182
삼과법문 317, 321
삼귀의 197
삼독 173
삼보 198
삼성불 165, 361
삼신 165, 362
삼신불 165
삼십칠 조도품 130
삼악도 91
삼업 251
삼장三障 280

찾아보기 375

삼장三藏 24
삼처전심 349
삼학 117
상계 176
상분 279
상불경보살 189
상좌 84
새김 142
생각 142
서방 261
서원 182
선덕 26
선문염송집 22
선정 26, 64
선종 15
선지식 33, 240
설산 243
설통 277
섬부주 231
성문승 28
성·상性相 30, 121
성위聖位 87
성품[性] 83
세 가지 장애 280
세지勢至 270
세친 354
소욕 201
소욕지족 201
속고승전 61
속제 95

송대본 46
수기 238
수능엄경 119
수다라 237
수심요론 68
수자상 124
숙업 66
순간 143
스타인 45
스타인본 46
습기 172
승의제 152
승찬 338
식심견성 99
식심識心 102
신광 341
신수 85
신회 43, 312
실상반야 214
심·의·식 278
심소 194
심심법계 226
심요 27
심인 15
심지心地 8, 246
심통 277
십바라밀 64
십선 262
십악 262
십이부 경전 236

십이입 321
십팔계 321
싸띠 142
쌍부 350

ㅎ

아공 72
아난 346
아난다 350
아뇩다라삼먁삼보리 95
아뢰야식 279
아리야 279
아미타불 261
아상 124
안심법문 342
알아차림 142
양 무제 256
양변 300, 317
양족존 197
억념 223
업장業障 87, 280
여래 26
여래성 31
여래장 29
여래장사상 29
여량지 95
여리지 95
여여 30
연각승 28

연야달다 158
열반 36
열반경 19
염念 142
염부제 226
염불신앙 263
염염상속 146
염화미소 349
영가현각 80
오가五家 38
오근 131
오대 제자 50
오력 131
오분법신향 166
오시교판 82
오욕 250
오음 220, 321
오취 246
온·처·계 322
왕사성 265
외도 30
요의경 93
욕계육천 273
용감 366
용수 346
원대본 47
위거 24
위음왕불 82
유구진여 31
유루 257, 324

유마경 128
유마힐 128
유식이론 61
유위법 194
유정 23
유지략 18
육근 149
육도 92
육문 321
육바라밀 64
육사성취 63
육식 149, 321
육신보살 23
육적六賊 246
육진 149, 321
육취 92
음계입 321
응송 237
응신 169
의리계주 235
의발 40
의생신 305
의성신 305
이념離念 145, 146
이·사理事 121
이상二相 116, 150
이승 28
이욕존 197
이입사행론 21
인불성 29

인상 124
인아견 122
인연 237
인욕 64
인위 29
인종 22
인지 29
일대사인연 299, 303
일불승 303
일상삼매 34, 126
일숙각 80
일승 25, 306
일천제 114
일체종지 34
일행삼매 34, 125
임제종 38
입설단비 342

ㅈ

자기의 성품[自性] 153
자사 24
자상自相 145
자설 238
자성청정심 206
자신의 성품[自性] 78
자심自心 157
자종통自宗通 278
장식藏識 279
장정만 39

전등 16
전법계통 351
전법륜 308
전의부법송 337
전의설 21
점돈 290
점수 134
점수돈오 136
점오 133
정견 185
정념 142
정명경 125
정진 64
정체지 95
정토 34
정토불교 258
정토삼부경 263
정혜결사문 267
제도濟度 186
제법분류 194
제일의 150, 152
제일의제 152
조계대사전 72
조계산 282
조계종 283
조당집 38
조도품 130
조사 15
종경록 280
종보 47

종보본 47
종자식 279
종통 278
좌선 26
죄장 191
중도 26
중생상 124
중생심 151
중송 237
중중존 197
증감 226
증득 27
증신서 63
지견 300
지계 64
지관법문 81
지눌 267, 283
지족 202
지해종도 76
직심 125
진가동정게 332
진각 145
진로塵勞 149
진여 30, 71
진여삼매 126
진제 24, 95

ㅊ

차별지 95

찰나 143
참 붓다 356
참괴 194
참회 191
천연외도 82
천친 354
천태지의 19
천화 38
철엽칠포 39
체·상·용 121
체·용 119
총지 243
최상대승 58
최상승 310
출세 280
칠각지 131
칠불통계게 265

ㅋ

큰 뜻[大意] 96

ㅍ

파순 361
팔계 27
팔미 27
팔불중도 27
팔사 262
풍송 237

ㅎ

하계 176
하심 188
하심행 188
하택신회 43, 312
함장식 279, 321, 323
해탈 26
행자 23
행주좌와 34
허공 204, 206
허공의 꽃 159
현겁 348
현과불성 29
현성賢聖 30
현장 18
현창운동 15, 44
혜가 338
혜명 111
혜순 110
혜안 25
혜흔 46
홍인 18, 66
화두 22
화상 27
화신 169
화신불 165, 175
화엄경 30
활대종론 44
활연 161

회삼귀일 303
회향 164
후득지 95

홍성사본 46
희사 270
희유법 238

지은이의 다른 책들

불교는 무엇을 말하는가
불교를 알고 싶어 하는 분들을 위한 불교입문서. 불교의 근본이치와 수행의 원리를 고집멸도라는 사성제의 가르침에 의해 소상히 설명하고, 불교에 관한 갖가지 의문에 대해서도 설명을 함께 곁들여서, 누구나 불교가 무엇을 말하는지를 완전히 이해할 수 있도록 하였다.
김윤수 지음 / 반양장본 / 296쪽 / 값 10,000원 / 한산암

참 불교를 알고 싶어 하는 이들을 위한
육조단경 읽기 (개정판)
선불교가 의지하는 근본 성전의 하나로 평가되는 육조 혜능의 〈단경〉에 대한 주해서. 돈황본 육조단경을 한문 대역으로 옮기고, 불교의 근본원리와 대승불교의 이치에 기한 주해를 붙여서, 우리나라의 선불교가 의지하는 불교의 이치를 이해하도록 했다.
김윤수 역주 / 양장본 / 380쪽 / 값 15,000원 / 한산암

불교의 근본원리로 보는
반야심경·금강경 (개정판)
대승불교의 기본경전인 반야심경과 금강경을 근본불교의 가르침에 기초하여 해석한 역주서. 서부에서 불교의 전개과정을 개관하면서 근본불교와 대승불교의 상호관계를 알아 본 다음, 제1부와 제2부에서 두 경전을 근본불교의 가르침에 의지하여 한 점의 모호함이 없이 이해할 수 있도록 하였다.
김윤수 역주 / 양장본 / 536쪽 / 값 20,000원 / 한산암

자은규기의 술기에 의한
주석 성유식론
유식의 뼈대를 이루는〈유식삼십송〉의 주석서〈성유식론〉에 대한 우리말 번역주해서. 본문에서 현장역〈성유식론〉을 우리말로 번역하고, 그에 대해 현장의 문인 지은규기 스님이 주석한〈성유식론술기〉를 우리말 최초로 번역하여 각주로서 대비하여 수록함으로써 유식 전반에 대한 체계적인 이해를 가능하도록 했다.
김윤수 편역 / 양장본 / 1,022쪽 / 값 40,000원 / 한산암

한문대역
여래장 경전 모음
우리 불교에 큰 영향을 미친 여래장사상의 중요 경전과 논서를 한문 대역으로 번역하고, 주석과 함께 소개하여 여래장사상의 개요를 이해하게 했다. 수록 경론은 대방등여래장경, 부증불감경, 승만경, 보성론, 불성론, 열반종요, 대승기신론 일곱 가지이다.
김윤수 역주 / 양장본 / 848쪽 / 값 30,000원 / 한산암

규기의 소에 의한 대역한
설무구칭경·유마경
대승불교의 선언문과도 같은 유마경을 자은규기의 소에 의거해 번역하고 주석하면서, 구라마집 역의 유마힐소설경과 현장 역의 설무구칭경을 한역문과 함께 대조 번역하였다.
김윤수 역주 / 양장본 / 740쪽 / 값 25,000원 / 한산암

지의의 법화문구에 의한
묘법연화경
최고의 불교경전이라는 찬사와 함께, 불교의 근본에서 벗어난 경전이라는 비판을 동시에 받는 법화경을 한문대역으로 번역하고, 각주에서 찬사를 대표하는 천태지의의 주석을 비판적 시각에서 소개함으로써 경전의 전반적인 의미를 이해하도록 하였다.
김윤수 역주 / 양장본 / 676쪽 / 값 25,000원 / 한산암

청량의 소에 의한
대방광불화엄경
대승불교 경전의 궁극이라고 하는 80권본 화엄경을, 이 경전 주석의 백미로 평가되고 있는 청량징관의 「소초」에 의거하여 우리말로 번역하고 해설한 책. 결코 읽기 쉽지는 않지만 어려움을 극복하고 다 읽고 나면, 난해하다는 화엄경도 이해하지 못할 부분이 없을 것이다.
김윤수 역주 / 양장본 / 6,020쪽(전7권) / 값 300,000원 / 한산암

보신의 주에 의한
대승입능가경
보리달마가 2조 혜가에게 여래 심지의 요문으로 전했다고 해서 중국 선종의 소의경전으로서 한 시대를 풍미한 능가경. 그 중 가장 번역이 잘된 7권본 대승입능가경을, 보신의 「주」에 의거해 우리말로 번역하고 해설하여 완전한 이해가 가능하도록 하였다.
김윤수 역주 / 양장본 / 752쪽 /값 30,000원 / 한산암

원측의 소에 의한
해밀심경
유식사상의 가장 근본이 되는 해밀심경을, 이 경전 주석의 백미로 평가되고 있는 원측스님의 「소」에 의거해 우리말로 번역하고 해설한 책. 신라의 왕손으로서 중국에서 불교학에 일가를 이룬 스님의 소를 통해 당대 우리나라 불교의 수준을 알 수 있다.
김윤수 역주 / 양장본 / 456쪽 /값 20,000원 / 한산암

한문 대역
잡아함경
붓다의 가르침의 핵심을 담고 있으면서, 그 가르침의 원형에 가장 가까운 잡아함경을 한문대역으로 번역하면서, 기존의 연구성과를 반영하여 경의 체제와 오류를 바로 잡고, 상응하는 니까야의 내용을 소개하며, 이해에 필요한 설명을 덧붙여서, 가르침의 뜻을 이해할 수 있도록 하였다.
김윤수 역주 / 양장본 / 3,840쪽(전5권) / 값 160,000원 / 한산암

인류의 스승, 붓다께서는
이렇게 말씀하셨다
붓다의 가르침의 핵심을 담고 있으면서, 그 가르침의 원형에 가장 가까운 잡아함경을 쉬운 우리말로 번역함으로써, 독자들이 가까이에 두고 언제든지 펼쳐볼 수 있도록 한 1권본 잡아함경 완역본.
김윤수 역주 / 양장본 / 1,612쪽 / 50,000원 / 한산암